珠宝首饰的品质与价值评估

ZHUBAO SHOUSHI DE PINZHI YU JIAZHI PINGGU

（第二版）

王 昶　申柯娅　李 坤　编著

前　言

绝大部分珠宝玉石是极为稀少的矿产资源，是大自然赋予人类的瑰宝。随着我国改革开放的不断深入，人民物质生活水平的不断提高，珠宝首饰市场得到了前所未有的发展，佩戴珠宝首饰已成为人们美化生活的一种时尚。

在珠宝首饰贸易过程中，经常会涉及珠宝首饰的品质与价值评估这样的问题。不同产地的同种宝石，由于成因或产出地质环境的不同，其品质会有所差异；即使是同一产地的同种宝石，也会存在品质上的不同。对于一件珠宝首饰来说，宝石品质的不同可以导致宝石价值的差异，这是毫无疑问的，而且这种差异有时又是极其悬殊的。如何科学准确地评估一件珠宝首饰的品质和价值，是珠宝首饰贸易中不可回避的一个问题。有鉴于此，我们结合国内外最新的珠宝首饰市场信息，编著了《珠宝首饰的品质与价值评估（第二版）》，供广大消费者和从业人员参考。编写过程中，我们参考了近年来宝石学、珠宝首饰评估、首饰制作工艺等相关专业领域的最新研究成果，查阅了大量的文献，浏览并阅读了许多国内外专业网站刊载的相关资料，并在书中引用了一些已出版著作和专业网站上的图片资料，在此对原作者表示衷心的感谢！

本书第一版《珠宝首饰的质量与价值评估》于2011年出版，之后多次重印。十年来，我国的珠宝首饰产业在标准化方面向前迈进了一大步，制定和修订出版了相应的宝石分级标准，对规范珠宝首饰市场起到了积极的作用。此次再版在不改变原书结构的基础上，对书中的内容进行了部分增减。全书共分十二章，由广州番禺职业技术学院珠宝学院王昶、申柯娅、李坤共同执笔完成。在编写过程中，我们力求图书内容既通俗易懂，又具有较强的实用性，但能否达到这样的要求，还有待于广大读者的评判。具体章节的编写分工如下：第五、六、十一、十二章由王昶执笔；第七、九、十章由申柯娅执笔；第二、八章由李坤执笔；第一、三、四章由王昶和李坤共同执笔完成。全书由王昶负责统稿。由于笔者水平有限，疏漏之处在所难免，竭诚欢迎业界专家和广大读者批评指正。

需要特别提出的是，在编写过程中，我们得到了广州番禺职业技术学院珠宝学院袁军平教授级高工，以及珠宝学院老师们的大力支持和帮助，在此表示诚挚的感谢。亨利珠宝（广州）有限公司为本书提供了精美的封面图片。此外，我们还得到了中国地质大学出版社毕克成社长、张琰副总经理，以及在百忙中对稿件予以审读的张玉洁老师的支持和帮助，他们为本书能及时出版付出了大量辛勤的劳动，在此表示由衷的感谢！

王　昶
2021 年 6 月

目 录

第一章 珠宝首饰价值评估的基本原理 ……………………………………… (1)
- 第一节 珠宝首饰价值的含义 ………………………………………………… (1)
- 第二节 珠宝首饰价值评估的理论基础 ……………………………………… (10)
- 第三节 珠宝首饰价值评估的基本原则 ……………………………………… (17)

第二章 珠宝首饰价值评估的基本事项 ……………………………………… (22)
- 第一节 珠宝首饰价值评估相关当事人的界定 ……………………………… (22)
- 第二节 珠宝首饰价值评估的目的及意义 …………………………………… (23)
- 第三节 与珠宝首饰价值评估相关的几个基本概念 ………………………… (26)
- 第四节 珠宝首饰的价值类型 ………………………………………………… (28)
- 第五节 珠宝首饰的市场级别 ………………………………………………… (35)

第三章 珠宝首饰价值评估的程序和特征 …………………………………… (38)
- 第一节 珠宝首饰评估程序概述 ……………………………………………… (38)
- 第二节 珠宝首饰评估具体程序和基本要求 ………………………………… (39)
- 第三节 珠宝首饰评估的信息收集 …………………………………………… (46)
- 第四节 珠宝首饰价值评估的程序 …………………………………………… (50)
- 第五节 珠宝首饰价值评估的特征 …………………………………………… (55)

第四章 珠宝首饰价值评估的基本方法 ……………………………………… (60)
- 第一节 珠宝首饰价值评估的市场比较法 …………………………………… (60)
- 第二节 珠宝首饰价值评估的成本法 ………………………………………… (66)
- 第三节 珠宝首饰价值评估的收益法 ………………………………………… (71)
- 第四节 珠宝首饰价值评估方法的比较与选择 ……………………………… (72)

第五章 钻石的分级与价值评估 ……………………………………………… (75)
- 第一节 钻石的"4C"分级 …………………………………………………… (75)
- 第二节 钻石的价值评估 ……………………………………………………… (89)
- 第三节 毛坯钻石的价值评估 ………………………………………………… (92)
- 第四节 彩色钻石的价值评估 ………………………………………………… (95)

第六章 有色宝石的分级与价值评估 ………………………………………… (99)
- 第一节 有色宝石的颜色分级 ………………………………………………… (99)
- 第二节 有色宝石的净度分级 ………………………………………………… (105)
- 第三节 有色宝石的切工分级 ………………………………………………… (107)
- 第四节 有色宝石的克拉质量分级 …………………………………………… (108)

    第五节　有色宝石的综合品质与价值评估……………………………………(109)
    第六节　影响有色宝石价值的主要因素………………………………………(110)
    第七节　几种重要有色宝石的品质与价值评估………………………………(111)
    第八节　其他有色宝石的品质与价值评估……………………………………(124)

第七章　翡翠的品质与价值评估……………………………………………………(136)
    第一节　翡翠颜色的评价…………………………………………………………(136)
    第二节　翡翠透明度的评价………………………………………………………(141)
    第三节　翡翠质地的评价…………………………………………………………(143)
    第四节　翡翠净度的评价…………………………………………………………(144)
    第五节　翡翠切工的评价…………………………………………………………(144)
    第六节　翡翠的"种"及其在翡翠品质评价中的意义…………………………(148)

第八章　和田玉的品质与价值评估…………………………………………………(157)
    第一节　和田玉的基本特性和分类………………………………………………(157)
    第二节　和田玉的品质评价………………………………………………………(165)
    第三节　影响和田玉价值的主要因素……………………………………………(168)

第九章　其他玉石的品质与价值评估………………………………………………(171)
    第一节　绿松石的品质与价值评估………………………………………………(171)
    第二节　青金石的品质与价值评估………………………………………………(175)
    第三节　独山玉的品质与价值评估………………………………………………(177)
    第四节　欧泊的品质与价值评估…………………………………………………(179)

第十章　有机宝石的品质与价值评估………………………………………………(183)
    第一节　珍珠的品质评价与分级…………………………………………………(183)
    第二节　珊瑚的品质与价值评估…………………………………………………(189)
    第三节　琥珀的品质与价值评估…………………………………………………(192)

第十一章　玉器的品质与价值评估…………………………………………………(196)
    第一节　玉器的特点和种类………………………………………………………(196)
    第二节　影响玉器价值的主要因素………………………………………………(199)
    第三节　玉器的品质鉴定及评估…………………………………………………(202)

第十二章　贵金属首饰的品质与价值评估…………………………………………(210)
    第一节　贵金属首饰的类型………………………………………………………(210)
    第二节　首饰制作工艺类型及品质检测方法……………………………………(212)
    第三节　不同类型首饰的检测要求………………………………………………(214)
    第四节　影响贵金属首饰价值的主要因素………………………………………(220)

参考文献…………………………………………………………………………………(223)

第一章 珠宝首饰价值评估的基本原理

第一节 珠宝首饰价值的含义

一、珠宝首饰的概念及分类

自古以来,珠宝首饰在人类生活中扮演着重要的角色,与人类的饮食起居、思想感情乃至国家的政治经济密不可分,并且它的表现形式和内容都在不断地发生着新的变化。那么什么是珠宝首饰呢?对它的理解或许会因时空的变迁、地域文化的差异而有所不同,但是人们普遍能接受的说法是,珠宝首饰是一种贵重且受人喜欢的人身装饰品或艺术品,这种装饰品或艺术品所代表的意义与价值,会因人、因时、因地、因事而有所不同。珠宝首饰是一种有形的存在,具有四个方面的功能,即装饰、鉴赏、实用和传达信息,而装饰人体则是珠宝首饰最基本的功能。

根据组成材料和造型的不同,珠宝首饰成品可以分为贵金属制品、珠宝镶嵌饰品和玉雕制品三大类。

1. **贵金属制品**

(1) 贵金属饰品。指由贵金属制成的首饰和摆件(图1-1、图1-2)。

(2) 贵金属纪念品。指由贵金属制成的纪念章、纪念币(图1-3)。

图1-1 黄金手镯

图1-2 黄金摆件

图1-3 上海世博会纪念金币

贵金属饰品的价值与贵金属的种类、成色、质量（大小）、工艺等密切相关。另外，金银纪念币（章）的价值，还与其题材和发行量有关。

2. 珠宝镶嵌饰品

珠宝镶嵌饰品由贵金属与各种珠宝玉石镶嵌而成，其价值与贵金属材质、珠宝玉石的种类与品质级别、款式设计和制作工艺密切相关（图1-4、图1-5）。

图1-4 钻石戒指

图1-5 红宝石钻石耳坠

3. 玉雕制品

玉雕制品（简称玉器），是指玉石原料经过人工和机械雕刻、琢磨而成的，具有一定造型及纹饰的各种制品。玉雕制品的价值与玉石的品种和品质级别、作品的设计题材及寓意、工艺品质密切相关（图1-6、图1-7）。其中玉雕制品选择的题材和寓意，还与中国传统文化、社会大背景有关。

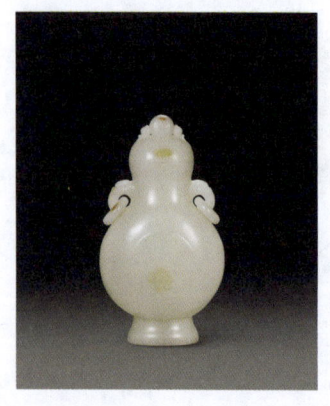

图1-6 白玉瓶

图1-7 碧玉如意

从具体款式类型来看，珠宝首饰又可以划分为戒指、耳环、项链、手镯、胸针、袖扣、发夹、领夹、脚镯、帽花等。

从装饰的人体部位来看，珠宝首饰包括头饰、发饰、耳饰、颈饰、手饰、腰饰和足饰等。

二、珠宝首饰的属性

珠宝首饰作为高档的耐用消费品，既具有与一般消费品相同的特征，又具有自己的特点，归纳起来有以下五个方面。

1. 保值性

珍贵的珠宝首饰，其价值可以说是永恒的，不受经济形势的影响。如1994年10月31日在香港佳士得秋季拍卖会上，一条翡翠珠链以超过估价一倍的3302万港元成交，创造了当时翡翠首饰制品拍卖史上成交价最高纪录。这条翡翠项链中的玉珠来自清末宫廷，颗颗瑰丽非凡，项链本身则辗转流传于西方上流社会，被誉为拍卖史上最贵重的翡翠饰品。项链上的27颗"老坑"翡翠珠子直径为15.40~19.20mm不等，颗颗硕大，无与伦比，洋溢皇者气派，实为世间罕见之珍品；加上卡地亚镶配的红宝石镶钻链扣，是世界上独一无二的精品。2014年4月，香港苏富比拍卖行再次拍卖了这条无与伦比的翡翠珠链（图1-8），以创纪录的2.14亿港元成交。这条翡翠珠链集品质、设计和历史的综合价值于一身，因而更具有保值性。

图1-8 翡翠珠链（香港苏富比，2014年，成交价为2.14亿港元）

珠宝首饰产品具有保值性，还因为珠宝首饰的物理化学性质稳定。在自然条件下，绝大多数天然宝玉石不会随时间的推移、季节的变化而发生变质、破坏，它所具有的美丽是永恒的。

2. 艺术性

珠宝首饰既是耐用消费品，又是精美的艺术品，而艺术是无价的。经设计师或工匠巧妙构思而制成的珠宝首饰，可能成为无价之宝。

如现珍藏于中国工艺美术馆的稀世翡翠珍宝《岱岳奇观》《含香聚瑞》《群芳揽胜》和《四海腾欢》是由北京玉器厂的近40名琢玉高手，利用四块大型翡翠原料，从1982年开始，花费了整整6年时间，精工雕琢而成。其中《岱岳奇观》摆件（图1-9），高78cm，宽83cm，厚50cm，重达363.8kg。琢玉大师按料取材，因材施艺，以圆雕手法将雄伟的东岳泰山刻画得入木三分。《含香聚瑞》花薰，高71cm，宽56cm，厚40cm，重274kg。《群芳揽胜》花篮，高64cm，为当今世界最高大的翡翠花篮。《四海腾欢》插屏，高74cm，宽146.4cm，厚1.8cm。这四件珍宝巧夺天工，价值连城，具有很高的艺术价值。

3. 投资性

高档的珠宝首饰不仅是一种装饰品，由于它们极为稀少且价格昂贵，在国际经济大循环中往往还起着硬通货的作用。在经济发达的国家和地区，高档的珠宝首饰是继房地产、股票之后的第三大投资对象。珠宝首饰在人们的心目中是一种财富的象征，由于原料珍稀，伴随着资源的消耗，愈加显得弥足珍贵。中高档珠宝首饰具有较强的保值性、增值性和投资性（图1-10）。

图1-9 翡翠摆件《岱岳奇观》

图1-10 缅甸红宝石钻石耳坠1对
（红宝石重1.09ct和1.03ct，长31mm，香港佳士得，2015年，成交价为25万港元）

此外，珠宝首饰产品还具有体积小、质量轻、易携带的特点，可以用于预防意外事故和突发事件，作为价值极高的动产而随身携带。

4. 文物性

一些珠宝首饰具有源远流长的历史价值，能反映当时的政治、经济和文化特征，即具有文物性。考古发掘表明，在距今 8000 多年前的我国新石器时代遗址中，已经出现了玉器制品，因此许多出土的古玉器均具有文物性。而许多现代的珠宝首饰工艺品，由于具有极高的艺术价值，也被作为文物收藏。

5. 价值的不确定性

"黄金有价，玉无价"是珠宝首饰价值不确定性的最好注解。绝大部分天然的珠宝玉石是来自地壳某一特定区域的产物，是在漫长的地球演化过程中，地壳中的化学元素在各种地质作用下形成的，具有特定的形态、物理性质和化学性质。由于在形成过程中受多种因素的影响，每颗宝石和玉石都具有自身的特点，即使同种类型、同样质量的宝石和玉石，也会因品质存在差异而具有不同的价值。因此，以宝石和玉石为主要原材料的珠宝首饰，其价值也具有明显的不确定性。

三、珠宝首饰的价值特征

珠宝首饰的价值是指珠宝首饰对人的效应，即珠宝首饰的存在，对于某些特定人群的需求、利益的作用。虽然这种效应对于不同的人群、不同的需求层次会有所差异，但它确实是客观存在的，在某个特定时期，对某些具有共同认识的人而言，它的价值是一定的，而且可以用货币来计量。随着时间的推移，珠宝首饰的价值也会发生变化。珠宝首饰的价值特征包括四个方面：珠宝玉石材料的价值、珠宝玉石切磨的工艺价值、首饰制作的工艺价值和珠宝首饰的历史文化价值。

1. 珠宝玉石材料的价值

天然的珠宝玉石材料具有美丽、耐久和稀有的特点。根据珠宝玉石本身的商业价值以及在国际珠宝玉石市场上的供求状况，通常把不同种类的珠宝玉石划分为高档、中档、低档三类。根据不同国家（民族）人民的传统心理和消费习惯，通常把钻石、红宝石、蓝宝石、祖母绿、优质猫眼、变石、黑欧泊和优质翡翠列为高档的珠宝玉石。它们的价格异常昂贵，每克拉价格为几千至数万美元不等，而且价格近些年来持续上涨，尤其是特大的珍品和具有历史价值的收藏品，更是价值连城（图 1-11～图 1-14）。

图 1-11 红宝石

图 1-12 蓝宝石

图1-13 祖母绿　　　　　　　　　图1-14 优质翡翠

此外,将有色宝石中颜色鲜艳、透明度好,具有一定硬度且品质较好的品种,如金绿宝石、尖晶石、白欧泊、紫晶、黄晶、橄榄石、石榴石、绿柱石、海蓝宝石、碧玺、托帕石、锂辉石、红柱石、坦桑石、锆石、方柱石、月光石、青金岩、绿松石、珍珠、和田玉(羊脂白玉),以及商业级翡翠等统归中档宝石(图1-15～图1-20)。它们在珠宝市场上的价格远

图1-15 粉红色尖晶石　　　　　　图1-16 紫晶

图1-17 橄榄石　　　　　　　　　图1-18 石榴石

图1-19 粉红色碧玺

图1-20 锆石

低于同品质的高档宝石,一般为每克拉价格几十至数百美元。但极少数稀有、优质的中档宝石的每克拉售价,仍可达数千美元,如翠榴石、优质珍珠等。

低档宝石硬度相对较低,如玛瑙、玉髓、水晶、岫玉、孔雀石、萤石等。由于产量相对较大,这些材料的价值相对较低。

2. 珠宝玉石切磨的工艺价值

自然界开采获得的珠宝玉石材料,绝大多数的形状都不规则,使用这些材料制作珠宝首饰,必须对其进行款式设计和切磨。

珠宝玉石材料的款式设计与切磨过程,是一种艺术创作过程,它必须以人们的审美观念和消费心理为基础,注意因材施艺,最大限度地体现出珠宝玉石的价值,同时强调款式设计的独特性和新颖性,再经过精雕细琢,使之成为一件完美的工艺品。珠宝玉石切磨的工艺价值,包括它的美学价值和商品价值。

在决定珠宝玉石切磨工艺价值的多种因素中,除了珠宝玉石本身的品质和档次(例如颜色、透明度、质量、硬度和光泽等)外,珠宝玉石切磨的款式和加工工艺精良程度也是重要的因素。在珠宝玉石的款式设计中,应遵循统一与单调、对比与调和、对称与均衡等美学原则,以增加珠宝玉石切磨后的美学价值,满足人们的审美需求。同时,也可以通过利用现代先进的切磨工艺技术和加工设备,提高切磨工艺技术水平及品质,来增加珠宝玉石切磨的工艺价值。

3. 首饰制作的工艺价值

人类使用珠宝首饰的历史,可以追溯到十分久远的年代。史前时期,人们在身上刺花纹或刺破皮肤系上装饰性的材料,以此来装扮自己。古代印加人刺穿少年的耳朵,插进黄金制成的饰板。其他一些民族的人则是刺透鼻子或嘴唇,插进木棍、金属条或动物骨头。不过更常见的是,将他们认为漂亮的物品吊挂在身上。这些物品或天然而成,或手工打造,它们就是现代珠宝首饰的雏形。如果说远古时代的人们佩戴首饰只是为了满足自我美化的愿望,那么在欧洲中世纪、文艺复兴时期和18~19世纪,佩戴珠宝首饰则是拥有权力和财富的表现。20世纪以来的巨大社会变革,也为珠宝首饰带来了巨大的变化,它不再是少数人的权力和财富的象征,而已经成为大多数人,尤其是女性显示个性、美化自身的装饰品。首饰发展的背后隐含着首饰加工工艺的提高,人们在不同时期对首饰的认识也通过首饰工匠灵巧的双手得以全面地展示。古往今来，有无数能工巧匠凭着自己精妙的构思，制作出了大量技艺精湛的珠宝首饰工艺品，为我们留下了丰富的文化遗产。

当消费者购买珠宝首饰时，如何判断首饰制作的工艺价值？除了可以参考商品的价格和销售商的信誉外，还可从以下方面了解。

（1）成色。消费者最关心的珠宝首饰品质问题，就是首饰的成色和镶嵌宝石的真假，这可以利用科学的方法进行测试，得出准确的结论。

（2）颜色。K金首饰的颜色有黄色、粉红色、白色等。对于黄色K金，含金量高的比含金量低的更显橙黄色，但丰富的橙黄色，可能是表面电镀纯金的反射作用。白金也许看起来很白，但它同样可能是电镀铑的结果，很薄的电镀层迟早会磨掉。因此，颜色可以作为首饰工艺价值评判的一个指导，但是不能仅从外观方面来下定论。

更重要的方面是颜色的一致性。如果买一条金坠链，就要看链子的颜色是否与吊坠颜色吻合，或者过一段时间，又买了耳环和胸针，就要仔细观察它们的颜色是否也一致，同一件首饰上面的所有组件颜色是否一致，焊接处是否因为焊料的颜色与基体金属颜色不一致而导致颜色差异明显。

（3）光洁度。一件优质首饰，应做到各个配件配合良好，焊接牢固，去除了粗糙的棱边。首饰件上面应该没有瑕疵，如夹杂物、孔洞、凹坑、裂纹等，整件首饰要抛光亮洁。一件便宜的低档首饰，抛光会比较差，首饰的棱边可能不顺，钻石的切面可能不一样，宝石镶嵌可能不好等，但如何用量化的词语来评价首饰品质呢？工业上通常用表面粗糙度来定量衡量工件的表面光洁程度。

（4）使用性能。首饰的价值主要是由其外观品质和成色决定的，消费者佩戴时首饰的使用性能则往往没有作为价值的影响因素，因为这是暂时看不见的。首饰的使用性能包括很多方面，如佩戴的难易程度、扣合的顺畅度、耐磨损的时间、耳扣和链扣弹簧的失效时间等。

4. 珠宝首饰的历史文化价值

珠宝首饰的历史文化价值，可以折射出一个国家的社会环境以及社会生产力和科学技术的发展水平。因为人类在对珠宝玉石资源的开发利用过程中，经历了从简单到复杂，从低级到高级的发展过程。同时，具有历史价值和传奇色彩的珠宝首饰，在历史上曾对人类直接或间接地产生过重要的影响。

历史上当一些统治者用武力获得权力后，他们总会搜集、掠夺名贵的珠宝首饰。在他们遇到困难或麻烦时，可以用珠宝首饰来筹集经费或赢得某些势力的支持，一件珍贵的珠宝首饰往往是一种巨大的财富。如英国国王查理一世和王后亨利埃塔·玛丽亚曾用著名的钻石和首饰来筹款装备保皇党军队。法国国王路易十六和王后玛丽·安托瓦内特被推翻时，也曾带走了部分法国皇家珠宝。在人类历史上，珠宝首饰发挥此种作用的事例不胜枚举。

闪耀着传奇魅力的皇室珠宝，无疑是历朝历代财富与艺术的累积。在竞争激烈的拍卖会上，一些皇室珠宝往往会拍出意想不到的天价，这正是由于它们具有不可预估的社会价值、历史文化价值以及艺术价值。

1987年在瑞士日内瓦举行的温莎公爵夫人珠宝拍卖会，或许是苏富比拍卖史上最具传奇意义、最震撼人心的一场拍卖。据报道，当时拍卖现场气氛异常热烈而紧张，通过卫星传送过来的纽约竞投表格与现场名流们的竞投遥相呼应，还有来自世界各地的电话竞投，可谓此起彼伏，相互较劲喊价声不绝于耳，有的拍卖品竟然被竞拍达10次、50次甚至100次之多。那枚闻名于世的卡地亚豹形胸针，被卡地亚以154万瑞士法郎购回（图1-21）。由梵克雅宝设计的钻石和红宝石项链，拍出了390万瑞士法郎，几乎是起拍价的3倍；一枚硕大无比的祖母绿戒指，以315万瑞士法郎的价格成交……

这场旷世的皇室珠宝拍卖会出乎所有人意料的是，最终拍卖成交额竟然是总估价的5倍以上。皇室珠宝为何有如此高的含金量？这与其独一无二的"硬价值"和"软价值"息息相关。

（1）皇室珠宝的"硬价值"。无论是一件还是整套的收藏，皇室珠宝都给我们描绘了那个年代独有的瑰丽生活，它是财富、历史文化、精湛设计和顶级工艺相结合的典范。

（2）皇室珠宝的"软价值"。收藏一件皇室珠宝，并不仅仅是买到了价值不菲的珍宝，更重要的是珍藏了一段历史、一种文化。皇室珠宝是名门望族的世代珍藏，它们见证了某些历史事件，每一件都拥有独一无二的文化价值。皇室珠宝不仅带动了珠宝设计和工艺的发展，也给后人打开了一扇窥视那个奢华年代的窗户。

图1-21 蓝宝石豹形胸针（其中素面蓝宝石重152.35ct，1949年由卡地亚公司设计并制作）

那些具有历史文化价值的珍贵珠宝，会唤起人们对昔日奢华和浪漫的追忆。就像那些富丽堂皇的大厦、宫殿以及城堡一样，那些佩戴在贵族名媛身上的珠宝也见证了无数的秘密、历史事件以及爱情等。流传至今，它们当中的一些会被改动以便适应新的承继者的要求和时尚的需求，如维特尔斯巴赫钻石（图1-22），另外一些则被完整地保留下来。皇室珠宝的原主人，都是历史上赫赫有名的皇亲国戚，富可敌国，他们追求艺术品位和奢华之美，引领当时的时尚。后来的拥有者和收藏家，也都是历史上各个时代的知名人物，尤以女性为主，她们对珠宝有着执着的偏爱，竭尽全力去购买那些最有收藏价值的珍宝。她们追求的绝不仅仅是珠宝的经济价值，更多的是蕴含其中的文化风雅。

图1-22 维特尔斯巴赫钻石
（经珠宝商劳伦斯·格拉夫重新切磨）

不难理解，能够收藏到一件皇室珠宝，就等于把历史、文化和岁月的精华握在手中，也似乎可以与它过去的拥有者深情交流，成为心灵的挚友。正如美国收藏家罗根所说："收藏珍品，其实是一个不断认识朋友的过程，并让它们成为自己生活方式里的一部分。"那些经典的皇室珠宝，在鉴赏与拥有的时候，都会让你由衷赞叹，既满足了精神需求，也让心灵汲取了文化与美的滋养。

第二节　珠宝首饰价值评估的理论基础

一、与珠宝首饰价值评估相关的经济学术语

1. 资产与财产

（1）资产。资产是指特定权利主体所拥有或控制的、能够给特定权利主体带来未来经济利益的经济资源。它可以从三个方面理解：①资产是能够为特定主体带来未来经济利益的经济资源；②资产必须是特定主体所拥有或控制的；③资产的价值应当以货币计量。

资产包括各种财产、债权和其他权利。资产必须具有交换价值和使用价值。根据存在形态，资产可分为有形资产（如机械设备、珠宝首饰、房屋建筑物等）和无形资产（如专利权、土地使用权、商誉等）。

（2）财产。财产由具有排他性的业主所有权组成，是所有权和所拥有的物理实体的集合。在未作特殊说明时，财产是指不动产、动产或二者的合称。

从法律意义上讲，财产是指：①拥有物本身；②对拥有物的一种或多种权利；③对拥有物的合法利益；④拥有物产生的效益；⑤说明或不说明特定所有权的动产或不动产。例如，一枚戒指、一件玉雕、两台电视机、出版权、合伙利益等都可称为财产。

2. 成本、价格与价值

（1）成本。成本是为生产（或销售）商品或取得服务所付出的代价。

对于购买者来说，为商品或服务所支付的货币数额就是其成本，即购买成本。生产者在生产商品的过程中付出的代价就是商品的生产成本，可分为直接成本和间接成本。前者指劳动力和材料的成本，后者包括必要的其他费用。

珠宝零售企业在销售珠宝首饰时，所付出的代价就是珠宝的销售成本。销售成本包括广告费、场地租金、销售人员薪酬、贷款利息、各种税费等。

（2）价格。价格是指在特定的交易行为中，特定的买方或卖方对商品或服务的交换价值的认可，以及提供或支付的货币数额，即在交易过程中，买方同意支付和卖方同意接受的货币数额。价格是价值的货币表现形式，是一个历史数据或事实。

（3）价值。价值是一种社会认同，是人们对于某件财产合理价格的一致意见。它反映了可供交易的商品或服务与其买方和卖方之间的货币数量关系。

价值变动是价格变动的内在的和支配性的因素，是价格形成的基础。商品供求关系的变化，引起价格围绕价值上下波动。

资产评估中的价值不是一个历史数据或事实，它只是专业人士根据特定的价值定义在特定时间内对商品或服务价值的估计。资产评估的目标是判断评估对象的价值，而不是判断评估对象的实际成交价。

价值有两种基本形式：使用价值和交换价值。

使用价值是指物品满足需要的效用，它反映了财产对某一特定使用者的价值，代表着该财

产对其拥有者个人要求的满足程度。使用价值是由财产本身的性质所决定，是客观存在的，不以人的感受为转移。在财产分割评估和机器设备评估时常用到"使用价值"这个概念。

交换价值是指一种物品换取另一种物品的能力，一种财产换成另一种财产的数量。例如，某人以自己的一件财产可换取的钱和物的量。交换价值一般低于一件新物品的价格。然而，一件物品的交换价值也可能高于其原有的价格，尤其是某些精美的珠宝首饰、艺术品和装饰品。

交换价值是建立在使用价值基础之上的，资产评估中考虑的价值主要是交换价值。

3. 成本、价格和价值的区别和联系

从上述概念可以看出成本、价格与价值之间的区别和联系。

（1）成本和价格是一次具体的或预计的个别销售的实例，它可以是精确的或是估计的。例如，最初的购买价格或重置物品的预计成本。

（2）价值涉及对物品最佳利用的考虑，以及对买方或卖方可进入所在市场的考虑。

（3）与成本或价格相比，价值是更抽象的概念，并且总是估计的。要把价格和价值区别开，因为价格可以是合理的或不合理的，而价值是一种合理的价格。

例如，"这件东西对你来说值多少钱"是指价值；"我买这件东西要花多少钱"是指成本；"为买这件东西你付了多少钱"是指价格。买和卖的动机差别很大，价值取决于各种交易的总和。价格和成本是受具体时间制约的，而价值可能涉及预计在一段时期内的利益。

（4）价值是买方认为正确的或完全有道理为某一物品付出的货币数额，而价格是为该物品实际付出的货币数额。价值是一个估计值，是根据对整个市场相同或类似商品的实际价格的调查得出的。

（5）价格是价值的货币表现，但价格并不简单地等于价值，而是在价值这个基础上受多种因素影响波动起伏，其中最主要的影响因素是供求关系。

一旦建立了合适的参数，价值可以表明在最普遍和适宜的市场中购买者最普遍的成本和销售者最普遍的价格。估算相对于成本或价格的价值，是评估师常用的手段。

3. 资产评估

评估又称"估价"，可以互换使用。所谓资产评估就是利用经济学理论、方法对资产的价值进行定量的估计和判断。作为一种专业服务，资产评估是由资产评估专业人员和评估机构，依据一定的执业标准，对资产价值进行评定估算的专业化活动。

按照《中华人民共和国资产评估法》，资产评估是指"评估机构及其评估专业人员根据委托对不动产、动产、无形资产、企业价值、资产损失或者其他经济权益进行评定、估算，并出具评估报告的专业服务行为。"其中，涉及国有资产或者公共利益等事项，法律、行政法规规定需要评估的，称为法定评估，应当依法委托评估机构评估；自然人、法人或者其他组织需要确定评估对象价值的，可以自愿委托评估机构评估。

二、珠宝首饰的价值构成

1. 商品的价值构成

所谓价值构成，是指构成商品价值的各个组成部分及其在商品价值中的组合状况。商品的价值是由凝结在商品中的社会必要劳动时间决定的。这种价值量先在生产领域中形成，之后在流通领域中得到追加。

在生产过程中，由掌握一定技能的劳动者利用一定的生产工具对劳动对象进行加工。在这一过程中，首先要消耗原材料、辅助材料、燃料和其他物质费用，并会磨损机器、设备、工具等。这些生产资料是前人劳动的产品，是已经凝结在产品中的人类一般劳动，也称为物化劳动。它包含的价值有的一次全部转移到新产品中，有的只将磨损部分转移到新产品中，称为转移价值，通常用字母 C 表示。在生产过程中，劳动者要消耗体力和脑力劳动，这种新投入的活劳动会凝结在新产品中去而增加商品的价值量。这部分新增加的价值在国民收入的分配中可以分解为两个部分：一部分是维持劳动者和其家庭成员必需的生活资料的价值（劳动力再生产费用），这对劳动者来说是必要的劳动，称之为自己的劳动，通常用字母 V 表示；另一部分则是劳动者在劳动过程中创出超过自己需要的价值——剩余价值，称之为社会的劳动，通常用字母 M 表示。

当商品离开生产领域进入流通领域后，为了推动商品流通的正常进行，同样要投入一定的生产资料和劳动力，耗费物化劳动和活劳动（如运输、保管、挑选、整理等），同样会形成新的价值，并追加到商品之中。与在生产过程中一样，这种追加价值也可分为转移价值 C、为自己劳动创造的价值 V 和为社会劳动创造的价值 M。

综上所述，商品的价值（W）包括生产领域和流通领域的三个组成部分：一是已消耗的生产资料转移价值 C；二是劳动者为自己劳动所创造的价值 V；三是劳动者为社会劳动创造的价值 M。用公式表示为：$W=C+V+M$。

2. 珠宝首饰的价值构成

珠宝首饰的价值构成与一般商品一样，也是由三部分价值构成的：一是生产资料消耗后转移到珠宝首饰中去的价值，这部分主要包括贵金属材料、珠宝玉石原料、宝石加工切磨及首饰制作过程中的辅助材料和动力消耗费用等劳动对象的价值，以及厂房、宝石加工切磨和首饰制作过程中机器设备等劳动手段的磨损部分的价值，称为 C；二是在宝石加工切磨和首饰制作过程中，劳动者应得到的以工资形式支付的劳动报酬，称为 V；三是劳动者为社会创造的价值，即企业盈利（包括利润和税金），称为 M。一件珠宝首饰的价值为 $C+V+M$，而这件珠宝首饰的成本为 $C+V$。

三、影响珠宝首饰价格的因素

现代市场营销理论将消费者对产品价值的认知作为制定价格的重要依据。但影响价格制定的因素很多，主要包括成本因素、需求因素、竞争因素、市场营销组合因素、消费者因素、行业发展状况等。

1. 成本因素

产品的最低价格取决于该产品的成本。从长远看，任何产品的销售价格都必须高于成本，只有这样，才能以销售收入来抵偿生产成本和经营费用，否则就无法经营。因此，企业制定价格时必须估算成本。

产品的成本是由产品的生产过程和流通过程所花费的物质消耗和支付的劳动报酬所形成的，它是构成产品价格与价值的主要组成部分，也是影响产品价格的最基本因素。产品的成本包括固定成本和可变成本。

(1) 固定成本。指在既定生产经营规模范围内，不随产品种类及数量的变化而变动的成本，如设备折旧、产品设计、市场调研、管理人员工资等多项支出。

(2) 可变成本。指随产品种类及数量的变化而相应变动的成本，主要包括用于原材料、燃料、运输、存储等方面的支出，以及生产工人工资、部分市场营销费用等。对于生产出的单件产品来说，这些成本是固定不变的。之所以称为可变成本，是因为它们的总成本随着产量的变化而变化。

(3) 总成本。指一定水平下固定成本和可变成本的总和。一般而言，在一定的时期内，单件产品的成本随产量的增加或效率的提高而降低，这是因为固定成本分摊到每一单件上的费用下降了。

(4) 平均成本。指总成本与总产量之比，即单位产品的平均成本。使总成本得到补偿的定价意味着价格至少不能低于平均成本。如果要获得利润，则价格必须高于平均成本。

珠宝首饰企业定价必须首先使总成本得到补偿，要求价格不能低于平均成本费用。显然，产品成本是珠宝首饰企业核算盈亏的临界点，产品售价大于产品成本时，珠宝首饰企业就会形成盈利；反之，则会发生亏损。

(5) 商业成本。所谓商业成本是零售店经营商品所发生的费用总和，商业成本一般由进货价格和流通费用构成。商业成本是销售价格的最低经济界限和基本经济依据。企业要获得利润，产品价格一定要高于商业成本。

2. 需求因素

产品的最高价格取决于该产品的市场需求，而市场需求又受价格和收入变动的影响。价格和收入等因素引起了需求相应的变动率，称为需求弹性。

1) 需求价格弹性

它是指需求对价格变动的反应程度或敏感程度。假设有 A、B 两个产品，图 1-23 表示两个产品的价格由 P_1 降到 P_2 时，其需求量发生的变化。产品 A 在价格下降时需求量没有显著变化，而产品 B 的需求量却由 Q_3 变为 Q_4，需求量发生了显著变化。需求价格弹性可用公式表示如下（取绝对值）：

$$E_p = \frac{需求变动百分比}{价格变动百分比} = \frac{\Delta Q/Q}{\Delta P/P}$$

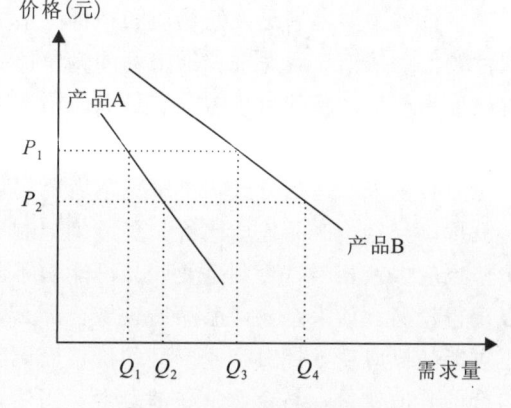

图 1-23 需求价格弹性

当 $E_p < 1$，表示需求缺乏弹性，大多数必需品属于这种情况。图 1-23 中的产品 A 就属于缺乏弹性的产品。

当 $E_p > 1$，表示需求富有弹性，奢侈品、耐用消费品的需求一般属于这种情况。图 1-23 中的产品 B 就属于富有弹性的产品。

在正常情况下，市场需求会按照与价格相反的方向变动。价格提高，市场需求就会减少；价格降低，市场需求就会增加。所以，需求曲线是向下倾斜的。这是供求规律发生作用的表现。但是也有例外情况。如奢侈品，尤其是那些显示消费者身份地位的产品，其需求曲线有时是向上倾斜的。例如香水提价后，其销售量却有可能增加。当然，如果香水的价格提得太高，其需求量和销售量将会减少。

2）影响需求价格弹性的因素

它主要包括以下几个方面。

（1）产品与生活关系的密切程度。凡与生活关系密切的必需品，需求弹性小；反之，弹性大。

（2）替代品和竞争产品种类的多少和效果的好坏。凡替代品少并且效果不好、竞争者也少的产品，需求弹性小；反之，弹性大。

（3）在消费者支出中所占比重的大小。凡占支出比重小的、消费者对价格不十分在意的产品，需求弹性小；反之，弹性大。

（4）与产品品质和币值的关系。凡消费者认为价格变动是产品品质变动或币值变动的必然结果时，需求弹性小；反之，弹性大。

由于不同产品需求的价格弹性不同，因而企业在定价时必须考虑需求弹性的大小。对弹性大的产品，可用降价来刺激需求，扩大销售；反之，对于弹性小的产品，降价对需求没有多大的刺激作用，但在供不应求时可较大幅度提价。

珠宝首饰市场的大小、市场所处的地理位置、消费者的容量、消费者的购买习惯和购买力等，对珠宝首饰产品价格的制定也会有一定的影响和制约。当市场繁荣，需求量增加时，价格会向上波动；当市场萎缩，需求量下降时，价格则会向下波动。根据不同的供求关系，在一定区域内采取上下波动的办法制定产品的价格，才能使产品在不同市场状态下都能实现其价值。

3. 竞争因素

珠宝首饰主要是满足人们物质和精神生活需要的特殊商品，与普通消费品相比，它的需求弹性较大，从而导致珠宝首饰市场的竞争比一般消费品市场的竞争要激烈得多。产品的最高价格取决于该产品的市场需求，最低价格取决于产品的成本费用。在这种最高价格和最低价格的幅度内，企业能把产品价格定多高，则取决于竞争者同种产品的价格水平。

企业必须采取适当方式，了解竞争者所提供的产品品质和价格。企业获得这方面的信息后，就可以与竞争产品比质比价，更准确地制定自身产品的价格。如果二者品质基本一致，其价格也应大致相当，否则企业产品可能卖不出去；如果企业产品品质较高，则产品价格也可以定得较高；如果企业产品品质较低，那么，产品价格就应定得低一些。还应看到，竞争者也可能随机应变，针对企业产品的价格而调整其价格；也可能不调整价格，而调整市场营销组合的其他变量，与企业争夺消费者。当然，对竞争者价格的变动，企业也要及时掌握有关信息，并作出明智的反应。

因此，制定珠宝首饰价格，除了要考虑其本身的价值形成和市场供求关系外，竞争者的价格也是企业制定产品价格时必须考虑的因素之一。若想提高企业产品的销售量，只能依靠提高经营管理水平和服务质量去赢得消费者。

4. 市场营销组合因素

产品是制定价格的基础。决定价格时，必须对产品策略加以分析和研究，了解产品的档次、品质、科技含量、生命周期，以及产品品牌的知名度和美誉度等。

制定价格同样要受到渠道策略的制约,所以定价时必须考虑三个方面:一是渠道的长短与宽窄;二是产品的流通速度和市场营销费用;三是中间商的强弱及要求。针对不同的流通环节、市场营销对象和中间商要求,应制定不同的价格,采取不同的定价策略。

为促进产品的推广和销售,往往要开展诸如广告、人员推销、营业推广和公共关系等营销活动,而营销所花费用的多少,也与产品的定价关系密切。

5. 消费者因素

企业决定产品价格时,必须考虑目标消费者对价格的反应。价格的数字表示非常明了,然而,消费者对其会有各种各样的理解。另外,消费者对价格的反应也会因产品的种类而异。即使同样种类的产品,因品牌的不同,其价格也会有较大差异。一般情况下,一流产品和三流产品在价格上约有30%以上的差异。市场营销管理者有必要在制定价格时充分了解和掌握消费者对自己的产品所知觉的价格和能接受的价格。

6. 行业发展状况

行业特点和发展状况对企业制定产品价格也会产生一定的影响。在20世纪80年代至90年代初期,由于中国珠宝首饰市场需求旺盛,产品经常处于供不应求的状态,企业通过制定适当的价格,就可获得较高的利润,基本上不存在价格竞争。此时,受行业利润的吸引和政策的鼓励,很多经营者开始进入珠宝首饰业,导致产品数量快速增长。到90年代中期,卖方市场开始转向买方市场,价格竞争随即出现,行业平均利润下降。行业发展状况对产品价格的影响具体可表现在以下三个方面。

(1) 新进入者的威胁。行业如果易于进入,新进入的竞争者就可能对产品价格产生重要影响。新进入者增加了产品的供应,引起供需关系的变化,企业只能通过降价或者增加分销和促销成本来应对这种状况,结果导致利润的下降。

(2) 消费者和供应商的影响。当可供选择的品牌和产品增加时,消费者可能处于主动地位,从而对产品价格产生抑制作用。如现在的消费者对珠宝首饰有更多的选择,尤其是对同质性高的产品,价格成为选择的重要因素,企业不得不经常在价格上作出让步。此外,供应商的影响也不容忽视,虽然供应商不能直接影响产品的市场价格,但如果原材料、劳动力或其他生产资料价格上涨,也会增加产品的成本,从而影响到价格底线和利润。

(3) 竞争程度。行业内如果竞争激烈,而大多数企业又不愿退出或退出困难,一些企业为了生存,会以低价格销售产品,导致价格的激烈竞争。

四、影响珠宝首饰价值的因素

部分天然珠宝玉石,由于其外形独特、色泽艳丽、质地优良,不经任何加工即可作为艺术品。镶嵌首饰、贵金属首饰、玉器制品等则需要通过人类的智慧,对各种原材料进行艺术加工,使之成为独具特色的艺术品。因此,珠宝玉石自古以来就以其独特的艺术美受到人们的喜爱和追求,而各种珠宝的价值,则取决于以下几个因素。

1. 审美因素

佩戴使用珠宝首饰的重要目的之一,就是满足人们对美的追求。因此,遵循审美原则是珠宝首饰设计的基本原则。珠宝首饰设计应以目标市场消费者群体的审美观念为出发点,而不能以设计师或企业管理者的偏好来进行臆测。对于珠宝玉石来说,美丽是最为重要的,如果不美就不能称其为宝石。在文人墨客的笔下,宝石常被比作"少女的眼泪""天上的星星""圣贤者智慧的结晶"等。珠宝首饰具有内在的审美价值,主要表现为宝石和贵金属的色彩美(颜色艳丽)、晶莹美(透明度好、光泽强、水头足)、特殊光学效应美(某些宝石具有变彩效应、变色效应、星光效应、猫眼效应、砂金效应等特征),以及作为珠宝首饰的工艺美(各种首饰款式所表现和展示的艺术美)等。

2. 耐久因素

耐久性也是构成珠宝首饰的一个必不可少的因素。用作首饰的珠宝玉石,一般都具有较大的硬度(如钻石、红宝石、蓝宝石、祖母绿、碧玺、橄榄石等)、较强的韧性(如翡翠、软玉等)和稳定性(即宝石抵抗由于光、热、化学反应作用而褪色和变化的能力)。用于珠宝首饰制作的贵金属材料,同样也具有化学性质稳定的特点。因此,珠宝首饰一般具有耐磨、物理和化学性质稳定的特点。也就是说,在人们佩戴珠宝首饰的过程中,只要给予适当的爱护,就能使珠宝首饰的美长久留存,而不会轻易被腐蚀和磨损。

3. 稀有因素

用于制作珠宝首饰的原材料通常是比较稀有的,稀有性也是珠宝玉石的三大特征之一。对于珠宝玉石来说,稀有性在决定其价值过程中起着极为重要的作用,宝石产量越少,需求越大,价值越高。反之,有些珠宝玉石在自然界分布较广,需求量也不小,但价值不高。如颜色非常美丽的紫晶,具有良好的宝石学特性,因其产量较大,故价格相对较便宜。而高品质的祖母绿、红宝石、蓝宝石、猫眼石和翡翠,由于自然界分布极为稀少,而导致供求之间的差距较大,因此价格昂贵(图1-24、图1-25)。

图1-24 红宝石钻石戒指　　　　　图1-25 祖母绿钻石戒指
(红宝石重4.07ct,香港佳士得,2016年,　(祖母绿重7.29ct,香港佳士得,2016年,
成交价为282万港元)　　　　　　　成交价为222万港元)

4. 供求因素

供求关系也是影响珠宝首饰价值的重要因素之一。人们对珠宝首饰的需求,首先在于它的美丽、耐久和稀有,然后是消费者对它的认识、欣赏和重视程度。其次,需求还与广告宣传有关,如20世纪60年代,美国的林德公司大力宣传推销本公司生产的人工合成星光红宝

石和星光蓝宝石,导致消费者对带星光效应的红宝石、蓝宝石的需求量大幅增加,当然价格也随之上升。最后,名人所佩戴的饰物,对公众具有一定的示范作用,如英国已故的戴安娜王妃的结婚戒指是用蓝宝石镶嵌而成的,她特别喜好蓝宝石和珍珠,从而使20世纪80年代的国际珠宝市场对这两种宝石制作成的首饰需求量大增。这一事例充分说明了名人效应对珠宝首饰市场供求关系的影响。

5. 传统心理因素

传统心理因素也是影响珠宝首饰价值的重要因素之一。珠宝首饰在被使用的漫长历史中,已为广大公众所熟悉,人们知道如何用珠宝首饰装饰自己,如何用宝石作为物质交换的媒介,等等。所有这些活动,以及伴随的大量广告宣传、皇家贵族和社会名流的广泛使用,在人们的心目中留下了深深的烙印。一些精美的宝石又被许多自然历史博物馆收藏,以至在公众心目中留下了宝石是昂贵物品的印记。

消费者的需求是随着人们对宝石的逐步了解而增加的,了解的人越多,需求量越大。人们本能地希望得到源自自然界的精美的珠宝玉石。虽然随着科学技术的进步,人们现在已能合成或仿制各种宝石,从外观装饰的角度来看,它们几乎可以与天然宝石相媲美,但是,传统的心理促使人们仍不惜一切代价,千方百计地去寻找天然宝石。因此,合成宝石和仿制宝石永远代替不了天然宝石,不管它有多么美,与天然宝石多么相像,在物理化学性质方面与天然宝石多么一致,人们接受它,只是将它作为一种代用品,其价值仅仅是生产成本而已。传统心理将永远左右着人们对天然宝石的需求。

6. 其他因素

由于宝石资源稀少,绝大多数仅产于地壳的某一特定区域,因此宝石产地的政治和经济因素对宝石的供应也会构成一定的影响,继而影响某种宝石的价格。此外,开采宝石的成本高低,也是影响宝石价格的重要因素,从而影响珠宝首饰的价格。再者,由于高档、精美的珠宝首饰其体积一般较小,便于携带,且价值较高,便于转移,在保值方面大大地优越于其他商品。这一特点可以使得大批皇家贵族及商界富翁投资于高档、优质的珠宝首饰,这也会影响珠宝首饰的价值。

第三节 珠宝首饰价值评估的基本原则

珠宝首饰作为一种特殊的财产(动产),具有体积小、价值高、易携带、易变现等特点,因此,对珠宝首饰的价值进行客观、公正、科学的评估,必须遵循以下价值原则。价值原则一般可以分为三大类,分别与市场、生产率和财产特性有关。对于任何特定的财产来说,三类价值原则都是共同起作用的。

一、与市场有关的价值原则

与市场有关的价值原则包括上浮和下滑原则、边际效用原则、替代原则、供求原则、适合原则、变化原则、竞争原则等。

1. 上浮和下滑原则

上浮和下滑原则,是指当一件财产被置于比其价值高或低的财产之中时,其价值也会随之上升或下降。例如，当一颗宝石与比它价值高的宝石放在一起时，该宝石一般会受益而价值随之升高；当一颗宝石与比它价值低的宝石放在一起时，该宝石会受影响而价值被低估。许多珠宝商在销售珠宝首饰时，常利用这一价值原则。

2. 边际效用原则

效用是一种商品的有效性，或商品满足某种需求的能力。边际效用是指增加（或减少）一个单位商品的消费能得到满足程度的变化，是决定价值大小的尺度。边际效用原则，是指随着人们消费商品数量的增加，满意度降低，即人们对从中获得满足程度的增量（即满意度）逐渐降低。人们拥有某物品越多，那么对该物品的欲望越弱；反之，人们拥有某物品越少，那么对该物品的欲望越强。如果获取某物品的成本超出消费者因拥有该物品而得到需求的满足程度，则消费者将不会购买。该原则说明经济价值与可得性有关。例如，年轻人结婚时会购买钻石首饰以满足其消费能力和喜好，随着钻石首饰拥有量的增加，他们对钻石首饰的满意度可能会降低，转而购买其他宝石饰品。

3. 替代原则

替代原则，是指在合理的时间段内，财产的价值可由购买具有相似功能和满意程度的替代财产所支付的价格所决定。该原则说明当一件财产可以轻易地由另一件财产替换时，其价值就会受到同样需求的替代品的价格的支配。在同一市场上，具有相同使用价值和品质的商品，应有大致相同的交换价值。任何理性的购买者对具有相同效用的商品，必定选择价格较低的；在价格相同时，必定选择效用较大的。根据替代原则，若市场上同时有几种相类似的珠宝首饰可供选择，买方通常会选择最能满足需求且价格最低者。替代原则告诉我们，在采取不同的方法进行珠宝首饰评估时，要计算该首饰的重置价格和机会成本。

4. 供求原则

供求原则即供应和需求原则，是指市场追求供应（卖方愿意以一定价格出卖的商品数量）和需求（买方愿意并能够买得起的商品数量）之间的平衡。在其他条件不变的前提下，商品的价格随着需求量的增长而上升，随着供给量的增加而下降。供求规律对商品价格形成的作用力，对珠宝首饰的价值评估也起着一定的作用。

5. 适合原则

适合原则，是指当财产的特性与市场需求相适应时，其价值就存在和持续。该原则主要与趋势、周期和一般市场行情有关，对于高价值财产和高需求市场的重要性较小。适合原则对市场的销售分析有帮助。

6. 变化原则

变化原则，是指消费者、生产者、金融家以及公众的选择和行为总是在不断地影响和改变着市场。该原则认可上浮与下滑、贡献和竞争等原则的相互作用，从而可以解释市场发展、稳定、衰退和复兴的周期。

7. 竞争原则

市场需求产生出利润，利润又产生出竞争。超额利润孕育着破坏性竞争，破坏性竞争又使超额利润归于破灭。对一种新收藏品，例如碧玺，刚开始时感兴趣的人可以花较少的钱买下它，然后以高价出售，从中谋取高额利润。一旦其他的商家都对这种买卖感兴趣，碧玺的价格就会上升,感兴趣的人再购买碧玺,就不能从中谋取高额利润。竞争导致了利润下降。竞争可以反映出所有市场的供应和需求。

二、与生产率有关的价值原则

与生产率有关的价值原则包括预测原则、剩余生产率原则、最高最佳使用原则、提高和降低回报原则以及生产要素原则等。

1. 预测原则

预测原则是指价值产生于对所有者利益的预测。所有财产的价值都与预期的对其使用和拥有所带来的利益有关。这些利益可以是无形的或是有形的。收藏品或美术和装饰艺术品常常带来无形利益,对这类东西的占有欲驱动着购买者和市场。

2. 剩余生产率原则

剩余生产率原则,是指在供应和需求达到平衡后,更多的生产是没有价值的。超过生产率平衡点的支出将不会增加价值。

3. 最高最佳使用原则

最高最佳使用原则(又称最佳用途原则),是指对一件财产合理的、可能的、可行的和合法的利用,它使该财产的最高价值得以体现。该原则强调在商品交换时,应以最佳用途及利用方式实现其价值。对动产(包括珠宝首饰)而言,这常常是指在最适宜的市场购买和销售。

4. 提高和降低回报原则

提高和降低回报原则,是指额外的生产、消费或投资一开始会使回报或收入提高,但最终将归于降低。这里有一个平衡点,超出这个平衡点的额外改进或支出都不会增加价值。

5. 生产要素原则

生产要素原则,是指所有的生产都是劳动力、土地或材料、资本和管理(企业家才能)这四方面要素平衡的结果。任何一方面要素的失衡,都会降低生产效率,收益性与这些方面的平衡和预料的需求相关联。

三、与财产特性有关的价值原则

与财产特性有关的价值原则包括鉴定原则、贡献原则和品质分级原则。在描述待评估珠宝首饰时,可以应用鉴定原则来确定价值构成特征和独特性质。

1. 鉴定原则

鉴定原则是指一件真品具有某些可辨认的特征、特性或标志。该原则认为同类的物品具有相同的可识别特征。鉴定原则要确定真品的真实构成要素,如果待评估物具有真品所应具有的可辨认的特征,则可断定它为真品。例如,钻石的化学成分是碳,具有金刚光泽,密度为 $3.52g/cm^3$,折射率为 2.417,均质体,摩氏硬度为 10。如果待评估物是一颗无色透明的宝石,具有上述特征,且为天然形成,那么待评估物就是钻石,而非其他宝石。

珠宝首饰的鉴定是珠宝首饰价值评估的基础。按照鉴定原则,需对珠宝首饰进行写实性描述和解释性描述。

(1) 写实性描述。这种描述是实际的、不加任何夸张和想象的描述，也称原义描述。对于贵金属首饰来说，主要包括首饰的款式、成色、颜色、尺寸、形状、质量、材料类型（铂金、足金或 K 金）、首饰的制作工艺水平等。对于镶嵌首饰来说，还包括宝石的种类、颜色、成因（天然或合成）、改善情况（优化或处理）、镶嵌工艺水平等。所描述的特点是所有具有珠宝常识的人都会认同。例如，1 枚铂金钻石结婚戒指的指环上刻着新娘的名字，且指环上标记的铂金纯度为"Pt950"。

(2) 解释性描述。解释性描述是对珠宝首饰的物理特征进行研究，并把物理特征和价值特性联系起来进行讨论，得出大多数具有珠宝常识的人都会同意的结论。例如，1 颗"鸽血红"红宝石。

2. 贡献原则

贡献原则是指一件珠宝首饰中某一组成部分的价值对整件珠宝首饰价值的贡献量，或者说当整件珠宝首饰缺少这一部分时，所带来的价值损失。

贡献原则对于理解一对或一套珠宝首饰的全部与部分价值具有重要意义。它要求在评估一件由不同类型宝石和不同颗粒大小的宝石构成的首饰时，必须综合考虑不同类型宝石和不同颗粒大小的宝石对整件首饰价值的贡献量。例如，一对耳环如果丢失了一只，剩下那只耳环的价值并不等于那对耳环价值的一半，而是小于这对耳环价值的一半。

3. 品质分级原则

品质分级原则，是指将一件待评估的珠宝首饰与作为标准的另一件珠宝首饰的特性和特征相比较，所得出的对前者品质特征和价值的认识。品质分级原则认为，对某件珠宝首饰的状况、品质、魅力或艺术价值的看法，源于对待评估珠宝首饰与同类珠宝首饰类似品质的比较。

大多数情况下，对品质具有重要意义的特征，对价值也具有重要意义，但也有例外。例如，一块无瑕的水晶，不一定比其他看得到瑕疵的水晶更值钱，有时水晶中含有针状金红石包裹体，比无瑕水晶更有价值。但一般来说，"好、中等、差"这种分级，是购买者在市场上比较珠宝首饰品质等级的标准。品质分级原则要求珠宝评估专业人员具有一定的鉴赏能力，这样才能判定珠宝首饰的等级。待评估珠宝首饰经定性分析后，即可划归为某一等级。在评估时，可以将级别评定与其他已评级的珠宝首饰的成交价联系起来，以便得出更准确的价值评判。

珠宝首饰的分级方法有两种：对珠宝首饰品质的主观分级法和对珠宝首饰价值特性的客观分级法。

(1) 品质的主观分级。珠宝首饰品质的主观分级是在品质特征的基础上进行的，这些品质特征带有某种主观性，反映评估者对品质的主观认识，不依附于其他因素。珠宝首饰品质的主观分级要素主要包括形状、装饰、宝石的颜色与净度、材料、切工、首饰的款式、加工工艺等。主观划分的级别有好、更好、最好。

对珠宝首饰的品质可以按照一定标准进行分级。例如，对于钻石，可以用颜色、净度、切工和克拉质量（"4C"）标准来分级；对于没有分级标准的其他宝石，可以用"差、一般、中等、好、很好"来表示。有些品质要素（比如钻石的颜色和净度）与价值特征紧密相连；有些品质要素（如颜色鲜艳的红宝石和蓝宝石的净度）与价值特征无紧密关联；有些品质要素（如低品质钻石的荧光）是完全可以忽略的。

不同的宝石有不同的分级系统，如钻石分级系统、彩色宝石分级系统，或其他评估界普遍清楚或经过充分说明的有关系统。一个正规的分级系统是联系珠宝首饰的品质及其市场价值之间的桥梁。

（2）价值特性的客观分级。即按照市场情况对待评估的珠宝首饰的价值特性进行分级。价值特性总是随着市场潮流的变化而波动，其作用可以通过分析实际销售情况、了解市场反应来客观地衡量。市场上的购买者所考虑的价值特性主要是实际情况及其与市场的客观联系。有些因素属于价值特性，而不属于品质问题。例如，物品出自某个特定的时期或属于某种特定的风格和设计，像花丝工艺、几何和花卉图形等。

通过市场观察，可对珠宝首饰的价值特性进行分级。价值特性的分级要素包括品质特征、珍稀程度、实用性、大小（规模）、风格类型、知名度、制造者、品牌等。例如，珠宝首饰经名人佩戴后，其价值就比同样的未经名人佩戴的珠宝首饰要高，这与珠宝首饰的品质无关。在价值分级中，"满意度"很重要，即满意度最高的就是最有价值的。人们对宝石形状的喜好一直在变。例如，对于钻石琢型来说，标准圆钻型是最受欢迎的，有时马眼型比梨型更抢手，而在某个时期，公主方型可能又流行起来。所以，鉴赏家认为是"更好"的东西，其价值在一个时期可能只是"好"，在另一个时期则可能只是"中等"。

某些珠宝首饰的价值是后赋的，它是独立于珠宝首饰品质因素之外的，包括以下情况：具有特定的出处或来源、名人拥有、出版物上刊登过、参加过重要展览等。出处是指财产的所有权和历史。如果珠宝首饰曾经被名人拥有，或由名家设计制作，或产自某一特定艺术形式流行的时期（如装饰艺术 Art Deco、法国新艺术 Art Nouveau 时期），其价值就可能会增加。

不同于宝石的来源主要是指宝石的产地，珠宝首饰的来源通常为大型商场、珠宝专卖店、珠宝公司、拍卖会、展销会等。通常，具有特定来源的珠宝首饰，比一般的珠宝首饰具有更高的价值认同。不同产地的宝石，由于被人们接受的程度不同，会产生价值上的差异。例如，克什米尔出产的蓝宝石，会比其他产地的蓝宝石价值要高。

综上所述，鉴定原则和贡献原则要求珠宝首饰评估人员检查待评估珠宝首饰的各个组成部分，并从该珠宝首饰中寻找出那些特殊的属性。品质分级原则通过权衡影响价值的品质要素并对其进行级别鉴定，通过与已评级珠宝首饰的成交价进行比较，确定待评估珠宝首饰的价值。这些价值原则是通过因果关系相互关联的。珠宝首饰评估人员利用这些原则，可以区分开"珍贵"与"普通"之间细微的品质差别，并将这种差异表达出来。

第二章　珠宝首饰价值评估的基本事项

珠宝首饰评估的基本事项包括珠宝首饰价值评估的相关当事人界定、评估的目的、评估的对象和范围、评估基准日、价值类型、市场级别等。明确珠宝首饰评估基本事项，是在接受珠宝首饰评估委托之前必须要完成的工作。

第一节　珠宝首饰价值评估相关当事人的界定

珠宝首饰评估的相关当事人，包括评估委托人、产权持有人、评估报告使用人，以及评估机构和珠宝首饰评估专业人员等。

一、评估委托人

评估委托人是指与评估机构就珠宝首饰评估专业服务事项签订委托合同的民事主体。委托合同的委托方就是评估委托人，受托方则是评估机构。委托人可以是一个，也可以是多个；可以是法人，也可以是自然人。《中华人民共和国资产评估法》（以下简称《资产评估法》）规定，评估分为法定评估和非法定评估。法定评估的委托人需要符合国家有关法律法规的规定；非法定评估的委托人在自愿协商的原则下确定。

二、产权持有人

产权持有人是指待评估珠宝首饰的所有者权益的拥有者。待评估珠宝首饰的委托人并不一定是其产权持有人。评估对象一般受产权持有人控制。当评估委托人与产权持有人不是同一主体时，必要时珠宝评估专业人员应该与委托人协商，由委托人出面协调产权持有人来配合珠宝首饰评估工作。

三、评估报告使用人

评估报告使用人是指法律法规明确规定的或评估委托合同中约定的除评估委托人之外，有权使用珠宝首饰评估报告或评估结论的其他评估当事人。

四、评估机构和珠宝首饰评估专业人员

评估机构是珠宝首饰资产评估委托合同的受托人，是出具珠宝首饰评估报告的主体，也是对珠宝首饰评估报告承担法律责任的法人主体。评估机构是依法成立的享有独立民事责任的法人组织。珠宝首饰评估专业人员从事珠宝首饰评估业务，应当加入评估机构，并且只能在一个评估机构从事评估业务，不能私自接受委托从事珠宝首饰评估业务。评估机构加入评估行业协会，接受评估行业协会的自律管理；评估行业协会可以保护评估机构的合法权利，并提供继续教育培训等。

第二节　珠宝首饰价值评估的目的及意义

一、评估目的的概念

资产评估的目的是资产评估业务对应的经济行为对资产评估结果的使用要求，或资产评估结果的具体用途。

珠宝首饰是一种可以承载无形资产价值的实物财产，在流通过程中，可以称之为资产，而一旦进入消费终端，若不再发生任何经济行为，则只能称之为财产，即财富的表现形式。要对珠宝首饰进行评估，必须存在或假设存在一种经济行为，明确评估目的，方可采用资产评估方法进行价值评估。

评估目的是珠宝首饰评估专业人员从事珠宝首饰评估业务时必须明确的基本事项。珠宝首饰的评估目的，是指珠宝首饰持有人进行珠宝首饰价值评估的客观或主观动机，它与评估结论的实际用途息息相关，在大多数情况下二者具有一致性。珠宝首饰的评估目的有两层含义：其一，对评估委托人而言，评估目的是帮助其实现某一种经济行为，实际上是委托人进行评估委托的目的；其二，对珠宝首饰评估专业人员而言，是在充分了解委托人的预期经济行为的基础上，明确价值类型，得出合理的价值结论。因此，充分了解委托人的评估目的，是珠宝首饰评估专业人员选择市场级别和确定价值类型的前提。珠宝首饰评估特定的评估目的，对评估对象的界定、价值类型的选择、评估过程所使用的方法、特定参数的选择，都具有约束作用。珠宝首饰评估专业人员在充分了解评估目的，确定价值类型之后，还必须掌握不同的评估方法，根据合理有效的原则对各种方法加以取舍和有所侧重，并使之相互印证，才能保证评估结论的公正性和合理性，协助委托方实现评估目的，完成预期的经济行为。

由于评估目的和评估报告的用途不同，同一件珠宝首饰最终的评估结果（或结论）也会不尽相同。因此，为了给委托人提供正确的评估报告，在评估工作开始之前，明确评估目的是至关重要的。

二、珠宝首饰价值评估的目的

珠宝首饰的价值评估，是根据市场经济发展的需要，为了特定的目的对珠宝首饰进行鉴定、描述、分级，并综合市场信息，独立而且公正地确定其价值的行为。同样的珠宝首饰，因为价值评估的目的和价值评估的基准日不同，其评估价值也往往不相同。因此，在对珠宝首饰进行价值评估前，必须了解委托人的评估目的和基准日，这对于科学地组织价值评估工作、提高价值评估品质具有重要意义。

珠宝首饰价值评估的目的，主要是对待评估的珠宝首饰即将发生的经济行为所衍生的价值提供科学的依据，它主要包括以下几个方面。

1. 资产确认、产权变换

当公司成立、增资、解散、资产重组或产权变换时，需要对珠宝首饰进行评估，确定资产数额。我国现行的法律规定，公司成立可以实物资产入资。以珠宝首饰实物资产入资注册公司时，需要对珠宝首饰进行评估，以确定入资数额。珠宝首饰经评估后，再经会计师事务所验资，市场监督部门确认。

公司解散有三种方式和程序：购并、清算和破产。任何一种方式都需要对目标公司的财产进行清理和评估，然后处理和分配。以破产为例，破产公司财产中无法变现的实物可以委托估价，以物抵债。若是国有企业，在破产处置前，需由资产评估机构进行评估，并以评估价值作为底价，通过拍卖、招标等方式依法转让。

2. 财产分割

财产分割包括离婚财产分割、遗产分割，以及合作关系终结而进行财产分割等。珠宝首饰的评估结论，可以作为划分公共财产的依据。随着我国对物权的认可，对珠宝首饰价值评估的需求逐渐增加。

3. 抵押、质押评估

以抵押、质押为目的的评估，指企业或个人在向金融机构或其他非金融机构进行融资时，金融机构或非金融机构要求企业或个人提供用于抵押、质押资产的评估报告，以了解用于抵押、质押资产的价值。

(1) 抵押。指债务人或第三人不转移对其特定财产的占有，将该财产作为对债权的担保，在债务人不履行债务时，债权人有权依法以该财产折价或拍卖、变卖该财产的价格优先受偿。

(2) 质押。指债务人或第三人将其特定财产移交给债权人占有，作为债权的担保，在债务人不履行债务时，债权人有权依法以该财产折价或拍卖、变卖该财产的价款优先受偿。

抵押和质押的区别主要表现在以下方面：其一，抵押物通常为动产与不动产，质押物为动产与财产权利；其二，抵押物可不移转占有，质押物必须移转占有。

通常所说的"珠宝抵押"应该称之为"珠宝质押"，即债务人将珠宝移交债权人占有，作为债权的担保。若债务人不履行债务，债权人有权以质押物折价或拍卖、变卖的价款优先受偿。实际上，无论是向金融机构融资还是向民间融资，只要涉及抵押、质押，就暗含了不能按期还贷的假设。

银行采用贷款珠宝质押措施，就是要确保银行资金的安全，在借款人违约时，可以通过处置质押的珠宝，保证担保债权不受任何损失。质押物评估的目的是评估质押物的价值，以便银行在借款人的违约成本和违约收益之间进行比较和判断，以确定是否给予贷款及贷款的数额，并最终制定科学的贷款决策。

(3) 典当。指当事人急需用钱，用珠宝首饰作为质押物来获取短期贷款的行为。当事人都希望能多当点钱，而典当行则考虑如果典当物断当（绝当），该珠宝首饰可变现的数额是否能抵消贷款的数额。典当行需要对典当物进行评估，以确定典当金额。目前，典当行收当的珠宝首饰以黄金、钻石居多。

4. 债务抵偿

珠宝首饰是个人和企业投资收藏的对象，当面临债务问题或经营问题时，珠宝首饰成为偿还债务的重要资产。与珠宝质押不同，债务抵偿是经济风险已经产生，通过珠宝首饰抵债来解决经济纠纷。有经济纠纷的双方在珠宝首饰的债务抵扣上很难达成一致，往往对评估基准日和价值类型提出不同要求。此时，评估师既要具备专业能力，又要具备协调和说服能力，方可公正有效地得出评估结论，并合理地降低评估风险。

5. 司法诉讼

以司法诉讼为目的的评估包括两类：一是司法评估，二是诉讼协助评估。

（1）司法评估。主要是评估机构接受法院的直接委托，对涉及诉讼或执行的珠宝首饰资产进行价值评估。这种评估事项是法院司法判决或执行程序的组成部分。

（2）诉讼协助评估。指评估机构接受诉讼当事人或律师的委托，对涉诉珠宝首饰资产进行评估的事项，为评估委托人提供诉讼协助服务。这类评估属于当事人根据自己意愿决定的评估事项。

由于珠宝首饰便于携带且价值昂贵，常成为涉案（盗窃、走私、受贿等案件）物品，对其进行价值评估而得出的结论是司法立案、审判、执行的重要依据。

由于评估项目涉及经济案件或刑事案件，因此，除了注意评估基准日的问题外，还必须注意国家相关法律法规对评估结论的某些指导意义。对那些接近量刑定罪突变价值界限的珠宝首饰评估尤其需要谨慎。

6. 损坏赔偿评估

损坏赔偿评估是指要求评估师对已损坏的珠宝首饰的原始状态进行合理假设和专业推断，对损坏的珠宝首饰，在进行品质还原后，评估损坏前后的价值。

7. 改良评估

改良评估是指对于因款式陈旧、佩戴或保存不当而产生实体损失的珠宝首饰，委托人要求了解是否可以通过对宝石的重新切磨、重新镶嵌等进行改良，以及改良所需的成本和改良后的价值。此类评估要求评估师提出最佳改良意见，并对改良后的价值进行假设前提评估。

8. 售前定价评估

对于高档和稀少的宝石、设计制作独特的珠宝首饰，或大型的玉雕作品，商家在推向市场或作为拍卖品送拍前，会请评估师对这类珠宝首饰的市场价值进行评估，以确定市场售价或确定拍卖品的拍卖底价和估价，获取最大利润。

9. 价值咨询

当委托人对交易价格产生怀疑，或希望得到专家关于价格的明确意见时，通常会咨询专业评估师。由于珠宝市场信息的不对称，消费者为了获得"可接受的价格"，需要获得置信度高的参考价格。在购买或投资收藏珠宝首饰前，消费者通常会咨询评估师，以获得合理的估价。

10. 保险评估

珠宝首饰保险评估是常见的评估目的，确定保险标的、保险费及索赔金额或索赔替换物是珠宝首饰评估的重要环节。

珠宝首饰的理赔不同于其他财产的理赔，当投保物品损坏或丢失时，保险公司通常不赔付现金，而是根据评估报告中的描述，替换一件类似的新的珠宝首饰给投保人。因此保险评估报告最主要的部分是准确地描述待评估珠宝首饰，保证委托人从保险公司那里获得类似的珠宝首饰。

对于事先没有评估的珠宝首饰（例如家庭财产保险一般不可能在投保时对所有财产进行鉴定评估），在投保以后，当它们丢失需要理赔时所进行的评估，是为保险而假设的评估，评估师无法见到该首饰，只能根据描述、照片、收据等依据作出判断。保险公司担保的是珠宝首饰物品，而不是它的价值。

目前，我国只是在间接险种中涉及珠宝首饰，或是将珠宝首饰作为特别约定的保险财产对待。随着我国珠宝企业保险意识的增强及外资保险公司的进入，保险评估在我国将成为重要的评估目的。

11. 财产纳税评估

以纳税为目的的财产核实评估是重要的珠宝首饰评估目的，与珠宝首饰评估有关的税种主要有遗产税、捐赠税、关税等。

珠宝首饰的纳税评估，当前主要是对进出口珠宝首饰进行价值评估，以此为基础征收关税。

12. 捐赠

捐赠是指将珠宝首饰赠送给博物馆、学校、慈善机构等非营利性的单位。在一些国家（如美国、加拿大），向慈善机构、文化机构捐赠物品时，受赠机构会请评估师评估确定赠品的价值，并给捐赠人提供收据，捐赠人由此可以获得收入税的减免。当然，有商业或广告动机者不能获得收入税的减免。

三、珠宝首饰价值评估的意义

从经济学的角度来看，珠宝首饰从来就不是"低档商品"（指随人们收入的增高，需求量越来越少的商品，如价廉质次的物品），而属于"正常商品"（指随人们收入的增高，需求量增多的商品）的范畴。因此，随着经济的发展和人民生活的逐步改善，珠宝首饰的需求量将会越来越大，珠宝首饰企业的发展、扩张、兼并、破产速度会进一步加快，企业的融资需求会进一步加强。因此，珠宝首饰价值评估业务的重要性也会随之进一步凸现。

若仅从产品的重要性来看，珠宝首饰行业只占整个社会经济市场极小的一部分，与其他行业的相关性似乎也很小。然而，随着全球经济一体化进程的加快，珠宝首饰业与其他行业的联系将会不断深化。在大力发展市场经济的前提下，珠宝首饰行业与其他行业的关系实际上是一种"资产交易"的关系，而这种行业间的联系只有通过珠宝首饰资产评估这一手段才能有效地向外辐射。

可以毫不夸张地说，只有珠宝首饰评估业务得到了充分的发展，珠宝首饰保险业务、珠宝首饰抵押业务才会相应地发展和完善。只有珠宝首饰资产评估业务规范化、正规化，珠宝首饰行业才能得到金融机构和其他行业的信贷支持。同时，司法、海关等国家机构才能有效地加大执法力度，真正保护合法、正当的经济行为，从而真正保障整个珠宝首饰行业的持续健康发展。

第三节　与珠宝首饰价值评估相关的几个基本概念

一、评估对象

1. 评估对象的概念

评估对象也称评估客体，是指待评估标的，是资产评估的具体对象。珠宝首饰评估对象通常为珠宝首饰实物，包括单件珠宝首饰、成套珠宝首饰和批量珠宝首饰等。

2. 评估对象的确定

评估对象应当由委托人依据经济行为或法律法规提出，并在评估委托合同中明确约定。在评估对象的确定过程中，评估机构和珠宝首饰评估专业人员应当关注它是否满足经济行为要求、符合法律法规规定，必要时向委托人提供专业建议。

二、评估范围

1. 评估范围的概念

评估范围是指组成评估对象的资产种类和数量，是对评估对象组成和结构的进一步说明。评估范围取决于资产的种类、评估报告的预期（期望）用途。珠宝首饰评估范围通常是指组成评估对象的珠宝首饰的种类和数量。

随着我国社会主义市场经济的不断发展，珠宝首饰评估的范围已不再局限于狭义的有形资产（实体部分），而是向无形资产扩展延伸。例如，对珠宝首饰的品牌拥有权和使用权的评估、对珠宝首饰的特许经营权和连锁店品牌使用权的评估等，都可以纳入珠宝首饰评估的范畴。

2. 评估范围的确定

评估范围应当依据评估对象合理确定，要依据法律法规要求，在评估委托合同中明确界定，具体内容应由委托人负责提供。例如，当评估对象为一件翡翠山子时，评估对象和评估范围是一致的，都是该翡翠山子。当评估对象为珠宝企业的珠宝首饰实物资产时，评估对象是珠宝首饰，评估范围可能包括在售的珠宝首饰，也包括库存的珠宝首饰。

三、评估基准日

1. 评估基准日的概念

评估基准日是资产评估结论对应的时间基准。评估基准日是评估价值所适用的日期，是提供价值基础的市场条件的日期。从评估基准日可以看出当时的市场条件。

评估基准日是评估业务中极为重要的基础，也是评估委托合同的重要约定事项。珠宝评估专业人员应当根据专业知识经验，建议委托人根据评估目的、珠宝首饰类型和市场变化情况等因素，合理选择评估基准日。通常，评估报告所采用的评估基准日是根据评估目的，由委托人确定的。评估基准日应是珠宝评估专业人员考虑选取有关数据的日期。

2. 评估基准日的作用

通常，珠宝首饰的价值是随时间的推移而变化的，主要体现在两个方面：一是在不同的时间点上，珠宝首饰在市场上的交易价格是不同的，如黄金价格在不同时间点是不同的；二是美元汇率随时间的变化而不同，如钻石和彩色宝石多依赖于进口，通常以美元计价，若汇率发生波动，则宝石交易价格也将随之发生相应的变动。

3. 评估结论对应的时点

珠宝首饰评估是为特定的经济行为服务的，而经济行为存在时效性，因此，评估基准日的作用就是规定评估结论所对应的时间基准，满足经济行为时效性的需要。

评估基准日可以是现在时点，也可以是过去或者将来的时点。

（1）现时性评估。指评估基准日是评估工作日近期的时点。由于多数评估要求评估现行价值，明确评估基准日的重要性有时会被忽略。

（2）追溯性评估。指评估基准日是过去的日期，而非评估工作日近期时点。如在资产税事宜、财产或遗产事宜、诉讼及类似情况中，需要对评估对象过去的价值进行评估。

（3）预测性评估。指评估基准日是未来日期，而非评估工作日近期时点。预测性评估是对评估对象的未来价值进行评估。在未来价值评估中，珠宝评估专业人员分析市场趋势，目的在于为评估基准日的预测收入、费用或估计售出时间、回收时间、折现率等提供支持。

确定评估基准日是极其重要的，因为"变化原则"始终在起作用，市场趋势和周期始终处于变动之中。如果有人要求评估2000年以前一套金币的价值，那么该价值与2018年同样金币的价值会大不相同。在任何市场级别下，评估值只有在特定的时间点上才有效。例如，遗嘱检验评估，评估的基准日是死者去世的日期，或对评估财产有意义的日期。

4. 用于确定评估报告结论的使用期限

根据资产评估准则的规定，评估结论的使用有效期是以评估基准日为基础确定的。评估报告服务的经济行为，必须在与评估基准日匹配的有效期内实施。

四、评估报告日

根据《资产评估执业准则——资产评估报告》（2019）的规定，资产评估报告日通常为评估结论形成的日期。

在评估基准日到评估报告日之间，如果被评估资产发生重大变化，评估机构有义务了解和披露这些变化以及可能对评估结论产生的影响。评估报告日之后评估机构不再负有对被评估资产重大变化进行了解和披露的义务。

第四节 珠宝首饰的价值类型

一、价值类型的概念

价值类型是指资产评估结果的价值属性及其表现形式。不同价值类型从不同角度反映资产评估价值的属性和特征。不同的价值类型所代表的资产评估价值不仅在性质上是不同的，在数量上往往也存在着较大差异。

价值类型对评估方法的选择有一定的影响。明确价值类型，可以更清楚地表达评估结果，可以避免评估委托人和报告使用人误用评估结论。

二、价值类型的种类

目前，国内外评估界对价值类型有不同的分类。在我国《资产评估价值类型指导意见》（2017）中，价值类型包括市场价值、投资价值、在用价值、清算价值、残余价值等。

某些特定评估业务评估结论的价值类型，可能会受到相关法律法规或者契约的约束；相关法律法规或者契约没有规定的，可以根据实际情况，选择市场价值或者市场价值以外的价值类型，并予以定义。

三、珠宝首饰评估常用的价值类型

每件财产都具有不同的价值。不同的评估目的对应不同的价值类型，价值类型和定义需与特定的评估业务相适应。每项评估都必须至少包括一条价值定义。价值定义的改变，会对各种财产所具有的价值产生实质性的影响。珠宝首饰评估专业人员应避免使用未经限定的"价值"概念，而应对所涉及的特定价值类型进行详细的描述。在进行珠宝首饰评估时，明确披露价值类型和定义尤为重要。

珠宝首饰评估常用的价值类型有市场价值、重置价值、清算价值、适销现金价值、实际现金价值、残余价值、报废价值、投资价值等。珠宝首饰评估的价值类型并不限于上述几种，有些评估要求使用法律法规的定义。在珠宝首饰评估中，市场价值是最主要的价值类型，可以作为评估的"基准"价值。

1. 市场价值

市场价值是指在适当的市场条件下，自愿买方和自愿卖方在各自理性行事且未受任何强迫的情况下，评估对象在评估基准日进行正常公平交易的价值估计数额。它是在买卖双方均谨慎而理智行事，并认为价格不受不适当因素影响的条件下，一件财产在公开市场上能获得的最合适的价格，是珠宝首饰价值评估中最常用的价值类型（图2-1、图2-2）。适当的市场条件存在着区域、级别等的区分，例如，国内市场、国际市场；批发市场、零售市场、旧货市场等。也就是说，珠宝首饰评估存在着不同市场级别的市场价值等。

图2-1 祖母绿钻石戒指
（祖母绿重15.67ct，香港佳士得，
2016年，成交价为354万港元）

图2-2 翡翠钻石戒指
（翡翠尺寸为19.3mm×16.3mm×5.5mm，
香港佳士得，2016年，成交价为148万港元）

2. 重置价值

重置价值是指在现实条件下，重新购买或制作与评估对象相同或相似的珠宝首饰所需的全部费用。所用的材料、技术和标准使重置财产在外观和使用方式上与原财产相同，有些物品可能需要考虑折旧。

按重新购买或制作所用的材料、技术的不同，可把重置价值分为复原重置价值和更新重置价值。

（1）复原重置价值。复原重置价值（也叫复制成本），是以某珠宝首饰为原形重新生产一件复制品所需的费用。复制品的设计、用料和制作方法（使用以前的工具）都应与原有珠宝首饰相一致，并应由同一个或具有同等资格的艺术家或工匠制作。这里可能需要考虑版权问题。

（2）更新重置价值。更新重置价值（也叫更新成本），是指由有资格的艺术家或工匠，使用当前的技术（即使用现代的工具和制作方法），生产一件在设计和材料上都与原珠宝首饰相似，并具有同样市场需求的新珠宝首饰所需的费用。

一般情况下，复原重置价值大于更新重置价值。

在以保险为目的评估某一时期或有收藏价值的珠宝首饰时，常用重置价值，但应考虑珠宝首饰出处的无形价值，所选用的市场通常是可比较的二级市场或旧货市场。

3. 清算价值

清算价值是指在评估对象处于被迫出售、快速变现等非正常市场条件下的价值估计数额。

（1）有序清算价值。有序清算价值是指在必要而有限定的条件下，以有序的方式转手珠宝首饰的最可能的价格。一般需要进行广告宣传，合理地限制时间，有合适的相关市场以及有了解该珠宝首饰情况的买主。在这种情况下，卖者是被迫出售，而购买者是自愿购买。

（2）强制清算价值。强制清算价值是指不考虑相关市场，财产可以立即转手售出的估算价格，即不管在哪个市场，如果财产立即售出，就将以此价格成交。由于时间太短，不能达到市场价值所定义的市场时间，因此强制清算会产生不情愿的卖主和了解卖主窘境的买主。显然，财产的主人在这种情况下没有时间（可能也没有钱）聘请评估师对其财产进行评估。

有序清算与强制清算的关系：当不存在上述限制条件时，清算或者出售被认为是有序的。

清算的退出变现是在被迫出售、快速变现等非正常市场条件下进行的，这一点与市场价值相比是明显不同的。

强制清算价值和有序清算价值均低于市场价值。强制清算价值低于有序清算价值，也可能低于成本价。企业破产清算或典当行收当时，常用清算价值。

4. 适销现金价值

适销现金价值是财产有序销售所得扣除全部销售成本的余额，即在相关市场上，在合适的时间内，在自愿的、非限制性市场交易中，从获得的销售收入中扣除所有销售成本后的净收益。

（1）相关市场。指在知晓财产的类型、性质、品质和状况（或者财产数量）的情况下，将此财产出售给消费大众的市场。例如，公开拍卖行称得上是一个市场，那里可能进行批发交易也可能进行零售交易，或者两种交易都能进行。

（2）合适的时间。指一项财产在其相关市场上，进行有序销售时必要的市场运作时间。这段时间可能包括向该财产常见的消费者进行有效广告宣传或者推销的时间，还可能包括财产的准备时间（如清洗、修复修缮、调整等时间）。做这种准备工作是为了使财产能最有效地销售出去，或者是为了缩短有序销售同类财产时通常所需的时间。这是适销现金价值与强制清算价值之间最明显的区别之处。

（3）净收益。指从销售额中减掉销售中发生的所有成本后留在手中的收益。这些成本包括中间人佣金、促销成本（照相费、图录出版费、广告费等）、处理费（运输费、保险费等）、筹备费（修复修缮费、保存费或者为提高财产适销性而发生的其他费用）。

适销现金价值不能代表财产的重置价值。在质押贷款中可用适销现金价值。

5. 实际现金价值

实际现金价值是保险术语,指在合理期限内,在合适的相关市场上,用一件年代、品质、来源、外观、大小和状况相似的财产,替代某项财产所需要的现金价格。该定义包括"照现在的样子"或"已修复或未修复"等概念。它需要考虑财产的状况,是一件财产的市场价值加上增值或减去各种形式的贬值。

6. 残余价值

残余价值是指有形资产无法或不宜整体使用时,将其拆零变现的价值估计数额。简言之,残余价值是指财产可用部件的价值。例如,损坏了的项链剩下的金扣、手表的表盘。

7. 报废价值

报废价值是指形态须改变后才能使用的可利用材料的价值,即可回收材料兑换现金或再利用的价值。除实际材料外,其部件不再有任何使用价值。例如,破损的贵金属首饰的回收材料价值、可重新切磨的破损宝石的材料价值。

8. 投资价值

投资价值是指评估对象对于具有明确投资目标的特定投资者或者某一类投资者所具有的价值估计数额,亦称特定投资者价值。它是对于一项将获得回报的投资现值的估计。

珠宝首饰的投资价值可以从两个方面得到体现:一是购买珠宝首饰的人可以在佩戴珠宝首饰或把玩珠宝艺术品时获得美的享受;二是珠宝首饰是不可再生的资产,尤其是高档的珠宝首饰,其价格逐年上升,上升幅度远大于通货膨胀率,可以使投资者获得收益。珠宝首饰的投资价值可以从近年珠宝拍卖纪录中得到反映(图2-3、图2-4)。

图2-3 翡翠圆珠配钻石、红宝石扣珠链
(翡翠珠47颗,直径为9.62~12.41mm,
长570mm,香港苏富比,2016年,
成交价为572万港元)

图2-4 红宝石、钻石戒指
(红宝石重2.03ct,香港佳士得,
2016年,成交价为27.5万港元)

9. 拍卖价值

拍卖价值是指在拍卖会上,出价最高的人为所得到的标的物支付的价格。珠宝首饰的拍卖价格,有时可作为珠宝首饰重置或清算评估目的下的价值参照(图2-5~图2-12)。

图2-5 翡翠钻石戒指
(翡翠尺寸为13.56mm×11.05mm×5.70mm,
香港苏富比,2016年,成交价为40万港元)

图2-6 变石钻石戒指
(主石重12.24ct,副石重2.00ct,香港苏富比,
2016年,估价为160万~240万港元)

图2-7 星光蓝宝石
(重88.88ct,香港苏富比,
2016年,成交价为27.5万港元)

图2-8 养殖珍珠钻石戒指
(珍珠直径15.99mm,香港佳士得,
2016年,成交价为6.875万港元)

图2-9 蓝宝石钻石耳环1对
(蓝宝石重5.23ct和4.26ct,克什米尔产,长21mm,
香港佳士得,2016年,成交价为220万港元)

图2-10 钻石戒指
(主石重6.04ct,颜色N,净度VS_2,香港佳士得,
2016年,成交价为47.5万港元)

图 2-11 红宝石钻石戒指

（主石重 3.03ct，缅甸鸽血红红宝石，香港佳士得，2016 年，成交价为 81.25 万港元）

图 2-12 猫眼钻石戒指

（主石重 29.37ct，香港佳士得，2016 年，成交价为 68.75 万港元）

10. 公平市场价值

公平市场价值是愿卖者和愿买者之间进行财产交易的价格，双方都不是迫于压力才买进或卖出财产的，都对有关的事实有理性的认识。一件特定财产的公平市场价值不是强制拍卖时的价格，也不是不具普遍性的销售价格，而是在任何合适地点的最普遍的销售价格。

公平市场价值是用于税务评估的特定假设的价值类型，总是以立法或规章所表达的定义为依据，评估报告中必须引证立法或规章的解释。对遗产中的珠宝首饰而言，公平市场价值是指其最低的零售价格。

四、价值类型的选择

价值类型是珠宝首饰评估专业人员在充分了解评估目的并与委托人沟通讨论后确定的。选择和使用价值类型，应当充分考虑评估目的、市场条件、评估对象自身条件等因素，同时应当考虑价值类型与评估假设的相关性。因此，价值类型的选择并不存在唯一性。

珠宝首饰评估专业人员在与委托人确定评估的价值类型时，应当向委托人说明价值类型、市场级别与评估目的的关联性，确信选择的价值类型适用于评估目的，并与委托人就具体价值类型的定义达成一致理解。明确价值类型，对于选择评估方法、评估报告使用人理解评估结论尤为重要（表 2-1）。

表 2-1 常见的评估目的及相应的价值类型

评估目的	价值类型
资产确认、产权变换	重置价值、市场价值
财产分割	实际现金价值、市场价值
保险理赔	（更新）重置价值
投保	（更新）重置价值、实际现金价值
质押贷款	重置价值、清算价值、适销现金价值
典当	强制清算价值
清算	强制清算价值、有序清算价值
纳税	公平市场价值

当珠宝首饰评估业务对市场条件和评估对象的使用等并无特别限制和要求，且评估目的是为正常的交易提供价值参考时，通常应当选择市场价值作为评估结论的价值类型。

珠宝首饰可以在不同的市场上进行交易。因此，在选择市场价值时，珠宝首饰评估专业人员必须关注到不同的市场级别可能会有不同的市场价值。应根据评估目的，选择恰当的市场级别，并在评估报告中恰当披露所选择的市场价值是哪个市场的价值（例如批发市场价值、零售市场价值），还应说明选择该市场价值的理由。同一评估目的可以选用不同的价值类型。

1. 质押贷款评估时价值类型的选择

质押贷款评估时通常选择重置价值、清算价值、适销现金价值。银行设置抵押、质押资产的作用在于防范金融风险，借款人无法用正常经营活动所产生的现金流归还贷款时，银行可以处置抵押、质押物获得赔偿。正是抵押、质押资产的"现时担保作用"与"他时的清偿功能"，使得借贷双方对抵押、质押资产的价值认识存在明显的分歧。

当质押物为珠宝首饰时，银行往往需要知道质押物的价值是多少，以决定是否给予贷款以及贷款的数额。质押品对银行贷款的保证，更多地依赖其预期变现能力。因此，银行要请评估专业人员对质押的珠宝首饰进行评估，以便确定它能否满足被质押担保的经济行为的需要。

对于珠宝首饰的质押贷款，可以评估质押物的重置价值，银行根据质押率自行折算（质押率根据银行和质押物种类的不同确定，一般取值在 40%～70% 之间）；也可以评估质押物的清算价值、适销现金价值，帮助银行了解质押物处置后可能的返款额。一般来说，在经济过热时期，抵押、质押品评估的价值类型为有序清算价值。有序清算价值对重置价值的调整部分正是抵押、质押品作为一种保证在未来可能存在的风险的价值体现。

以典当为目的的评估也是这样。当事人希望能用珠宝首饰多当点钱，而典当行则考虑如果典当物断当，当品可变现的数额是否能抵消贷款的数额。典当行收当时，大多评估的价值类型为强制清算价值，相当于绝当的价格。

典当行以贵金属、钻石为主要收当品类。黄金的收当价格一般以国际金价的人民币报价为基准，一般为报价的 90% 左右，不同典当行之间会有浮动；黄金的绝当价格一般是当日国际黄金报价的 95% 左右，金条的价格会略高于黄金饰品。18K 金的典当价格，一般为国际黄金报价的 65% 左右。铂金的典当价格，一般为国际铂金报价的 70% 左右。钻石裸石的收当价格一般为同时期国际钻石报价表价格的 30%～50%，根据不同级别或市场热度上下浮动。

2. 保险评估时价值类型的选择

以保险为目的的评估，价值类型常选择（更新）重置价值。保险评估是确定保险金额的基础，保险理赔时，保险评估资料是保险公司进行赔偿的关键凭证。

在进行保险评估时，首先需要鉴定珠宝首饰的材质，确定其重置价值；然后根据首饰的重置价值计算保险金，估计丢失或损坏后的索赔价。当保险物品损坏或丢失时，保险公司通常不赔付现金，而是根据评估报告中的描述替换一个类似的新的珠宝首饰给投保人。因此，保险评估报告最主要的部分是准确地描述被评估的物品，保证委托人从保险公司获得类似种类的物品。

3. 清算评估时价值类型的选择

以快速变现为目的的评估，常选择强制清算价值、有序清算价值。当评估对象面临被迫出售、快速变现或者评估对象具有潜在被迫出售、快速变现等情况时，珠宝首饰评估专业人员通常应当选择清算价值作为评估结论的价值类型。强制清算是指该清算行为已经不在资产所有者控制之下进行，这种清算可能受法院或者法院指定的清算组控制，或者由债权人控制等，这种清算一般需要选择强制清算价值。企业破产清算，确定的是强制清算价值或有序清算价值。清算是在价格最低的市场上进行的，因此委托人得到的是较少的资金。

4. 财产分割评估时价值类型的选择

财产分割评估时，可选择实际现金价值或市场价值。为了解除财产共有关系，常常需要对共有财产的价值进行估算以便处理补偿问题。与销售财产的评估不同，财产分割的评估必须考虑市场价值和使用价值的概念。婚姻或合作关系的破裂引发的财产分割，可以按实际现金价值或市场价值进行评估。

第五节 珠宝首饰的市场级别

一、市场及其分类

1. 市场的概念

市场是买方和卖方之间在价格机制作用下就商品和服务进行交易的体系。在市场中涉及四个部分：交易主体（买方和卖方）、交易场所（如交易中心、商店、地摊、网络平台等）、交易对象（如钻石、黄金等）、交易媒介（货币的种类、现金或支票）。价格是由这四个部分相互作用和影响的结果。

2. 市场的分类

经济学一般根据市场结构，即买卖双方的数量和大小、产品差异程度、市场进出的难易程度等划分市场。市场结构决定竞争的程度和方式，以及均衡价格和产量水平。市场可以从不同的角度进行分类。

（1）按照交易对象，市场可分为商品市场、技术市场、金融市场、劳务市场等。

（2）按照商品交易形式，市场可分为现货市场、期货市场。

（3）按照商品交换的范围和领域，市场可分为城市市场、农村市场；国内市场、国际市场；批发市场、零售市场等。

（4）按照竞争的程度，市场可分为完全竞争市场、不完全竞争市场。不完全竞争市场上的市场价格并不完全由市场本身决定，市场上可能存在垄断的情况。因此，影响价格的因素更为复杂多样。现实市场绝大多数是不完全竞争市场。

二、珠宝首饰的市场级别

珠宝首饰等动产一般按其数量、品质和本身条件（状况）在几种不同级别的市场进行交易，同一件珠宝首饰在不同的市场级别有不同的价值。珠宝首饰评估专业人员应根据不同评估目的，确定评估时应选用的市场级别。动产评估中，"适当的市场级别"的概念与不动产评估中的"最佳利用"概念相当。

1. 珠宝首饰市场级别分类

按照珠宝首饰的状况可将市场级别分为两大类：新货市场和旧货市场。新货市场与旧货市场有明显的区别，这两种市场可细分为不同级别（表2-2）。

表2-2 珠宝首饰常见的市场级别

市场级别分类	常见的市场级别	货物销售去向（或时限）
新货市场（初级消费市场）	零售市场	货物售给最终消费者
	拍卖市场（分许多等级）	货物售给消费者、中间商等
	批发（商）市场	货物售给分发商、零售商等
	生产厂家市场	货物售给各等级市场
旧货市场（次级市场，货物经多次转手）	定期兑现市场	有序清算，在90天或更长时间内销售
	即期兑现市场	强制清算，在7天（或7天内）销售
	二手货市场	销售给中间商或最终消费者

古董和收藏品在不同级别市场的价值可能差别极大。例如，一件收藏品可能从一个批发商卖给拍卖行，再卖给中间商，最终卖给一个收藏家，每个人都在不同级别的市场上得到满足。

2. 珠宝首饰评估常用的市场级别

（1）拍卖市场。在拍卖市场，买家（竞买人）和卖家（委托人）均需要向拍卖公司（拍卖行）支付佣金。不同规模、不同影响力的拍卖公司收取的佣金也是不同的，通常为落槌价的10%～15%。拍品的成交价为落槌价加佣金。拍卖市场可以分为大型拍卖市场和小型拍卖市场。

（2）批发市场。批发商以批发价格把货物卖给零售商，以便他们再向最终消费者出售。该市场的价格是批发商从事买卖的价格。

（3）零售市场。这种市场以最通行的价格把货物销售给某一地理区域内的最终消费者。在零售市场上，珠宝首饰以最常见的零售价销售给最终消费者。在零售市场上，经常有新货品上市。最常见的珠宝首饰零售市场有珠宝专卖店、百货商场的珠宝专柜等。

（4）二手货零售市场。在该市场上，曾经被人拥有过的或使用过的货物，以最常见的零售价格销售给某一地理区域内的最终消费者。这类市场有古玩店、古玩市场等。

（5）即期兑现的变卖市场。这是评估强制清算价值时需要考虑的市场。这类市场的特点是：在非常有限的时间内出售货物并立即获得现金。购买者一般为珠宝首饰零售商、拍卖商、二手货交易商、经纪人和批发商。即期兑现的变卖市场属于讨价还价或廉价抛售级别的市场。该市场上大多数珠宝首饰是以较低的甚至是报废后的价格销售。

（6）定期兑现市场。这是评估有序清算价值时需要考虑的市场。这类市场在限定的时间内把货物以定期和推广的方式有规律地销售给愿意购买者。该市场包括但不限于拍卖行、商店等。购买者一般是古董商、二手货商、批发商及收藏家。

三、市场级别的选择

1. 根据评估目的选择市场级别

根据评估目的的不同,珠宝首饰评估专业人员通常在最可能出现某类珠宝首饰的市场上,找出类似或相同珠宝首饰的交易情况,然后查明它们最常出现的价格。

例如,评估对象为和田玉手镯,当评估目的为投保时,应选择批发市场;当评估目的为购买建议时,应选择零售市场。

2. 根据评估对象选择市场级别

应根据待评估珠宝首饰的类型和品质,选择与评估对象相适应的市场级别。例如,钻石是市场上最常见的宝石种类,不同品质的钻石在不同级别的市场上可以找到。稀少的大钻石、彩色钻石、名人拥有的钻石首饰,通常是通过拍卖行销售的,可以通过大型拍卖市场(大型专业拍卖会)寻找成交价格资料;做工良好和精美的钻石首饰,通常可通过品牌珠宝店(蒂芙尼、周大福等)或大商场的珠宝专柜找到;而颜色和净度上较差的钻石是珠宝市场的大宗宝石。钻石评估要调查不同级别的市场,而钻石商和钻石专家(那些专门研究过大钻石、钻石毛坯、花式琢型、彩色钻石、辐照彩钻和合成钻石的人)能够帮助珠宝首饰评估专业人员找到相关的市场,因此与钻石商和专家建立广泛联系,对珠宝首饰评估专业人员来说是十分重要的。

四、市场级别对珠宝首饰价值的影响

市场级别对珠宝首饰价值有明显的影响。对于同一件珠宝首饰来说,其价值在不同的市场级别上会存在明显差异。例如,对同品质的同种宝石来说,一级批发市场价格与终端零售市场的价格会有一倍至几倍的差异;大型的专业拍卖市场与小型拍卖市场、清算市场,一线城市的品牌店与三线城市的零售珠宝店,国内批发市场与国际一级批发市场等不同级别的市场上,宝石价格也会有很大的差异。

珠宝首饰在不同市场级别上的价格差异并没有固定的比例关系,唯一的办法就是进行详细的市场调研。珠宝首饰价值评估必须建立在市场调查和各种价格资料研究的基础上,没有什么方式能够替代市场调查。

市场调查与分析是评估结论准确的重要保障。珠宝首饰评估专业人员应广泛地了解市场以及影响市场的各种因素,应拥有整个销售链的信息来源。

第三章 珠宝首饰价值评估的程序和特征

第一节 珠宝首饰评估程序概述

一、评估程序的概念

资产评估程序,是指资产评估机构和评估专业人员执行资产评估业务所履行的系统性工作步骤。我国《资产评估执业准则——资产评估程序》(2019)规定,资产评估基本程序包括明确评估业务基本事项、签订评估委托合同、编制评估计划、进行评估现场调查、收集整理评估资料、评定估算形成结论、编制并出具评估报告、整理归集评估档案。

珠宝首饰评估程序包括从与委托人(客户)的首次接触到最终出具评估报告并将评估报告归档的整个过程。评估机构和珠宝首饰评估专业人员执行珠宝首饰评估业务时,应当遵守资产评估的基本程序,并结合珠宝首饰评估业务的具体情况,制定并实施适当的评估步骤。

二、履行资产评估程序的作用

履行资产评估程序的作用主要表现在以下几个方面。

1. **保证评估行为的合法性**

履行资产评估程序,是《资产评估法》对评估机构和评估专业人员的基本要求。例如,评估机构和评估专业人员未履行必要的评估程序,导致未能识别其与评估委托人或评估报告使用人之间存在利害关系,而受理了评估业务,将违反《资产评估法》的有关规定,要承担相应的法律责任。

2. **保障评估业务质量**

履行资产评估程序是保障评估结论合理的要求。例如,珠宝首饰评估基本程序中的现场调查,包括对珠宝首饰的鉴定与分级评价,需要对珠宝首饰的真伪进行鉴定,并对其品质进行分级评价。如果珠宝首饰评估专业人员未能履行这个程序,而仅根据委托人提供的照片或资料进行评估,将可能导致评估结论不合理或出现严重错误,珠宝首饰评估业务质量无法保障。

履行必要的评估程序,不仅有利于规范珠宝首饰评估专业人员的执业行为,有效地避免在执行具体评估业务中可能出现的程序上的重要疏漏,切实保证评估质量,而且也是赢得委托人和社会公众的信任、提高评估行业社会公信力的重要保证。

3. **防范执业风险**

珠宝首饰评估服务涉及委托人、产权持有人、评估报告使用人等众多相关当事人的利益,如果评估业务引起法律纠纷,评估机构和珠宝首饰评估专业人员要依法承担法律责任。由于珠宝首饰评估业务本身的特点,评估结论在形成过程中不可避免地存在主观判断的因素,因而法院和资产评估行业协会等在对评估机构和珠宝首饰评估专业人员应承担的法律责任进行认定时,一个重要方面是看其是否履行了必要的评估程序。

三、执行评估程序的基本要求

鉴于资产评估程序的重要性,珠宝首饰评估专业人员在执行珠宝首饰评估程序时,应符合以下要求。

(1) 应当根据资产评估基本程序,结合珠宝首饰评估项目的具体情况,确定所履行各基本程序的繁简程度,不得随意减少资产评估基本程序。

(2) 在履行珠宝首饰评估程序时,若因受到限制导致某些环节无法进行(如在损害赔偿评估业务中,评估对象已经灭失,且缺少照片等证据),应当考虑这种情况是否会影响评估结论的合理性,并在评估报告中明确披露这种情况及其对评估结论可能造成的影响,必要时应当拒绝或终止评估工作。

(3) 应当将评估程序的组织实施情况记录在工作底稿中,并将主要评估程序的执行情况在评估报告中予以披露。

第二节 珠宝首饰评估具体程序和基本要求

珠宝首饰评估专业人员在执行珠宝首饰评估业务时,应当遵守《资产评估执业准则——资产评估程序》规定,结合珠宝首饰评估业务的具体情况,实施适当的具体评估步骤。

一、明确评估业务基本事项

明确珠宝首饰评估业务基本事项,是执行珠宝首饰评估业务的第一个环节。在受理珠宝首饰评估业务之前,需要对珠宝首饰评估业务的背景、基本情况、委托要求、可能的工作条件等进行全面的了解,进而对评估机构和珠宝评估专业人员的专业胜任能力、独立性、业务风险进行综合分析与评价,决定是否受理评估业务,并在决定承接的情况下,为洽谈评估委托合同做准备。

1. 委托人和相关当事人的基本状况

(1) 明确委托人及产权持有人的基本情况。在珠宝首饰评估业务中,委托人可能是产权持有人,也可能是与待评估珠宝首饰有某种关系的个人、企业或机构。在受理珠宝首饰评估业务之前,需要明确的基本情况主要有委托人及产权持有人的全称、经营范围、注册地址等。如果是个人委托,需要了解委托人的姓名、地址、联系电话、个人有效身份证件等。

(2) 明确评估报告使用人。应当了解除委托人和国家法律法规规定的评估报告使用人外,是否存在其他评估报告使用人。如果存在,需了解他与委托人及待评估珠宝首饰的关系。对于已经明确的评估报告其他使用者,应在评估委托合同中进行约定。

(3) 了解委托人与相关当事人之间的关系。尽可能了解委托人与产权持有人、委托人与评估报告使用人、产权持有人与评估报告使用人之间的关系。当评估业务的委托人与评估对象的产权持有人不是同一主体时,了解委托人与相关当事人之间的关系尤为必要,这关系到评估业务有关资料的收集与现场调查等工作的配合程度。

2. 评估目的

评估目的是由引起珠宝首饰评估的特定经济行为所决定的，对评估方法、评估结论等有重要影响。

委托人要求评估珠宝首饰时，常常说"仅仅想了解珠宝首饰值多少钱"。珠宝首饰评估专业人员应清楚地了解委托人为什么想知道这件首饰值多少钱。因此，在接受评估委托之前，要与委托人进行充分沟通和协商，了解与珠宝首饰评估业务相关的经济行为，明确评估目的，全面了解评估报告所服务的经济行为及可能的报告使用人，并尽可能从委托人处取得与评估目的相关的资料，做好评估前的信息分析。

3. 评估对象和评估范围

珠宝首饰评估专业人员应与委托人沟通，了解委托人拟委托评估的对象和范围，并结合评估目的，对评估对象和评估范围予以界定。评估对象应为合法拥有、流通、处置的珠宝首饰实物资产。珠宝首饰评估专业人员应当关注评估对象的权属，对珠宝首饰的相关权属资料进行必要的查验。若确无权属资料，应当要求委托人或者相关当事人对权属作出书面说明。

同时，还应了解评估对象的基本情况，如评估对象是宝玉石原料、半成品、镶嵌首饰、玉雕制品或古董珠宝首饰等。了解评估范围内珠宝首饰的类型、数量、存放地点等情况，为判断评估可能的工作量、复杂程度和珠宝首饰评估专业人员的胜任能力、评估服务报价、评估风险评价提供参考。

4. 价值类型

价值类型与评估目的有关。不同的评估目的决定了不同的价值类型，会使最终的评估结论相差很远，例如一枚钻戒的市场价值可能为10 000元，其强制清算价值可能只有3000元。

在洽谈珠宝首饰评估业务时，珠宝首饰评估专业人员应该根据评估目的，选择恰当的价值类型，并就价值类型的选择、定义及对应的假设与委托人达成一致，以利于对委托人合理解释评估结论，实现评估目的。

5. 评估基准日

评估基准日是指评估价值所适用的日期。从评估的基准日可以看出当时的市场条件。珠宝首饰评估专业人员应根据专业知识和经验，建议委托人选取有利于评估结论服务于评估目的、有利于开展现场调查和评估资料收集等工作的日期作为评估基准日。如果法律法规对评估基准日有专门规定的，从其规定；相关部门对评估基准日有专门规定的，在不违背评估准则的前提下，可以遵照执行。

6. 评估报告的类型和使用范围

应根据评估目的和评估报告的预期用途，确定珠宝首饰评估报告的类型。例如，当评估目的是用于保险时，常用简明评估报告；当评估目的是用于诉讼时，则采用完整的评估报告。评估报告使用范围包括评估报告使用人、用途、评估结论的使用时效等内容。

在与委托人前期洽谈时，应与委托人明确评估报告类型和使用范围等，并在评估委托合同中进行说明。

7. 评估报告提交时间及方式

珠宝首饰评估专业人员需了解委托人实现评估所服务的经济行为的时间计划，并根据预计的评估工作量和工作时间，与委托方沟通评估报告提交的时间和方式。评估报告提交时间通常不宜确定为具体日期，一般确定为委托人提供必要资料并开始现场工作后的一定期限内。评估报告的提交方式可确定为当面提交或邮寄等。

8. 评估服务费及支付方式

评估服务费是指评估机构为委托人提供评估服务收取的费用，由评估机构与委托人协商确定。确定评估服务收费时应考虑以下主要因素：

(1) 评估业务耗费的工作时间和执业成本。
(2) 评估业务的难易程度。
(3) 评估机构和珠宝评估专业人员可能承担的风险和责任。
(4) 评估机构和珠宝评估专业人员的社会信誉和工作水平等。

9. 其他需要明确的重要事项

珠宝首饰评估专业人员应根据评估业务的具体情况与委托人沟通，明确委托人、相关当事人与评估机构和评估专业人员工作配合和协助等其他需要明确的事项。

在明确评估业务基本事项后，评估机构应当对专业能力、独立性和业务风险进行综合分析与评价。受理珠宝首饰评估业务，应当满足专业能力、独立性和业务风险控制的要求，否则不得受理。

二、签订评估委托合同

在决定承接珠宝首饰评估业务之后，应当与委托人签订评估委托合同。

1. 评估委托合同的主要内容

资产评估委托合同，是指资产评估机构与委托人订立的，明确资产评估业务基本事项，约定资产评估机构和委托人权利、义务、违约责任和争议解决等内容的书面合同。评估委托合同通常包括以下内容：

(1) 评估机构和委托方的名称、住所、联系人及联系方式。
(2) 评估目的。
(3) 评估对象和评估范围。
(4) 评估基准日。
(5) 评估报告使用范围。
(6) 评估报告提交期限和方式。
(7) 评估服务费总额、支付时间和方式。
(8) 评估机构和委托人的其他权利和义务。
(9) 违约责任和争议解决。
(10) 签约时间和地点。

2. 评估委托合同的签订要求

评估委托合同应当由评估机构的法定代表人（或首席合伙人）签名，并加盖评估机构印章。评估机构授权内部人员签署委托合同时，需要通过内部管理制度加以规范。

对签订评估委托合同时尚未明确的内容，可以采取订立补充合同或者法律允许的其他形式作出后续约定。当评估委托合同生效后，若评估目的、评估对象、评估基准日发生变化，或评估范围发生重大变化，评估机构应当与委托人签订补充协议或重新签订评估合同。

若评估业务超出评估师的专业胜任能力、超出可控的道德风险、工作条件受到限制致使关键工作程序缺失等，评估机构应当及时中止或终止评估合同。

如果由于委托人或相关当事人原因导致评估程序受限，评估机构无法履行评估委托合同，由委托人按照已经开展评估业务的时间和进度或已经完成的工作量支付相应的评估服务费。

三、编制评估计划

评估计划是评估机构和评估专业人员为执行评估业务而拟定的评估工作思路和实施方案，通常包括评估业务的主要实施过程、时间进度、人员安排等内容。珠宝首饰评估专业人员可以根据评估业务的具体情况确定评估计划的繁简程度。

1. 评估计划的主要内容

(1) 主要实施过程。评估计划应该涵盖现场调查（包括对珠宝首饰的描述、鉴定与分级评价）、收集评估资料、判定估算、编制和提交评估报告等主要过程。

(2) 时间进度安排。根据评估报告提交期限、评估业务实施的具体步骤等制订时间进度安排。

(3) 业务实施的人员安排。根据评估对象的具体情况，综合考虑评估专业人员的工作经验和业务专长，确定评估工作项目的人员组成，并进行合理的分工。必要时，外聘其他专家。参与评估的人员应与评估对象无任何利益关系。

2. 评估计划的调整

评估计划应根据具体工作的推进进度，不断地调整和修改。

四、现场调查工作

执行珠宝首饰评估业务，应当根据评估业务的具体情况，对评估对象进行现场调查。现场调查工作主要包括珠宝首饰实物资产清查、鉴定和分级评价、描述等步骤。

现场调查工作可以分为两种情况：一是委托人将待评估珠宝首饰直接送到评估机构，现场调查工作在评估机构进行；二是当评估对象数量多或体量大时，珠宝首饰评估专业人员需要到评估对象存放地点进行实地现场调查。

1. 资产清查

珠宝首饰的资产清查包括了解评估对象的现状、关注评估对象的法律权属。评估对象的现状指评估对象是否存在和完整，现场调查要了解珠宝首饰的类型、款式、规格、数量、物理状况、存放地点等。珠宝首饰的权属证明包括购买合同、购买发票、付款凭证等。应关注评估对象的权属状态，以保障评估结论的合理性。

2. 鉴定和分级评价

对珠宝首饰进行鉴定和分级评价是珠宝首饰评估的重要基础工作。对待评估珠宝首饰进行鉴定和分级评价，就是要确定评估对象的品种（包括是天然的还是合成的、是否经过优化处理）、品质级别和状况，必要时还要揭示评估对象的有关历史。对于大多数珠宝首饰来说，宝石在整件首饰价值中占很大比例，因此必须对宝石进行准确的鉴定和分级。在某些情况下，价值还取决于宝石的特定产地、特定时期（年代）、设计制作者等，这些也需要进行鉴定。如果没有把握，应聘请有关专家提出专业意见。

对合法的珠宝质检机构和国际公认的鉴定机构出具的鉴定分级结论，应对其进行鉴定复核或分级审核，由珠宝首饰评估专业人员决定是否采信。对存疑或未采信者，应再次复检确定。

（1）检查珠宝首饰状况，确定清洁方法。在鉴定之前，需要对待评估珠宝首饰进行必要的清洁，以使之处于测试的最佳状态，避免灰尘污垢掩盖了瑕疵、处理痕迹和破损的地方，而这些常常会导致珠宝首饰估价过高或者过低。

在清洗之前，应根据宝石的种类和首饰的状况，选用合适的清洗方法。常用的清洗方法有用软布擦拭、用酒精棉擦拭、用超声波清洗机清洗。

（2）对珠宝玉石进行鉴定。根据《珠宝玉石 名称》（GB/T 16552—2017）、《珠宝玉石 鉴定》（GB/T 16553—2017）等国家标准，对珠宝玉石进行鉴定，确定珠宝玉石的名称及是否经过优化处理等。有时还需要对宝石的产地进行鉴定。记录所使用的鉴定仪器，以及鉴定采用的标准。特殊情况下，如需要对珠宝玉石进行有损鉴定时，需征得委托人的许可。

（3）对珠宝玉石的品质进行分级评价。采用相应的国家标准或行业标准，对珠宝玉石的品质进行分级和评价。如果没有相应的国家标准或行业标准，可以采用国内外珠宝行业通用的分级体系，并在评估报告中明确说明。

在对珠宝玉石进行品质分级时，应指出是否在镶嵌状态下进行分级，因为底托对珠宝玉石的分级会有一定影响。

（4）对贵金属首饰材料进行鉴定。根据《首饰贵金属纯度的规定及命名方法》（GB 11887—2016）等国家标准，对贵金属首饰材料进行鉴定，确定其种类和纯度。

通常在珠宝首饰的底托上有标识印记，表示首饰的金属种类和纯度以及宝石的克拉质量，但需要进行验证。对贵金属镶嵌宝石的首饰，需要对制造方法进行鉴别（浇铸或冲压成型），并详细描述制作工艺和品质；如果有必要，需鉴别和指明宝石镶嵌的款式（爪镶、槽镶等）。

3. 描述待评估珠宝首饰

描述就是要说明待评估珠宝首饰究竟为何物，并且要证明有关该物品价值的最终结论是正确的。没有准确的描述，估价的有效性就会存在问题。

不论何种评估目的，都必须对鉴定结果、所有者权益、价值特性和物品状况作出充分的描述。对评估对象的适当描述（详细或简单），取决于评估的目的和评估报告的用途。

对于保险评估而言，过于简单的描述会导致对被保险物品不适当的替代，而过于详细的描述又会增大工作量，导致评估费上涨。当委托人对珠宝首饰进行投保时，评估价值决定了委托人应付的保费。如果首饰损坏或丢失，准确的描述对于首饰的复原、重置或修理都极有帮助。如果投保人遭受损失，描述就可以提供详细的情况，保证任何重置的首饰在各个重要方面都与原首饰相似。

在实际评估工作中，为了满足评估报告描述的需要，应在评估工作底稿中，尽可能对被评估物品进行详细的描述。

（1）描述的基本要求。依据鉴定原则、贡献原则和分级原则来描述评估对象，确定其价值构成特征和独特之处。检查评估对象的各个组成部分，确定价值要素，对珠宝玉石的品质进行分级。在评估报告中必须清楚、准确地描述评估对象，描述时所用词汇须让报告的潜在读者清楚明白。

描述可分为写实性描述和解释性描述。写实性描述，要描述评估对象的尺寸、颜色、材料等，所描述的特点是所有具有常识的人都会认同和不持异议的。解释性描述，要把评估对象的物理特征和价值特性联系起来描述，并得出大多数具有常识和有专业知识的人都会同意的结论。在对评估对象进行解释性描述时，应将评估对象与可比参照物进行对比。

（2）描述评估对象的状况及其对价值的影响。珠宝首饰的状况是指其新旧程度、有无破损、组件有无缺失等。分析评估对象的状况对价值的影响，指出其中影响耐久性和需求的任何破损和老化处，特别要指出使评估对象全部丧失或部分丧失价值的破损或老化情况。对于一般的现代首饰，其新旧程度会影响首饰的价值，一般来说越旧价值越低，直至报废。但对于古董珠宝首饰而言，其特殊的历史文化价值比其材质价值要高，因而需具体分析。

（3）当评估对象的出处对价值有影响时，要有文件资料予以证明。用有关的文件资料来证明珠宝首饰的稀有性，如某些高品质宝石的特定产地、时代（或某个特定时期），名师设计、名匠制作、名人拥有等。如果能证明珠宝首饰的出处，可增加该珠宝首饰的附加价值。例如，一条卡地亚（Cartier）钻石项链，过去曾经一度归英国王妃戴安娜所有，两者（名牌珠宝、名人拥有）都会使该物件价值增加。

应根据委托人所提供的有关证据（如名人佩戴的照片等），指明历史上与该首饰有关的著名人士或事件。若是特殊的设计师或工艺师的作品也应该查明。

4. 描述的主要内容

对评估对象进行描述的主要内容包括以下九个方面。

（1）评估对象的种类和数量，如珠宝玉石原料、半成品、成品、贵金属原料及饰品、珠宝镶嵌饰品等。若有多件珠宝首饰需要评估，要分别描述每件首饰。应描述一套首饰有几件，所镶嵌宝石的种类、数量、大小，每件首饰品质和其中宝石的品质（可根据尺寸计算）等。

（2）状况。

（3）珠宝首饰的材质组成、品质特征。

（4）设计制作风格，如宝石的琢型、镶嵌款式、玉雕类型等。

（5）制作年代。

（6）制造商或设计师。

（7）标记或印记。

（8）出处（来源）及其真实性。

（9）影响价值的附加特征，如稀缺性、流行性、实用性等。

总之，要对影响评估对象价值的各种特征和要素进行充分的描述。为了简单明了，可以针对不同的珠宝玉石品种，设计不同的鉴定和描述表格。

5. 描述的方式

在对评估对象的整体特征、价值影响因素等进行仔细观察后，需要用文字进行描述，还可以用照片和视频记录等方式进行补充描述。此项工作可视实际情况与鉴定、分级工作同时开展。

对于批量珠宝首饰，可根据珠宝首饰的特点进行分类描述记录。例如，按照品种（如贵金属、钻石、彩色宝石、玉石、珍珠等）、状态（如原料、半成品、成品、残次品等）、品质特征和工艺特征等进行分类,并根据实际情况确定描述重点。对具有代表性和典型性的珠宝首饰,如特殊品种、特殊品质特征、特定作者、特别产地,以及单体价值较高的珠宝玉石,需进行独立分类和重点描述。照片需清楚地记述评估对象的基本情况,通常至少需要一张评估对象外形轮廓照片和一张近景特写的彩色照片(包括说明照片在大小和颜色方面再现的精度,如果照片多可以放在附件中)。对于大件的珠宝首饰,应从不同的角度拍照,对价值有影响的局部要拍特写(必要时录像)。通常应对每件待评估珠宝首饰单独照相,但对于成套、成对的,最好分组照相。在拍照时,最好放置尺子等参照物作为比例尺。

6. 价值分析

在对批量珠宝首饰进行分类、品质分级的基础上,根据相应市场情况,对珠宝玉石实物进行价值分析,可得出不同类型、不同品质级别珠宝玉石的初步估值或初步估值区间。

7. 评估限制条件

若评估对象实物缺失、残损、勘查受限,应根据法律法规要求,依据有效历史信息资料,由珠宝首饰评估专业人员确定是否开展假设评估工作。

五、收集整理评估资料

根据评估对象的特点,有针对性地收集整理市场信息资料,特别是要收集现场工作中的重点和疑难样品资料。收集资料的方式包括市场调研记录、相关查询记录、行业资讯、专业报告、专家访谈等。

对于市场不发育、可比较的交易数据有限的新品种(或特殊品种)珠宝玉石等,应由珠宝首饰评估专业人员确定其专业判断依据,并需在评估报告中充分披露。不同的评估目的和评估对象对评估资料有着不同的需求,珠宝首饰评估专业人员应根据评估对象的具体情况,收集和整理与珠宝首饰评估相关的资料;对委托人和产权所有人提供的资料需要进行必要的核实。

珠宝首饰评估专业人员在日常工作中应当注重收集各种信息资料,除了定期调查各级市场价格和价格走势外,还应密切关注和收集世界主要宝玉石集散地、大型珠宝展销会、珠宝拍卖会等信息资料,并对各种资料进行分类整理和记录。

六、评定估算形成结论

珠宝首饰评估专业人员应当根据评估目的、待评估珠宝首饰的特点、价值类型以及资料收集情况等因素,在对有效数据进行分析的基础上,选择合适的评估方法,得出初步的评估结论。当采用两种评估方法时,应在初步结论的基础上,综合分析评估方法的相关性、资料数据选取的合理性,形成最终的评估结论。

评估结论是否合理,可通过以下方式进行判断:

(1) 分析判断各种资料和各个环节是否合乎逻辑。

(2) 不同的评估方法、不同的珠宝评估专业人员是否可以得出相近的评估结论。

(3) 珠宝行家和专家对价值结论的认可程度。

(4) 评估结论对委托人和潜在的评估报告使用人是否具有公正性。

七、编制并出具评估报告

珠宝首饰评估专业人员在执行必要的评估程序、形成评估结论后,应当按照法律法规以及《资产评估执业准则——评估报告》《资产评估执业准则——珠宝首饰》等有关规定,编制珠宝首饰评估报告,在评估报告中充分披露必要信息,使评估报告使用者能够合理地理解评估结论。

评估机构应对评估报告进行必要的内部审核。在提交正式评估报告之前,可以在不影响对最终评估结论进行独立判断的前提下,与委托人就评估报告的有关内容进行必要的沟通。这有助于委托人合理地理解评估结论,正确使用评估报告。评估机构应当以评估委托合同约定的方式,向委托人提交珠宝首饰评估报告。

八、整理归集评估档案

在提交评估报告后,评估机构应当按照法律法规和资产评估准则的有关规定,及时对工作底稿进行整理,对在珠宝首饰评估工作中形成的、与评估业务相关的、有保存价值的各种文字、图表、音像资料等及时整理归档,并与其他相关资料形成评估档案。

第三节 珠宝首饰评估的信息收集

在珠宝首饰评估过程中,所有的分析应以真实可靠的信息资料为依据,这是评估结论真实可靠和具有说服力的基础。珠宝首饰评估专业人员应当了解信息资料收集的渠道、收集的方法以及信息资料的分析处理方法,对各种信息资料加以甄别和分析研究。

一、珠宝首饰评估需要收集的信息资料

为保证信息收集的质量和利用价值,在信息收集时,应注意信息的准确性、全面性和时效性。通常,珠宝首饰评估需要收集以下信息资料。

1. 不同区域范围的珠宝市场信息

珠宝首饰评估专业人员应全方位地收集不同区域范围的珠宝市场资料,了解国内外珠宝玉石主要产地、主要集散地的情况,并收集有关交易资料;收集珠宝首饰加工厂、批发市场、零售市场、拍卖市场、旧货市场的交易资料。另外,对世界各国宝玉石资源的勘探和开发情况,宝玉石的品质、产量、市场供求情况,以及今后可能的变化趋势等资料也要进行收集。

2. 有关经济发展趋势和消费领域方面的信息

在收集资料时,不仅要了解供应和需求、市场趋势、经济发展趋势、居民收入变化趋势,以及人们在购买某类珠宝首饰时的心态,而且还要研究市场中导致价格下降、利润降低、企业亏损等情况的因素,对这些资料要进行收集、研究,并找出其中的规律。

总的经济状况会对各类市场产生影响,珠宝首饰评估专业人员必须弄清楚评估基准日的经济总体状况,这将有助于掌握评估基准日与待评估珠宝首饰有关的市场趋势。

例如,中国20世纪80年代的年轻人结婚时以购买黄金首饰为时尚,到90年代,年轻

人的喜好转向了钻石、铂金饰品。而近年来，彩色宝石又成为市场的新宠，价格一路攀升。市场对某些特定宝石品种的追捧，会导致供求的变化，进而影响其价格。

近10年来，由于金融危机、货币政策、通货膨胀、地缘政治等因素的影响，国际黄金价格发生了急剧的波动变化。例如，2009年4月国际金价为900美元/盎司左右，2011年9月最高达到1920美元/盎司，2018年1月国际金价为1300美元/盎司左右，2020年12月最高达到1855美元/盎司。

3. 各种珠宝首饰销售信息

珠宝首饰的报价（或标价）与实际成交价有一定的差异范围。这个范围的大小依各经营者或各地区的不同而异。

通过与批发商交流，珠宝首饰评估专业人员可以了解宝石的一般批发成本，继而了解零售价格的变动，以及目前正常售价范围内外的价格。确定原始批发成本是复杂的，因为对于相同的宝石，珠宝商会向零售商开出几种不同的价格。如果珠宝商信用不好或者有拖欠付款历史，那么代销货成本就会很高。批发商所提供的批发价信息，可以帮助珠宝首饰评估专业人员避免把异常低的零售价格当作重置价值。

通常，零售商会对其收购价和加价进行保密。为了获得准确的零售价格信息，珠宝首饰评估专业人员不得不扮成神秘的顾客去询价。在询价时，珠宝首饰评估专业人员应懂得如何与珠宝商谈价、如何更快地掌握成交价。

常见的销售资料包括世界各大拍卖行和区域性拍卖行的成交纪录、个别强制成交的情况、珠宝公司的报价单、各商场通常销售某一级别珠宝的价位、批发市场和零售市场的价格资料，以及批发与零售市场的加价率等。另外，还要了解一些独特的珠宝首饰销售情况。资料积累越多，评估结论就越准确。

4. 与评估对象相关的信息

在执行珠宝首饰评估业务时，应根据评估对象的具体情况，合理选择收集信息的内容，通常要关注以下方面信息：

(1) 评估对象的历史、现状及相关证明资料。
(2) 评估对象以往的评估及交易情况。
(3) 相同或者类似珠宝首饰的市场价格信息及交易情况。
(4) 评估对象的市场供求关系、稀缺程度及市场前景等。
(5) 可能影响珠宝首饰价值的宏观经济状况。
(6) 其他相关信息资料。

在上述信息资料中，评估对象的历史、现状及相关证明材料，以及以往的评估及交易情况，可以通过所有者提供，或在所有者协助下调查获得。

二、珠宝首饰价格信息资料的获取途径

珠宝首饰价格信息是珠宝首饰价值评估的重要依据。因此，应尽可能多地收集相关珠宝首饰的价格信息，为科学、准确地评估珠宝首饰打下良好的基础。珠宝首饰价格信息的来源主要包括以下方面。

1. 特定的珠宝市场价格表

(1) 拉帕波特钻石报价表（Rapaport Diamond Report）。美国拉帕波特钻石报价表是由钻石经纪人马丁·拉帕波特开创于20世纪70年代末，定期由位于美国纽约第47街的珠宝杂志发布。在钻石产业中，拉帕波特钻石报价表可以为钻石珠宝商、批发商与加工厂提供买卖钻石时的价格参考，让买卖双方的商务洽谈更有效率和保障。拉帕波特钻石报价表的钻石等级，依据的标准与美国宝石学院（Gemological Institute of America，简称GIA）钻石分级体系相同。圆钻型钻石报价表每周发布一次，在国际互联网上于周四午夜发出，它报道了克拉质量为0.01～5.99ct、颜色级别为D～M、净度级别为IF（内部无瑕级）～I_3（三级重瑕级）的圆钻型钻石的报价。

(2) 宝石价格手册（The GemGuide）。宝石价格手册由Gemworld International公司创建于1982年，每年出版六期，为行业提供准确、可靠的定价参考信息。该公司本身不参与任何的宝石买卖，集中精力研究宝石的价格，并且帮助行业使用这些价格信息。手册中除了珍珠外，所有的宝石均以克拉作为计价的质量单位。在价格手册中以商业级、好、优质、极优作为宝石品质等级的标准，在手册中可以准确地查明不同品质等级宝石的价格。宝石价格手册包括了钻石、有色宝石的价格和宝石市场信息的内容。

2. 世界各地珠宝首饰展览会

每年在世界各地都要举办很多次各种类型、规模的珠宝首饰展览会，这也是了解珠宝首饰价格信息的重要来源。其中，下述国家和地区举办的珠宝首饰展览会规模较大、知名度较高。

(1) 瑞士巴塞尔世界钟表珠宝展。它是国际珠宝首饰业界中声誉最高的珠宝展览会之一。展览于每年4月定期在瑞士的巴塞尔举行，从1986年起接受欧洲以外的厂商参展，并邀请买家参观，规模逐年扩大。1995年正式启用"巴塞尔95——世界钟表珠宝展（Basel 95—The World Watch, Clock and Jewelry Show）"名称。2003年改称为"巴塞尔世界——钟表珠宝展（Baselworld, The Watch and Jewelry Show）"，强调其作为世界奢侈品产业顶级盛会的地位和重要性。展会的总面积达16万平方米，每年有2000多位展商参展，吸引近10万专业的观众买家和近2500家国际媒体。

(2) 美国拉斯维加斯珠宝展。它由《珠宝商基石》杂志（Jewelers' Circular - keystone）主办，从1991年开始，每年6月在美国著名赌城拉斯维加斯的金沙会议展览中心举行，称为JCK Show，现已是全美规模最大、世界排名第二的珠宝展。美国宝石贸易协会（American Gems Trade Association，简称AGTA）原本一直是该展的合作单位，但从2000年起移至威尼斯厅单独办展。这样一来，拉斯维加斯珠宝展就变成了JCK Show和AGTA's Gem Fair两个展。

(3) 美国图森国际矿物珠宝展。该展创办于1955年，当时亚利桑那州图森市的一些矿物爱好者和收藏者于每年2月的第一个星期聚在一起，展示他们各自的收藏品，并进行交流。经过60多年的发展，时至今日，它已成为世界上规模最大的珠宝、矿物及化石收藏品展，包括了将近20个各种各样的子展览。其中规模最大的是由美国宝石贸易协会（AGTA）组织的AGTA's GemFair，这是世界首屈一指的有色宝石展，提供大量的优质宝石材料，包括一些最新的材料，因而吸引了世界各地的宝石商和参观者。除有色宝石的展示外，

AGTA's Gem Fair 还附设有另外三个部分：①由美国首饰和银器厂商会（Manufacturing Jewelers and Silversmiths of America，简称 MJSA）展出的首饰材料、附件和工具设备等；②设计（By Design）展，展示许多设计师提供的镶宝首饰；③地球的馈赠（Gifts of the Earth）展览，展出各种各样的岩石、矿物和宝石标本。展览期间还安排了几十场报告会和讨论会以及其他活动。

（4）香港珠宝首饰钟表展。香港作为世界珠宝首饰业的制造中心之一，每年举办多次国际性的珠宝首饰展览会，其中以香港珠宝首饰钟表展（Hong Kong Jewelry and Watch Fair）最为有名。该展览创办于 1983 年，由香港贸易发展局主办，亚洲博闻有限公司承办，每年于 6 月、9 月在香港举行，目前已成为珠宝首饰业在亚洲区最重要、最专业的贸易平台。以每年 9 月的规模最大，称得上是亚洲最大型的珠宝首饰展览会，也是世界第三大珠宝首饰钟表展。展览会汇集了世界各地的名贵钟表和珠宝首饰，并安排有关珠宝首饰行业的研讨会。

（5）日本东京国际珠宝展。它是日本最大的珠宝展，由日本首饰协会（Japan Jewelry Association）和 Reed 展览公司日本分公司（Reed Exhibitions Japan Ltd.）组织，每年 1 月中下旬在东京的 Tokyo Big Sight 大厦举办，展区面积达 2.6 万平方米。展览主要分为设计和工艺、宝石、银饰品、首饰相关制品四个部分。

（6）意大利维琴察珠宝首饰钟表展。意大利的维琴察被国际珠宝业内人士誉为"金城"和"珠宝之城"。意大利维琴察珠宝首饰钟表展（Vicenza Jewelry and Watch Fair）每年举办 3 次，分别为 1 月的维琴察黄金 1 展（Vincenza Oro 1）、6 月的维琴察黄金 2 展（Vincenza Oro 2）及 9 月的黄金珠宝展（Orogemma）。维琴察珠宝首饰钟表展创办于 1949 年，与瑞士巴塞尔世界钟表珠宝展和美国拉斯维加斯珠宝展并称为世界三大珠宝展，领导着欧洲乃至全球的黄金珠宝首饰潮流，以展出金、银、铂金饰品及首饰制造设备为特色。除意大利厂商外，有越来越多的国外厂商参展，参展商达数千家之多，为配合这些展览，专门出版了 *Vicenzaoro* 杂志，集中介绍意大利的珠宝首饰，一年 3 期，在展前一个月出版。

（7）德国 Inhorgenta 钟表珠宝首饰展。该展会每年定期在德国慕尼黑展览中心举行，是全球钟表、珠宝行业最大的博览会之一，在德国同类型展览中享有较高的声誉，参展商达数千家之多，业已成为珠宝首饰业内信息发布、技术交流最重要的平台。

3. 拍卖行

拍卖行是一种贸易公司，是专门从事物品拍卖的机构。到 20 世纪，世界重大的文物艺术品拍卖活动已被世界上最负盛名的两大拍卖行所垄断，这两家拍卖行就是苏富比拍卖行和佳士得拍卖行。

（1）苏富比拍卖行。苏富比拍卖行由英国人塞缪尔·博卡在 1744 年创立，至今已有 270 多年的历史。苏富比的拍卖主要在伦敦和纽约举行，部分拍卖活动会根据拍卖物品的类别选择拍卖地，如宝石拍卖主要在瑞士，艺术装饰品的拍卖在摩纳哥，中国瓷器、翡翠制品的拍卖主要在中国香港（图 3-1）。目前它在世界各地共有 100 多家分公司。

图 3-1 翡翠手镯
（手镯内直径为 55.68mm，厚度为 9.9mm，香港苏富比，2016 年，成交价为 20 万港元）

此外，苏富比公司还设有不动产部门，专门从事区域性土地的拍卖。

（2）佳士得拍卖行。佳士得拍卖行由苏格兰人詹姆士·佳士得于1766年创立，已有250多年的历史。佳士得公司的拍卖内容和苏富比公司大体相同，分类也与其相似，另外，它还负有帮助英国国立博物馆收藏国家级艺术品的义务。佳士得公司的拍卖会场遍布世界各地，其伦敦总部几乎每天都进行拍卖，在摩纳哥一年进行两次拍卖，而在日内瓦则一年举行12次拍卖。在我国的香港地区主要拍卖中国的瓷器和翡翠制品（图3-2）。

图3-2　翡翠钻石胸针
（翡翠尺寸为38.1mm×26.1mm×5.6mm，
胸针长42mm，香港佳士得，2016年，
成交价为6万港元）

拍卖，作为一种特殊的交易方式，是对人类历史流传下来的珍贵物品在不同历史时期的价值进行重估，以使人类文明的遗产在不同的社会生产力发展水平和财富积累水平上，获得相应的价值地位。因此，珠宝首饰的拍卖结果是反映珠宝首饰业状况的重要参考指数之一。

4. 图书和期刊资料

这类价格信息资料有助于珠宝首饰价值评估人员及时地了解世界各地珠宝首饰市场的信息，以及各类珠宝首饰价格状况。

5. 经销商（包括批发商和零售商）销售价格信息

了解各类珠宝首饰批发商和零售商的交易信息，有助于珠宝首饰价值评估人员及时掌握珠宝首饰市场营销状况。这类价格信息反映了不同市场条件下珠宝首饰的终端价格信息，包括购货合同、销售票据、销售记录等，掌握这类价格信息，对珠宝首饰价值评估会有很大的帮助。

6. 与珠宝首饰相关的网络信息资源

与珠宝首饰相关的专业网站为珠宝首饰价值评估人员提供了一个广阔的获取珠宝首饰价格信息资源的平台，在这里可以查阅到许多珠宝首饰报价及市场动态信息。

7. 评估师对同类珠宝首饰的评估记录

每个珠宝首饰价值评估人员，根据自己的经验，查阅曾经评估过的珠宝首饰价值的记录，这是一个重要的价格信息来源。

8. 比较购物

为了获得珠宝首饰价格资料，珠宝首饰价值评估专业人员常会扮演购买者。

第四节　珠宝首饰价值评估的程序

珠宝首饰价值评估作为一项专业性很强的工作，涉及面较广，为了减少或避免评估工作的随意性，珠宝首饰价值评估工作应遵循一定的程序。下面以成本计算法为例，介绍珠宝首饰价值评估的主要程序。

一、接受委托

接受委托（接样）的基本程序，包括以下方面。

（1）了解委托人的要求，包括评估的目的、处境，以便确定评估类型和价值水平。

（2）记录委托人的基本信息，包括姓名、地址、电话（在某些特殊情况下，姓名和地址可以省略），并对待评估珠宝首饰进行分类，编制货物清单，对每件货品逐项进行编号、登记。

（3）仔细检查待评估珠宝首饰的状况，如有损坏需向委托人当面指出，并提出修复建议，确定是修复后再评估，还是不进行修复直接评估。

（4）对待评估珠宝首饰进行初步描述。需要特别注意的是，这里的描述仅是初步的，而不是对整件珠宝首饰作明确的鉴定。因此，需在接样清单上事先打印好如下声明：待评估的珠宝首饰接收时，只做了有限的和暂时的检查，接样人的鉴定不能保证描述是准确的，还有待于实验室的鉴定和证实。由于疏忽导致的损坏或丢失，责任只限于重置成本的赔偿或修复，不负责感情价值的赔偿。

（5）填写接样清单，并请委托人在接样清单上签名确认。

二、描述和鉴定珠宝首饰

1. 描述珠宝首饰

对待评估珠宝首饰进行描述的基本原则是：尽可能详细、全面地描述该件首饰所有的组成部分，采用标准的专业术语，语言准确而简练。通常的描述应包括以下内容。

（1）待评估物品的类型。包括贵金属首饰、镶嵌首饰、宝石原料、宝石成品、玉石原料、玉石饰品、玉石雕件等。

（2）首饰的种类。包括戒指、手镯、项链、耳饰、带状头饰、胸饰、腰饰、袖扣、纽扣等。

（3）首饰的设计。包括宝石的切磨款式、首饰的设计风格等。

（4）首饰的制作工艺。包括制作年代、工艺类别（手工制作、熔模铸造成型、电铸成型、冲压成型）、制造厂商、制作者等。

（5）组成特征。包括组成首饰的数量和类型、宝石种类、金属种类等。

（6）首饰状况。包括新旧程度、首饰的完整性等。

（7）影响首饰价值的附加特征。包括首饰的历史性、稀有性、流行性、实用性、名人效应等。

珠宝首饰的品质包括设计的风格、制作工艺水平、金属纯度，宝石的颜色、净度、切工、光学效应等。要定量描述一套首饰中的件数、镶嵌宝石的数量、大小尺寸、单件质量、总质量等，其中宝石的质量可根据尺寸大小推算。按首饰的状况将其新旧程度分为新、稍旧、旧、很旧、极旧。根据所提供的有关证据，如名人佩带的照片等指明历史上与该首饰有关的著名人士或事件。

2. 鉴定珠宝首饰

珠宝首饰的鉴定包括对宝石材料和金属材料的鉴定。宝石材料的鉴定要根据标准，鉴别宝石材料是天然的还是合成的，是否经过人工优化处理等。金属材料通常采用 X 射线荧光分析或用试金石测定其成分。鉴定珠宝首饰通常包括以下内容。

（1）检查珠宝首饰状况，确定清洗方法。常用的清洗方法包括用软布擦拭、用压缩空气除尘、用软性溶液清洗、用蒸汽清洗、用超声波清洗机清洗等。

（2）对待评估的珠宝首饰进行照相。

（3）利用科学仪器鉴定宝石。应依据相关标准，利用科学仪器对宝石进行鉴定，确定是天然的还是合成的，是否经过了优化处理。对于珍珠来说，要确定其成因是天然的还是养殖的。同时，记录所使用的鉴定仪器名称。

（4）对宝石进行测量，以估算宝石的质量。如果镶嵌饰品需要拆卸用于直接称重，则需经委托人书面同意。

（5）对金属材料进行鉴定，以确定金属材料的种类和纯度。

（6）测定金属材料的质量。

三、不同类型珠宝首饰的描述要点

1. 钻石

依据不同的标准，如国家标准《钻石分级》（GB/T 16554—2017）或 GIA、CIBJO、HRD、IDC 钻石分级标准等，对钻石进行描述和分级。通常应包括以下内容：

（1）成因。指出钻石是天然的或合成的，是否经过优化处理及处理方法。

（2）克拉质量。写明钻石的实际质量，并指出是直接称量，还是经过测量后，利用公式估算的质量。

（3）颜色等级。依据相关标准，确定的钻石颜色等级。

（4）净度等级。依据相关标准，确定的钻石净度等级。

（5）切工等级。依据相关标准，确定的钻石切工等级。

2. 有色宝石

选用常用的有色宝石分级标准（如 GIA、GemDialogue 等），对有色宝石进行描述和分级。通常应包括以下内容：

（1）宝石的品种。指出该有色宝石为何种宝石。

（2）宝石的成因。指出宝石是天然的、合成的、仿制的或拼合的，是否经过优化处理及处理的方法。

（3）宝石的颜色。描述宝石的颜色（包括色调、彩度和明度），以及颜色分布特征。

（4）宝石的净度。描述有色宝石的净度特征。

（5）切工类型。描述宝石的琢型及特征。

（6）克拉质量。写明宝石的实际质量，并指出是直接称量，还是经过测量后，利用公式估算的质量。

（7）宝石尺寸。描述宝石的尺寸大小，并以"最小直径×最大直径×深度"的形式表示，单位为毫米。

（8）透明度。描述宝石的透明度特征。

（9）特殊光学现象。对具有特殊光学现象的宝石进行专门的描述。

3. 珍珠

描述的内容通常包括以下方面：

（1）成因类型，即珍珠是天然的，还是人工养殖的。

（2）数量。描述评估的是单粒珍珠，还是成串珍珠，需说明具体的珍珠数量。

（3）尺寸。记录珍珠的直径大小，计量单位为毫米。

（4）形状。

（5）颜色，包括珍珠的体色和伴色特征。

（6）晕彩。

（7）光泽。

（8）光洁度。

（9）珍珠层的厚度。

（10）其他特征。对于珍珠项链而言，要描述珍珠的搭配情况、珠链的长度（包括链扣长度）、珠串长度（不包括链扣长度）、珍珠数量、排列方式、链扣类型等。

4. 玉石

描述的内容通常包括以下方面：

（1）玉石的品种。

（2）成因。是否经过优化处理及处理方法。

（3）样式。描述玉石的外表形态特征，是原石、素面形、串珠、雕刻品等。

（4）尺寸大小及质量。

（5）颜色。玉石表面颜色特点、分布情况、均匀程度。

（6）结构特征。玉石的颗粒大小、致密程度、均匀程度。

（7）透明度。玉石的透明度（水头）特征。

（8）瑕疵程度。玉石表面是否存在裂隙、包裹体等。

（9）表面光洁度。玉石表面的光洁度特征。

（10）其他特征。对于玉雕件，需对雕刻工艺进行描述，包括雕刻技法、作品类型与主题、设计者、制作者等。

5. 镶嵌首饰

描述的内容通常包括以下方面：

（1）首饰的制造商或制作者。名牌首饰，或由知名首饰设计师、工匠设计或制作的首饰，其价值会高于同类普通首饰。如由意大利著名珠宝商宝格丽（Bulgari）公司设计制作的一对蓝宝石钻石耳环，在2016年11月29日香港佳士得拍卖行拍卖，估价20万～30万港元，而成交价为23.5万港元（图3-3）。

图3-3 蓝宝石钻石耳环

（2）金属的颜色及类型。描述首饰所用金属的种类，以及金属的颜色特征。

（3）首饰的制作工艺及精细程度。描述首饰的制作工艺类型，如手工制作、浇铸成型、电铸成型、冲压成型等。对于镶嵌首饰，还需分别描述宝石（主石和副石）特征。主石按上述对宝石的描述要求进行描述；副石可以根据宝石的种类进行分组描述，包括副石的种类、数量、总的克拉质量、总体颜色特征、切工类型。图 3-4 是由梵克雅宝（Van Cleef & Arpels）设计并制作的红宝石钻石耳环，在 2016 年 5 月 31 日香港佳士得拍卖行拍卖，估价 50 万～80 万港元，成交价为 154 万港元。

（4）首饰的完整性和目前状况。描述待评估首饰是否完整，是否有损坏，以及新旧程度。

（5）首饰的类型及设计风格。描述首饰的种类以及首饰款式的设计风格类型。

（6）首饰来源和制作时期。描述与该首饰有关的历史事件或历史人物，如名人佩戴或使用这件首饰的照片，或知名设计师或制作者制作，以及首饰的制作时期的证据等。图 3-5 是一枚 18 世纪制作的祖母绿钻石胸针，由前俄国女皇叶卡捷琳娜·凯瑟琳佩戴使用，后在俄国等多个国家的贵族手中传承，该首饰于 2010 年在纽约佳士得拍卖行拍卖，估价为 100 万～150 万美元，最终成交价为 165.05 万美元。

图 3-4　红宝石钻石耳环

图 3-5　祖母绿钻石胸针

四、计算珠宝首饰价值

（1）根据宝石的品质等级和克拉质量，查阅宝石价格手册（The GemGuide）和拉帕波特钻石报价表（Rapaport Diamond Report），可得到宝石的价值信息。不过一般使用拉帕波特的价格信息时要打些折扣。所有这些国际价格指南都是定期发布的，且以美元作为报价单位，所以在计算过程中，注意要换算成当地货币单位。

（2）根据金属质量计算金属材料的价值。

（3）根据首饰工艺的复杂程度，计算工匠的劳动力成本和宝石镶嵌工费。通常情况下，工艺复杂精细、手工制作的首饰，劳动力成本较高；而工艺简单、做工粗糙的首饰，劳动力成本相对较低。

（4）在标准设计上有所改动或创造性的设计，还要计算设计的劳动力成本。

（5）由不同类型金属制成的首饰，其劳动力成本也不同。18K 白金比 14K、10K 等许多其他金合金硬，其劳动力成本相应高一些。铂金劳动力成本比金高 4～10 倍。铂金镶嵌成本是金首饰的 4～5 倍或更多。

五、税收和利润

由于不同国家的税收制度不同，在考虑税时要因地制宜。但通常只加入生产税，不加入零售税。加上税和利润后即获得零售替换价。不同类型和制作工艺的首饰，其利润是有差异的。一般机器制作的没有镶嵌宝石的金属首饰，利润相对较低；而镶有钻石的首饰及其他高档首饰，利润相对较高。

六、评估报告及证书

出具评估证书、附评估报告单及资料。在评估证书上要声明责任。

第五节 珠宝首饰价值评估的特征

一、珠宝首饰价值的特征

1. 珠宝首饰价值主要取决于其品质特征，但也受人们的喜好和市场供给的影响

珠宝首饰属于特殊资产，它的价值在很大程度上取决于其品质特征。鲜艳绚丽的颜色、灿烂的光泽、坚韧而细腻的质地、高透明度、特殊的结构、构造和光学现象（变彩效应、变色效应、星光效应、猫眼效应等），化学成分稳定等，决定了珠宝首饰具有较高的观赏艺术价值。但品质级别与其价值并非简单的线性关系。除了品质特征外，珠宝首饰的价值还与市场供求、人文和历史内涵、流行时尚色彩、款式的独特性等因素密切相关。目前，业内所谓的估价在很大程度上只能称之为"品评"，即专家对珠宝首饰级别优劣的一种主观评价，科学的估价应将"品质级别"与市场交易相结合，由此分析出其客观的价值类型。例如，2粒20ct的碧玺，它们的净度级别虽有不同，但其市场价值很可能相近。此处的净度特征具有客观性，但级别却具有主观性，相应的市场成交价也具主观性。因此，珠宝首饰的估价不仅是以质论价，而且还需要因人、因时、因地而异，充分考虑其是否美观、奇特和稀少以及当时、当地人们的喜好和供货情况的影响。

2. 珠宝首饰价值包含有形价值及其所依附的无形价值

珠宝首饰既不同于一般的有形资产，也不同于商标等其他无形资产，而是有形资产和其所依附的无形资产的综合体。如一件玉器，其价值除了材质本身的价值外，还凝结了设计师的智慧和创作理念。因此，珠宝首饰的价值不仅取决于其品质特征，还包含着制作者的娴熟技艺及珠宝首饰的品牌等无形价值。况且珠宝玉石作为大自然的"馈赠"，资源稀少，这种偶然性和珍稀性决定了珠宝首饰价值的恒久性和潜在的升值价值。图3-6是一件优质翡翠玉佩，由已故中国工艺美术大师、著名玉雕家王树森先生于1979年琢制，2005年在香港佳士得拍卖行以695.2万港元成交。

图3-6 翡翠玉佩
《群仙祝寿》

3. 珠宝首饰价值高低是以消费者对其的认同和制作者的切实努力为基础的

消费者的认同是珠宝首饰价值形成的充分条件。如果没有消费者的认同，就无法确认珠宝首饰有无相对独立的创利能力以及其创利能力的大小程度。反之，制作者的努力是珠宝首饰价值形成的必要条件。如果没有制作者的努力，消费者就根本不可能认同珠宝首饰的价值，两者缺一不可。图3-7是一对珊瑚钻石K金耳环，由于制作者的努力，将珊瑚、钻石和K黄金有机地结合起来，利用一定的工艺技术手段，构成了一件完整的首饰，从而获得消费者的认同，而得到其应有的市场价值。

图 3-7 珊瑚钻石 K 金耳环

4. 珠宝首饰价值体现在它的天然性、稀缺性

随着科学技术的不断发展，人工可以合成宝石及处理天然宝石，而宝石以其天然和稀有为贵，人工处理宝石或合成宝石与天然宝石在稀有程度上和价格上有着天壤之别。同样，即使是同一种宝石，其天然、优化处理品和合成品的价值也截然不同。因此，天然宝石的价值大大高于人工合成宝石；品质有缺陷的宝石，其价值大大低于品质完美的宝石。图3-8是一枚蓝宝石钻石戒指，其中主石是一颗重9.43ct的天然克什米尔蓝宝石，未经任何优化处理，颜色天然纯正，2016年5月31日在香港佳士得拍卖行拍卖，成交价为664万港元。

图 3-8 蓝宝石钻石戒指

二、珠宝首饰价值评估的特点

珠宝首饰价值评估的主要依据，是对珠宝首饰的品种、特性和内在品质的认识。它是一项实践与理论并重的技术性、经验性工作，更加强调理论与实践相结合。珠宝首饰价值评估，直接受市场供求规律、评估目的、评估人资质和技术水平及市场实践经验等多种因素的影响，具有以下特点。

1. 珠宝首饰价值评估的复杂性和特殊性

珠宝首饰的价值包含其使用、投资、收藏及艺术价值。价值的影响因素除了主体的需要、知识结构、情感、审美意识等主体因素外，还包括珠宝首饰的种类、品质、大小、设计加工、历史、来源、市场供求因素。对于后者，普通消费者是难以把握的。科学的评估依赖于具有宝石学、首饰制作工艺学知识并掌握评估理论和方法、拥有充分的行业和市场信息的评估师或资深从业人员的评估，常常需要使用鉴定、分级的仪器设备。珠宝首饰评估的专业性强，技术含量较高。消费者想凭直觉获得较为准确的估价非常困难，这就要求消费者具备相应的珠宝首饰知识、经验和较强的判断能力。

2. 珠宝首饰的需求富有弹性，供给缺乏弹性

珠宝首饰不是生活必需品，且中高档珠宝首饰在可支付收入中所占比例一般较大，当价格发生变化时，往往引起消费量更大的变化，消费者对价格是敏感的，或者说珠宝首饰的需求是富有弹性的。珠宝首饰价格受市场供应和需求规律的控制，市场的兴衰，价格的升降，都受供求变化的无形制约。

3. 珠宝首饰市场内在的复杂性

珠宝首饰销售周期长，占用资金大，需求对消费者的偏好依赖性强，消费需求层次丰富。收入水平、个人文化背景、爱好倾向，是决定消费者即期购买能力的重要因素。珠宝首饰种类繁多，市场异常复杂且缺乏统一的品质分级体系（除钻石外）。总体来看，复杂的市场使得各主体对信息的依赖程度增加，面对信息的增加、减少、变化或分布不均，市场各主体需要及时反应和调整。

4. 珠宝首饰市场存在着明显的区域性特征

由于不同国家、地区消费者对珠宝首饰的认识和消费观念的差异，以及市场条件的差异，珠宝首饰市场存在着明显的区域性特征，主要表现在珠宝首饰的价格方面。在不同的时间和空间，不同的经营环境和区域市场，有着不同的价格。

5. 技术进步对珠宝首饰价值评估的影响

宝石合成、优化技术的进步不仅给人们的价值观念带来深刻的影响，而且新的合成宝石、优化宝石、宝石仿制品不确定地流入市场，对市场的中短期冲击亦相当明显。虽然我们相信鉴定技术的发展可使市场对此类宝石有明确的界定，但两者的较量是长期的，而且相对于合成、优化技术的发展，鉴定在一定程度上总是滞后的，这就使得信息不对称的幅度（信息优势方相对于劣势方的信息优势大小）存在波动，并有逐渐增大的趋势。

6. 制作工艺对珠宝首饰的价值评估的影响

珠宝首饰作为高档的消费品或收藏品，在价值评估过程中，除了需考虑材料特征外，珠宝首饰的工艺制作水平对其价值评估也会产生很大的影响。造型精美、风格独特、知名品牌制作等均会影响到珠宝首饰的价值评估（图3-9～图3-11）。

总之，珠宝首饰产品的品质是珠宝首饰价值评估的基础。珠宝首饰种类繁多，外部表现错综复杂，要能透过表象把握住珠宝首饰内在的真实品质，掌握评估的品质基础，进一步弄清每件珠宝首饰成品或珠宝玉石原石的使用价值、商业价值、工艺用途，并结合当时的市场情况，给出正确的价值评估。评估人的个人素质，包括技术能力、个人品质、历史文化素养

图 3-9 18K 金镶蓝宝石钻石戒指

(主石重 4.42ct,香港佳士得,2016 年,成交价为 27.5 万港元,卡地亚设计并制作)

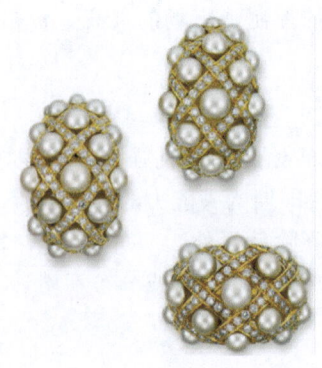

图 3-10 养殖珍珠钻石耳环、戒指套装

(香港佳士得,2016 年,成交价为 10.625 万港元,香奈尔设计并制作)

图 3-11 珊瑚钻石耳环

(香港佳士得,2016 年,成交价为 11.875 万港元,梵克雅宝设计并制作)

等,也对珠宝首饰的价值评估有着一定的影响。

三、价格信息在珠宝首饰价值评估中的应用

珠宝首饰的价格信息错综复杂,通过珠宝首饰价格信息调查的研究分析,珠宝首饰评估师可以从中了解到某一市场区域珠宝首饰的价格特点,并应用到珠宝首饰的价值评估中。

不同类型的珠宝首饰利润不同,其加价率也不一样。未镶嵌宝石的贵金属首饰和机制贵金属首饰的利润较低,加价率相对也较低;镶嵌宝石的首饰比一般的贵金属首饰的利润高,加价率也相对要高;镶有高品质宝石的首饰和设计独特的首饰,其利润更高,加价率也相对增高;知名品牌首饰(如卡地亚、蒂芙尼、梵克雅宝、宝格丽等),因具有高的品牌附加值,其加价率则更高。

通常,钻石首饰的加价率为 150%~200%,即售价为总成本的 2.5~3 倍。有色宝石首饰的加价率为 100%~200%,即售价为总成本的 2~3 倍。素金首饰的加价率为 50%~100%,即售价为总成本的 1.5~2 倍。珍珠首饰的加价率为 100%~150%,即售价为总成本的 2~2.5 倍。设计独特、个性化定制首饰的加价率,则会高于上述首饰的加价率。

在珠宝首饰价值评估过程中,要时刻注意,你所获取的珠宝首饰价格信息资料可能是不

完整的，因此多与业内人士联系、接触，听取他人的意见，寻求他人的帮助，在珠宝首饰的价值评估中显得尤为重要。对于贵重的、稀有的、不寻常的珠宝首饰，以及著名首饰设计师设计的首饰，在进行价值评估时，还需对其作特别的研究，以得到准确的评估结论。

第四章　珠宝首饰价值评估的基本方法

资产评估领域使用的价值评估方法主要有三种，即市场比较法、成本法和收益法，在珠宝首饰的价值评估中通常也主要使用这三种方法。

执行珠宝首饰评估业务，应当根据评估目的、评估对象、价值类型、市场发育及资料收集等情况，分析市场比较法、成本法和收益法三种资产评估基本方法的适用性，恰当选择评估方法。

第一节　珠宝首饰价值评估的市场比较法

一、基本概念和理论依据

市场比较法是指通过比较待评估珠宝首饰与最近售出的类似珠宝首饰（参照物）的异同，并在类似珠宝首饰的市场价格基础上进行调整，从而确定被评估珠宝首饰价值的一种评估方法。

从上述市场比较法的含义中可以看出，市场比较法是以类似珠宝首饰的近期交易价格为基础来判断珠宝首饰价值的评估方法。任何一个正常的投资者在购置某项资产时，他所愿意支付的价格都不会高于市场上有相同用途替代品的现行市价。市场比较法充分利用已被市场检验的珠宝首饰成交价格来判断和估测待评估珠宝首饰的价值，显然容易被各当事人所接受，所以市场比较法是珠宝首饰价值评估中最为直接、最具说服力的评估方法之一。

采用市场比较法对资产进行评估的理论依据是：在市场经济条件下，珠宝首饰作为一种资产，其价格受供求规律的影响。具体来说，当宏观经济中总需求大于总供给时，珠宝首饰的市场价格会上升；反之，珠宝首饰的市场价格会下降。同样的道理，任何时点的珠宝首饰的价格都反映了当时市场的供求状况。所以按照同类珠宝首饰的市场价格，判断待评估珠宝首饰的价值，能够充分考虑市场供求规律对珠宝首饰价格的影响，易于被交易双方所接受。

二、应用前提和适用范围

1. 市场比较法在珠宝首饰评估中的应用前提

（1）需要有一个充分发育、活跃的珠宝首饰市场。珠宝首饰市场应是一个充分竞争的市场，市场上有自愿的买者和卖者，双方进行平等的交易，排除了个别交易的偶然性，市场成交价格基本上可以反映市场行情。珠宝首饰市场交易品种越多、交易越频繁，与待评估珠宝首饰相类似产品的价格越容易获得。

（2）参照物及其与待评估珠宝首饰可比较的指标、技术参数等资料是可搜集到的。运用市场比较法进行资产评估，重要的是能够找到与待评估珠宝首饰相同或相类似的参照物。但与待评估珠宝首饰完全相同的参照物是很难找到的，这就要求对类似珠宝首饰参照物进行调整。有关调整的指标、技术参数能否获取，是决定市场比较法运用与否的关键。

(3) 所选类比参照物的价值因素明确并可直接量化。运用市场比较法评估珠宝首饰价值时，需要收集相关的信息和资料，包括销售数量、范围与时间，珠宝首饰的品质和档次、稀有程度、独特性、设计者、设计风格、制作年代、制作者、制作的工艺品质等，资料收集得越全面，评估得出的结论就会越准确。因此，在挑选类比参照物时，挑选的珠宝首饰应尽可能多地与被评估物相似；珠宝首饰的销售时间、地点、市场类型应与被评估物尽可能地接近。应选择尽可能多的类比物，在综合分析研究的基础上，得出令人信服的评估依据，支持所作的评估结论。

2. 市场比较法在珠宝首饰评估中的适用范围

市场比较法通常被用于具有活跃公开市场且具有可比成交案例的珠宝首饰的评估中。市场比较法应用范围较广，适用于任何类型珠宝首饰的评估，尤其适用于古董珠宝首饰、某些特定时期的珠宝首饰、名人或历史人物拥有的珠宝首饰，以及名家设计的、拥有版权的和特殊类型的珠宝首饰等。对这些珠宝首饰而言，其来源（出处）可能比其组成材料更为重要。来源越重要，其组成材料的成本对整体价值的影响就越小。

三、评估珠宝首饰价值的基本步骤

运用市场比较法评估珠宝首饰时，一般按以下步骤进行。

1. 明确评估的基本事项

明确评估对象、评估目的、评估基准日，选择相应的价值类型等。

2. 对珠宝首饰进行清洁、测量、称重

应根据珠宝首饰的种类和状况选择合适的清洁方法，对镶嵌在首饰上的宝石进行测量、估算质量，对首饰的总重进行称量。

3. 对珠宝首饰进行鉴定、分级评价与描述

鉴定珠宝玉石品种，判断它是否经过合成、优化处理等，对珠宝玉石的品质进行分级评价；鉴定首饰所使用的贵金属材料的类别和成色，对设计和制作工艺进行评价，并用专业术语对珠宝首饰进行描述。

4. 鉴别珠宝首饰的来源、制作工艺和制作年代

应鉴别宝石的产地与出处，并根据首饰的样式，判别首饰的制作年代及制作工艺方法，如手工制作或熔模铸造制作等。

5. 寻找合适的市场

所谓合适的市场，就是经常有相同或相似珠宝首饰交易机会的市场。寻找合适的市场应考虑以下因素。

(1) 市场类型和市场级别。由于珠宝首饰具有流通性，因此市场的类型和市场级别很多，如国内市场、国际市场；零售市场和批发市场。零售市场分许多级别，从各城市中大型百货商场的珠宝专柜、珠宝专卖店、珠宝公司、珠宝市场，到没有办公室、起着中间人作用的个体珠宝商，直到网络销售，一应俱全。珠宝评估专业人员需根据评估对象的情况，结合评估目的，考虑国际、国内及地区市场的状况，确定合适的市场。所选择的参照物与评估对象应尽可能来源于相同或相似的市场。

例如，批量生产的珠宝首饰（如 18K 的金项链、一枚镶 0.30ct 钻石的戒指），在各种零售市场都能够找到参照物；工艺精湛、独具特色的珠宝首饰或玉雕，最可能的出处是珠宝品牌企业（店）、珠宝会所、大师的工作室等；古董珠宝常见的市场是旧货市场或古董商及拍卖行；珍稀名贵的珠宝首饰、名师设计制作的首饰、某历史时期的首饰、已故著名工匠制作的或定制的特殊首饰，通常需要到拍卖市场（拍卖会）去找参照物。

(2) 市场上可比参照物的销售价格。合适市场中最常见的实际销售价格（成交价）是最有效的信息资料。因此，珠宝评估专业人员应了解市场的产品结构、销售方式、定价原则，了解与评估对象相同或相似的珠宝首饰的销售频率及最普遍出现的销售价格。在实际销售过程中，成交价往往低于零售标价。不同市场上的销售折扣不同，不同品质珠宝首饰的加价率不同，销售折扣也不同。珠宝评估专业人员应了解不同市场、不同品质珠宝首饰的销售规律，从而把握珠宝首饰销售的真实价格，即通过市场调查获得珠宝首饰最常见的实际成交价。

在研究成交资料时，所得出的结论是否有效，取决于所考虑的销售额、销售日期、销售频率、买主与卖主的买卖动机，以及参照物的可比程度。对于定制的特殊首饰，也许很难进行具有统计学意义的取样。评估价值是否合适，与进行对比的参照物及其市场要素有效性的判断有关。

(3) 其他相关情况。考虑市场中可能存在的特殊交易情况、交易时间等。

6. 寻找可比的参照物及其交易资料

可比的参照物是指在材料成分、品质特征、稀有程度、产地（来源）、制作年代、设计者、设计风格、制作工艺、制作者、品牌等方面与评估对象相同或相似的珠宝首饰。

为选择参照物最合适的交易资料，还要考虑参照物的市场级别、市场条件（供求关系）、交易条件（主要包括交易数量、交易动机、交易时间和地点、付款方式及交易双方的关系），以及参照物与评估对象的相似程度等，考虑得越全面，得出的结论就会越准确。选择参照物和对比指标的要求如下：

(1) 选择与评估对象在价值影响因素方面相同或相似的参照物。例如，评估一颗粉红色钻石，颜色是其最主要的价值因素。选择参照物时，需要重点考虑其颜色，其次是大小、净度和切工，需要挑选粉红色的钻石，不能将其他颜色的钻石（黄色、蓝色等）作为参照物。

某些珠宝首饰与评估对象在品质特征上不尽相同，但价值要素相同，也可以作为参照物使用。例如，翡翠雕件上"龙"的图案就是一种价值要素，无论它在玉佩上，还是在玉把玩件上均如此，这种要素就可以对比。

(2) 选择交易时间与评估基准日接近的参照物。例如，20 世纪 50 年代珠宝首饰的成交记录，不能用于现在的珠宝首饰价值的比较。

(3) 选择交易类型与评估目的相适合的参照物。从清算出售得来的参照物反映了强迫性，因此，如果不是要评估清算价值，则不选择这些参照物的销售价格作为参考。

(4) 选择正常或者可以修正为正常交易价格的参照物。

(5) 根据评估对象特点选择多个参照物。通常应该尽可能选择多个参照物，可比参照物的数量应不低于三个，以避免个别交易中的特殊因素和偶然因素对成交价及评估值的影响。

7. 在评估对象与参照物之间进行比较、量化差异

在评估对象与参照物之间进行比较，并将两者的差异进行量化。应用市场比较法评估珠

宝首饰，应收集珠宝首饰市场上相同珠宝首饰最常见的成交价作为其评估的主要依据，这也是最重要的、最有效的评估资料。当参照物与待评估珠宝首饰之间存在差异时，应找出具体的差异之处，包括稀有性、美观性、实用性、流通性、工艺性、需求性等，并作适当的量化。只有全面掌握和了解影响一件珠宝首饰价值的因素后，才能更准确地把握各种导致珠宝首饰价值升值和贬值的变化因素，才能得出更加符合实际的评估结论。因此，将评估对象与参照物进行比较，并将其差异数量化、货币化是运用市场途径的重要环节。

8. 综合分析确定评估结果

运用市场比较法通常应选择三个以上参照物，就是说在通常情况下，运用市场比较法评估的初评结果也在三个以上。按照珠宝首饰价值评估一般惯例的要求，正式的评估结果只能是一个，这就需要评估人员对若干初评结果进行综合分析和比较，来确定最终的评估结果。在这个环节上没有制度规定，评估结果准确与否取决于评估人员对参照物的把握、对评估对象的认识及其评估经验。当然，假如参照物与评估对象可比性都很好，评估过程中没有明显的遗漏或疏忽，采用加权平均的办法将初评结果转换成最终评估结果也是可以的。

四、常用的具体评估方法

运用市场比较法进行珠宝首饰评估时，由于市场条件的差异和参照物的不同，采取的方法也有所不同。

1. 直接法

直接法是指能够在市场上找到与待评估珠宝首饰完全相同的参照物，或待评估珠宝首饰的取得时间与评估基准日非常接近且市场价格基本稳定的情况下，直接以参照物的市场交易价格或购置价格作为待评估珠宝首饰的评估值的评估方法。

这种方法是一种最为简单、直观的方法。运用直接法进行评估时，应当注意以下问题。

（1）如果与待评估珠宝首饰相同的参照物在评估基准日同时存在多种交易价格时，应当选用价格最低的一种。按照珠宝首饰价值评估的替代性原则，在公开市场的条件下，购买者如果能用最低的价格买到的东西，就不会用高于这个价格来购买。

（2）如果参照物价格变动幅度过大，可在分析参照物价格合理性的基础上，加以适当调整。一般情况下，珠宝首饰的市场价格会围绕着正常价值上下波动。但是，如果珠宝首饰的价格变化幅度过大，则这种市价就失去了其公允性，必须对其进行调整才可作为被评估珠宝首饰的评估值。

2. 类比法（市场成交价格比较法）

类比法是指在公开市场上无法找到与待评估珠宝首饰完全相同的参照物时，可以选择若干个类似珠宝首饰的交易案例作为参照物，通过分析比较评估对象与各个参照物成交案例的因素差异，并对参照物的价格进行差异调整，来确定待评估珠宝首饰价值的方法。这种方法在珠宝首饰交易频繁、市场发育较好的地区得到广泛应用。因为，在珠宝首饰评估过程中，由于天然宝石的特殊性，找到两颗完全相同的宝石是很困难的，再加上首饰制作过程中的工艺因素影响，要找出完全相同的参照物也是十分困难的。因此，只能通过类比和调整来确定待评估珠宝首饰的价值。

类比法的基本计算公式为：

被评估资产评估值＝参照物价格×调整系数   或

被评估资产评估值＝参照物价格×(1＋调整率)

运用类比法的关键是通过严格筛选，找到最适合的参照物，并进行差异调整。通常，参照物的主要差异因素有以下几个方面。

(1) 时间因素。指参照物交易时间与待评估珠宝首饰评估基准日时间上的不一致所导致的差异。由于受到国际宝石市场和贵金属市场交易价格波动的影响，不同时间条件下，珠宝首饰的价格会有所不同，在评估时必须考虑时间差异。一般情况下，应当根据参照物价格变动指数将参照物实际成交价格调整为评估基准日交易价格。

如果评估对象与参照物之间只有时间因素的影响时，被评估资产的价值可用下式表示为：

评估值＝参照物价格×交易时间差异修正系数

(2) 区域因素。不同区域的珠宝首饰市场，其珠宝首饰的交易价格会有所不同，主要表现在不同区域的消费者对珠宝首饰的审美观念差异，导致购买偏好不同，从而使相同的珠宝首饰在不同区域市场的交易价格有所差异。因此，在选择参照物时，应尽可能选择相近区域市场的珠宝首饰作为参考。当评估对象与参照物之间只有区域因素的影响时，被评估资产的价值可用下式表示为：

评估值＝参照物价格×区域因素修正系数

(3) 功能因素。指珠宝首饰与参照物的实用功能不同对价格的影响，如相同品质的翡翠，制成一对耳坠就比单件饰品价格高，这是由选料和工艺加工难度大所致。当评估对象与参照物之间只有功能因素的差异时，被评估资产的价值可用下式表示为：

评估值＝参照物价格×功能差异修正系数

(4) 交易因素。它主要包括市场条件和交易条件。市场条件主要是指参照物成交时与评估时是在公开市场还是非公开市场进行，以及当时的市场供求状况。在通常情况下，供不应求时，价格偏高；供过于求时，价格偏低。市场条件上的差异对珠宝首饰价值的影响很大。交易条件主要包括交易批量、动机、时间等。交易批量和时间不同，交易对象的价格就可能会不同。交易动机也会对珠宝首饰交易价格产生影响。

当评估对象与参照物之间只有交易因素影响时，待评估珠宝首饰的价值可用下式表示为：

评估值＝参照物价格×交易情况修正系数

(5) 工艺因素。珠宝首饰的制作工艺水平和制作精细程度的差异，也会对珠宝首饰的价格产生影响。知名珠宝首饰品牌、工艺美术大师设计与制作，都会引起珠宝首饰价格的差异。如世界著名珠宝首饰品牌卡地亚(Cartier)、蒂芙尼(Tiffany)、宝格丽(Bulgari)、梵克雅宝(Van Cleef & Arpels)、海瑞温斯顿(Harry Winston)、宝诗龙(Boucheron)、达米阿尼(Damiani)，以及香港的知名品牌周大福(Chow Tai Fook)、谢瑞麟(TSL)、周生生(Chow Sang Sang)等旗下产品较一般的珠宝首饰售价要高(图4-1～图4-5)。

当评估对象与参照物之间只有工艺因素的差异时，待评估珠宝首饰的价值可用下式表示为：

评估值＝参照物价格×个别因素修正系数

如果评估对象与参照物之间存在上述各种差异时，评估值计算公式为：

评估值＝参照物价格×交易时间差异修正系数×区域因素修正系数×

功能差异修正系数×交易情况修正系数×个别因素修正系数

图 4-1 梵克雅宝设计制作的红宝石钻石胸针（2 枚）和耳环

图 4-2 卡地亚设计制作的铂金镶祖母绿钻石胸针　　图 4-3 蒂芙尼设计制作的珍珠钻石耳环和戒指

图 4-4 宝格丽设计制作的红宝石钻石胸针　　图 4-5 海瑞温斯顿设计制作的蓝宝石钻石耳环

五、特点和局限性

1. 特点

利用市场比较法评估珠宝首饰的特点，主要表现在以下方面：

（1）能够客观反映珠宝首饰目前的市场情况，其评估的参数、指标直接从珠宝首饰市场获得，评估的价值更能反映市场现实价格。

（2）市场比较法的基本原理通俗易懂，在收集资料全面、客观的前提下，其评估结果易于被各方理解和接受。

（3）只要珠宝首饰交易市场活跃，该方法就适合于所有珠宝首饰的价值评估。

2. 局限性

利用市场比较法评估珠宝首饰的局限性，主要表现在以下方面：

（1）需要有公开活跃的珠宝首饰市场作为基础，有时因缺少可对比数据而难以应用。

（2）对珠宝首饰价值评估的准确性，不仅依赖于市场所获资料的可靠性，而且还直接依赖于评估人员的专业素养和职业能力。因此，使用这种评估方法对专业评估人员的要求较高。

第二节 珠宝首饰价值评估的成本法

一、基本概念和理论依据

成本法是指通过估算待评估珠宝首饰的重置价值，扣除珠宝首饰从形成并开始投入使用至评估基准日这段时间内的损耗，从而得到珠宝首饰的评估价值的一种评估方法。它是从成本取得和成本构成的角度对待评估珠宝首饰的价值进行的分析和判断，即在条件允许的前提下，任何一个潜在的投资者在决定购买某件珠宝首饰时，他所愿意支付的价格不会超过购买该件珠宝首饰的现行购买成本。

采用成本法对珠宝首饰进行评估的理论依据如下。

（1）珠宝首饰的价值取决于珠宝首饰的成本。珠宝首饰的原始成本越高，珠宝首饰的价值就越大，二者在质和量的内涵上是一致的。根据这一原理，采用成本法时必须首先确定珠宝首饰的重置成本。重置成本是按现行市场条件下，重新购买一件全新的珠宝首饰所支付的全部货币总额，它与原始成本的内容构成相同，但二者反映的物价水平是不同的，前者反映的是珠宝首饰评估日期的市场物价水平，后者则反映的是当初购买珠宝首饰时的物价水平。在其他条件一定的情况下，珠宝首饰的重置成本越高，其重置价值也就越大。

（2）珠宝首饰的价值是一个变量。珠宝首饰的价值是随本身的运动和其他各种因素的变化而相应变化的。成本法的基本计算公式为：

珠宝首饰的评估价值＝重置成本－实体性贬值－经济性贬值－功能性贬值

二、应用前提和适用范围

1. 应用前提

利用成本法进行珠宝首饰评估的前提条件如下。

（1）评估对象能够通过重置途径获得，即待评估的珠宝首饰可以复制或再生产，或存在年代、品质、来源、状态等方面相似的替代品。

（2）评估对象的重置成本和相关贬值能够合理估算。

2. 适用范围

成本法比较充分地考虑了资产的重置全价和应计损耗，适用于以资产重置、补偿为目的的资产评估业务，是保险评估、企业清产核资中最常用的评估方法，同时也用于抵押（质押）贷款、经济担保、兼并等经济活动的资产评估。

成本法最适合于评估大多数现代珠宝首饰，尤其是未经注册的现代珠宝首饰。这类首饰的金属材料、宝石和制造工艺容易复制，并且不涉及版权问题。

成本法的优点在于所需评估参数和资料比较易于取得，尤其是它可以为继续采用另一种评估方法进行评估提供依据。

三、评估珠宝首饰价值的影响因素

利用成本法评估珠宝首饰的价值时，应考虑以下影响因素。

1. 重置成本

重置成本是指资产的现行再取得成本，是按照现行市场条件下重新购建一项全新资产所支付的全部货币总额。重置成本的构成要素，一般包括建造或购置评估对象的直接成本、资金成本、税费及合理的利润等。重置成本应当是社会一般生产力水平的客观必要成本，而不是个别成本。重置成本中的利润应以制造者所在行业的平均资产收益水平为依据。

珠宝首饰的重置成本，就是珠宝首饰的现行再取得成本。具体来说，重置成本又可分为复原重置成本和更新重置成本两种。

（1）复原重置成本。复原重置成本是指以现时价格水平重新建造或购置与评估对象相同的全新资产所发生的全部成本，即采用与评估对象相同的材料、制造标准、设计、规格及技术等，以现时价格重新购建与评估对象相同的全新资产所发生的费用。

复原重置强调的是"复原"，即采用原来的材料和技术制作标准，按照原来的设计和制作方法进行复制。复原重置成本适用于评估对象的效用，只能通过按原条件重新复制评估对象的方式提供。

（2）更新重置成本。更新重置成本是指以现时价格水平重新建造或购置与评估对象具有同等功能的全新资产所发生的全部成本，即以采用与评估对象并不完全相同的材料，用现代的制造标准、设计、规格及技术等，以现行价格水平重新购建与评估对象具有同等功能的全新资产所需的费用。

更新重置强调的是采用新材料、新技术、新标准进行复制。更新重置成本通常适用于使用当前条件所重置的资产，可以提供与评估对象相似或者相同的功能。

随着科学技术的进步，劳动生产率的提高，采用新型设计、工艺制造的珠宝首饰，在成本耗用方面会优于旧的珠宝首饰，因此，珠宝首饰的复原重置成本往往会高于更新重置成本。

对于稀有的天然宝石，一旦损坏，便很难有完全意义上的复原，因此，珠宝首饰评估中的重置成本一般是指更新重置成本。

2. 贬值

贬值是指珠宝首饰价值的损失。造成贬值的原因多种多样，有的是珠宝首饰本身的原因，有的是外部环境改变产生的影响。利用成本法评估珠宝首饰的价值时，应考虑贬值因素。贬值因素主要包括实体性贬值、经济性贬值和功能性贬值。

(1) 实体性贬值（亦称有形损耗），是指由于使用及自然力的作用导致资产的物理性能损耗或下降，而引起的资产价值损失。

珠宝首饰的实体性贬值是指由于人为使用和自然因素，对珠宝首饰造成有形磨蚀或损毁而导致的价值损失。人为使用的因素包括运输、佩戴、摆放、使用等过程中导致的损坏、磨损、宝石脱落丢失、组件丢失或不当修理等。自然因素包括老化、氧化、脱水等。

(2) 经济性贬值，是指由于外部变化引起资产效用改变、收益下降等而造成的资产价值损失。外部经济环境变化，如最佳利用的改变、政治因素、宏观政策因素、通货膨胀及供求关系的改变等，都会造成珠宝首饰价值的损失。

新宝石资源的开发或发现使得该宝石供应量大增，可能导致贬值，如在14世纪的欧洲，由于紫水晶资源贫乏，其价格甚至超过了钻石，但是随后在巴西发现了大量新的紫水晶资源，其价格便一落千丈。另外，若因首饰款式过时或首饰所用金属的种类不再流行等因素引起供求关系的改变，也会导致珠宝首饰的贬值。

对于宝石资源供应量大增引起的经济性贬值的测算，可根据新资源投入市场前后的市场数据进行比对。而对于具有流行性设计的首饰在流行周期衰减或结束时发生滞销所产生的贬值，可通过改款、重新制作所产生的费用进行计算。

(3) 功能性贬值，是指由于技术进步引起资产功能相对落后而造成的资产价值损失。由于珠宝首饰的主要功能是装饰和投资，除严重损坏或组件缺失外，珠宝首饰的功能性贬值基本可以忽略不计。

在珠宝首饰评估实务中，不是所有的评估对象都存在三种贬值，需要根据评估对象的具体情况进行具体分析。在评估新的珠宝首饰时，无实体性贬值和功能性贬值，经济性贬值通常在计算材料成本时已经考虑，此时评估价值等于重置成本。

四、常用的具体评估方法

利用成本法评估珠宝首饰的价值，主要涉及待评估珠宝首饰的重置成本、实体性贬值、经济性贬值和功能性贬值四个方面。成本评估的具体方法都是围绕着这四个方面，采用不同的方式和方法进行测算形成的。

1. 重置成本核算法

重置成本核算法是利用成本核算的原理，根据重新取得珠宝首饰所需的费用项目，逐项计算然后累加得出重置成本，其测算过程可以分为购买型和自建型。

(1) 购买型。购买型是以购买的方式重置珠宝首饰，购买价就是其重置成本，即重新购置与评估对象在材料、品质以及款式和工艺水平等方面相同的全新珠宝首饰的购买价格。

(2) 自建型。自建型是以自建(生产)的方式重置珠宝首饰，即重新制作与评估对象相同的珠宝首饰，把所需要的材料成本、设计加工成本累加起来得到直接成本，并加入相关费用（如合理的税费和利润等），得出重置成本。其中，原材料的成本是公认的购买成本，而不是某个商家的购买成本。通常，合理的税费和利润不易直接详细计算出来，可根据不同类型的珠宝首饰、市场级别，换算成直接成本的系数（市场调节系数）进行估算。

常见类型珠宝首饰的直接成本（简称成本）计算公式如下：

贵金属饰品的成本＝贵金属成本(含提纯费用)＋工费

镶嵌首饰的成本＝宝石成本＋底托成本＋工费

其中，底托成本＝贵金属成本＋损耗＝贵金属净重×贵金属单价×(1＋损耗率)。例如，18K金的底托成本＝底托质量×18K金单价×(1＋损耗率)。

玉雕制品的成本＝玉石原料的成本(含加工损耗)＋设计加工成本＋装潢成本

通常，基础金价取评估基准日上海黄金交易所的收盘价；钻石成本取值，以评估基准日左右拉帕波特国际钻石报价表，结合上海钻石交易所正常交易价格(国内市场钻石批发折扣率)综合考虑。其他宝石成本，常采用宝石的批发价格。

镶嵌工费与首饰的款式有关，要具体分析。对于批量生产或市场常见的镶嵌首饰，设计费和起版费通常含在工费里；对于特殊设计的首饰和非标准尺寸的宝石，还需要考虑设计费和起版费。需要特别注意的是，镶嵌工费在不同时间可能有变化。

不同类型的首饰，其加工费是不同的。例如，对于经浇铸、打磨和抛光的整件简单首饰来说，精工的工费支出比普通工要高。对于由两三个浇铸或模冲件组合的首饰，其加工的工费成本较高，取决于复杂程度、各部件的工艺以及最终修饰的品质。通常手工制造金属制品的工费，要比流水线生产金属制品高得多。铂金首饰的加工费要比黄金高。群镶首饰的加工费根据款式复杂程度及配石的多少来定，配石越多，工费越高。

2. 各种贬值的估算

(1) 实体性贬值的估算。通常由具有专业知识和丰富经验的评估人员对珠宝首饰进行观察和检测，判断待评估珠宝首饰的成新率，并估算其有形损耗和贬值额。其计算公式为：

实体性贬值额＝重置成本×(1－成新率)

成新率＝(1－修复费用/重置成本)×100%

修复费用是指将待评估的珠宝首饰修复成全新样式所需的费用，修复费用应低于重置成本。

(2) 经济性贬值的估算。珠宝首饰的经济性贬值是指外部经济环境的变化所引起的珠宝首饰的贬值，如国家政策的变化导致珠宝首饰供求关系的改变，款式的陈旧导致消费者的减少等。其计算公式为：

经济性贬值额＝珠宝首饰损失额×(1－所得税)/R

式中，R为行业投资回报率。

经济性贬值率＝(经济性贬值额/重置成本)×100%

(3) 功能性贬值的估算。珠宝首饰的主要功能是佩戴、投资与鉴赏，除了严重损坏珠宝首饰的使用功能、投资价值和艺术鉴赏外，一般情况下珠宝首饰的功能性贬值可以忽略不计。

五、评估珠宝首饰价值的基本步骤

利用成本法评估珠宝首饰时，通常根据评估对象各组成部分的特点和不同的计价标准，确定珠宝玉石、贵金属(或玉雕的底座)等组成材料的成本，然后根据当时的社会生产力水平和技术条件，确定设计和加工等成本，以及其他必要而合理的费用(如税金、保险、运输等)和合理的利润。珠宝首饰的重置成本包括材料成本、设计加工成本、相关税费、合理利润等。

利用成本法评估珠宝首饰的基本步骤如下：

(1) 明确评估基本事项。明确评估对象、评估目的、评估基准日，选择相应的价值类型等。

(2) 对珠宝首饰进行清洁、测量、称重。根据珠宝首饰的种类和状况，选择合适的清洁方法，镶嵌在首饰上的宝石进行测量、估重，对首饰的总重进行称量。

（3）对珠宝首饰进行鉴定、分级评价与描述。鉴定珠宝玉石品种，判断其是否经过合成或优化处理等，对珠宝玉石的品质进行分级评价。鉴定贵金属的成分和成色，对设计和制作工艺进行评价，用专业术语对珠宝首饰进行描述。

（4）计算直接成本。根据有效信息，计算珠宝首饰各组成部分的材料成本（包括珠宝玉石成本、贵金属成本等）、设计和加工成本，累加后得到珠宝首饰的直接成本（即固定成本，简称成本）。

（5）计算重置成本。在直接成本的基础上，加入必要而合理的税费和利润，得到珠宝首饰的重置成本。其计算公式为：

$$重置成本＝宝石成本＋贵金属成本＋制作成本＋税费＋利润$$

（6）分析珠宝首饰的状况，确定是否存在贬值因素。

（7）测算并确定评估珠宝首饰的价值。

六、特点和局限性

1. 特点

利用成本法评估珠宝首饰，具有如下特点：

（1）比较充分地考虑了珠宝首饰的成本构成，评估的结论趋于合理。

（2）对于难于取得市场参照物的珠宝首饰，可以利用成本法进行评估。

（3）工作量相对较大，且各种贬值难以准确估算。

（4）成本法不能充分评估附加值较高，且具有历史价值和名人效应的珠宝首饰和古董首饰。

2. 局限性

并非所有的珠宝首饰均可以用成本法来估价，因为成本法假定了可比的新首饰一般能够在市场上找到。成本法对那些在市场上无法找到替代品的珠宝首饰就不适用。对于不容易用可比的新珠宝首饰进行替换的首饰，成本法估价的效果也不太好。另外，成本法没有考虑到其他附加值，如历史价值、文物价值及名人效应等。通常，名师制作的珠宝首饰比一般工人制作的附加值高。评估古董珠宝的价值，还应考虑历史价值、文物价值等因素，很难采用成本法进行单独的评估。在涉及享有版权设计者作品或具有独特社会价值和特殊文化内涵的珠宝首饰的情况下，也不能采用成本法，而只能采用市场比较法。不宜采用成本法估价的珠宝首饰包括：

（1）已故名师或工匠设计制作的首饰。

（2）稀有的或者一款仅定制一件的珠宝首饰。

（3）带宗教色彩的手工艺品饰品。

（4）具有历史价值或名人拥有过的珠宝首饰。

（5）古董珠宝首饰。

（6）具有纪念意义或收藏价值的首饰。

（7）自然艺术品（如矿物标本等）。

（8）含有濒临灭绝生物种有机物质的饰品。

第四章 珠宝首饰价值评估的基本方法

第三节 珠宝首饰价值评估的收益法

一、基本概念和理论依据

收益法是指通过估测待评估珠宝首饰未来预期收益并折算成现值，借以确定被评估资产价值的一种评估方法。收益法是基于"现值"规律，即任何珠宝首饰的价值等于其预期未来收益的现值之和。一个理智的投资者在购置或投资于某件珠宝首饰时，他所愿意支付或投资的货币数额，不会高于他所购置或投资的珠宝首饰在未来能给他带来的回报。

采用收益法对珠宝首饰进行评估的理论依据是效用价值论：收益决定珠宝首饰的价值，收益越高，珠宝首饰的价值越大。珠宝首饰的收益通常表现为一定时期内的收益流，而收益有时间价值，因此为了估算珠宝首饰的现时价值，需要把未来一定时期内的收益折算为现值，这就是珠宝首饰的评估值。

二、应用前提和适用范围

1. 应用前提

应用收益法评估珠宝首饰的价值，必须同时具备以下条件：
（1）待评估的珠宝首饰是经营性的，且具有连续获利的能力。
（2）待评估的珠宝首饰未来的获利能用货币衡量。
（3）待评估的珠宝首饰拥有者获得收益所承担的风险是可以用货币衡量的。

2. 适用范围

在珠宝首饰的价值评估中，收益法的适用范围很小，只有具投资收益能够连续不断获利的珠宝首饰、古董珠宝首饰，才可用收益法对其进行价值评估。

三、评估珠宝首饰价值的基本步骤

利用收益法评估珠宝首饰的基本步骤如下：
（1）确定并清洗待评估的珠宝首饰。
（2）鉴定、评价珠宝首饰的品级。
（3）收集、分析待评估珠宝首饰的相关资料。
（4）估算可能的毛收入。
（5）估算可能的各项支出、损失等，得到估计的净收入。
（6）确定收益额、收益期限和折现率。
（7）确定待评估珠宝首饰的价值。

四、常用的具体评估方法

利用收益法评估珠宝首饰的价值，首先必须明确三个基本参数，即收益额、折现率和收益期限。

1. 收益额

收益额是指根据回报的原理，资产在正常情况下，能得到的归其产权主体的所得额。资产评估中的收益额有两个比较明确的特点：其一，收益额是资产未来预期收益额，而不是资产的历史收益额或现实收益额；其二，在一般情况下，用于资产评估的收益额是资产的客观收益或正常收益，而并不一定是资产的实际收益。

2. 折现率

从本质而言，折现率是一种期望投资报酬率，是投资者在投资风险一定的情况下，对投资所期望的回报率。折现率是由无风险报酬率和风险报酬率组成的。无风险报酬率一般是采用同期国债利率或银行利率确定。风险报酬率是指超过无风险报酬率部分的投资回报率，是对风险投资的一种补偿。

此外，资本化率与折现率在本质上是相同的，通常人们把将未来有限期预期收益折算成现值的比率称为折现率，而把将未来永续性预期收益折算成现值的比率称为资本化率。两者在量上是否相等，主要取决于同一资产在未来长短不同的时期所面临的风险是否相同。

3. 收益期限

是指资产具有获利能力持续的时间，通常以年为时间单位。

4. 评估方法

收益法实际上是通过评估对象的预期收益资本化或折现来确定价值的各种评估方法的总称。从资产使用期长短来看，有永续使用和限期使用两大类，与此相适应，形成永续收益和限期收益，适用的评估计算方法也不相同。

（1）资产未来收益期有限的情况（限期使用）。在资产未来预期收益具有特定时期的情况下，通过预测有限的期限内各期的收益额，以适当的折现率进行折现，各年预期收益额折现值的和，即为评估值。其计算公式为：

$$P = \sum_{i=1}^{n} \frac{R_i}{(1+r)^i}$$

式中，P 为评估值；i 为年序号；n 为收益年限；r 为折现率；R_i 为未来第 i 年的预期收益。

（2）资产未来收益永续的情况（永续使用）。在未来收益相同的情况下，其计算公式为：

$$P = R/r$$

式中，P 为评估值；R 为预测期内各年的预期收益；r 为折现率。

五、局限性

珠宝首饰价值评估很少使用收益法，因为它是基于珠宝首饰本身不出售，靠租赁、展览等形式的收益进行评估的一种方法。这样的珠宝首饰相对较少，需要通过长期的投资，才能体现出买卖的价值，因此限制了这种评估方法在珠宝首饰价值评估中的应用。

第四节 珠宝首饰价值评估方法的比较与选择

一、不同评估方法之间的联系

市场比较法、成本法、收益法是资产评估的常用方法，这三种方法是互相联系的，都是建立在替代原则基础上的，但用于珠宝首饰评估的方法主要是市场比较法和成本法。在珠宝首饰价值评估中，由于评估目的、适用的价值类型、评估对象、可收集到的数据信息资料及主要经济技术参数等不同，可以选择适当的评估方法。

此外，这三种方法都需要研究实际市场的案例，当一种方法更适合于一个具体的评估任务时，其他两种方法可以作为补充。

市场比较法与成本法两者的区别主要在于：

（1）受市场条件制约的程度不同。市场比较法的运用十分强调市场化程度，需要以发达的珠宝首饰市场为前提，从卖者的角度参照市场价格，即以市场上的销售价格来确定待评估珠宝首饰的价值。而成本法则是从买者角度参照市场价格，即以制作某件珠宝首饰的耗费来确定待评估珠宝首饰的价值，市场条件对成本法的制约相对较弱。

（2）评估依据不同。成本法中的一些计算必须以原始成本和原始资料为依据。而市场比较法的运用与资产的原始成本没有直接联系。

（3）评估值所含的内容不同。重置成本不仅包括珠宝首饰自身的价格，而且还包括珠宝首饰的运杂费等。而市场比较法估算的珠宝首饰价值是该资产的独立价格。

（4）资料的获得和指标的确定有着不同的思路。成本法是按待评估珠宝首饰的现时重置成本扣减其各项损耗来确定被评估资产的评估值，所以只需要有一个新建类似项目作参照即可。而运用市场比较法评估珠宝首饰价值时，待评估珠宝首饰的评估值高低，在很大程度上取决于参照物成交价格水平，而参照物成交价又不仅仅是参照物自身功能的市场体现，它还受买卖双方交易的动机、交易地位、交易期限等因素的影响，为了避免某个参照物个别交易中的特殊因素对成交价及评估值的影响，运用市场比较法时通常应选择三个或三个以上的可比参照物。

二、评估方法的选择

珠宝首饰作为一项资产有其特殊性，因此，若采用某一种具体的评估方法，可能会存在一定的局限性。三种方法的协同运用，可以克服独立使用某一种方法的缺陷，提高评估的正确性。评估方法的选用应遵循以下规则。

1. 评估方法必须与评估对象相一致

不同类型的珠宝首饰或不同时期的珠宝首饰，由于其评估对象的不同，所要求的评估方法也不一样。从评估对象看，如果评估对象能满足评估方法的诸要素，那么市场比较法、成本法、收益法均可使用，因为评估人员总是寻求最简单、最能客观反映珠宝首饰价值的方法对其进行评估。从评估对象来分析珠宝首饰评估方法的适用问题，事实上就是依据参数的可求性来寻求方法，有何种参数可得到，我们就用何种评估方法来评估珠宝首饰的价值。例如，对于现代珠宝首饰的评估，可以用成本法，也可以用市场比较法进行评估；而对于历史珠宝首饰，则只能用市场比较法来进行评估。

2. 评估方法必须与珠宝首饰的评估价值类型相适应

珠宝首饰评估的价值类型是珠宝首饰评估价值的质的规定。评估方法具有多样性和替代性，并服务于评估价值类型。每一种价值类型都有着特定的基础数据来源，有着特定的影响价值的因素，从而对获取、处理、分析、利用信息资料都有一定的要求，并要求采用与之相适应的评估方法。

3. **评估方法受客观现实条件，特别是数据和信息资料的制约**

各种方法都要依据一系列数据资料进行分析、处理、转换。没有相应的数据作为基础，任何方法都无法完成相应的评估任务。因此，要根据现有的资料，以及经努力能搜集到的资料的满足程度，来选择适当的评估方法。

由于评估方法的可替代性，可以用几种评估方法确定同一价值类型。在选择评估方法时，应考虑简便易行的方法，并根据评估人员的特长进行选择。通常在评估开始之前确定选用何种评估方法。由于对评估结果进行相互验证的需要，也可以分别采用不同的评估方法进行评估，以便互为补充。至于某项评估业务需要采用何种评估方法相互验证，一方面取决于各数据的品质和方法的适用性，另一方面也取决于资产业务本身的性质及其价格的灵敏度。例如，对于有活跃的市场，并能找到与评估资产相同或者相近的参照物时，一般采用市场比较法，因为其评估的参数、指标可直接从市场获得，更能客观地反映待评估珠宝首饰目前的市场情况。依据参照物的现行交易价格，参考被评估珠宝首饰与参照物之间的时间差异、地域差异和功能差异等因素，估算出被评估珠宝首饰的评估值。采用这种方法评估出的结果一般容易被买卖双方所接受。

总之，使用资产评估的各种方法都需要特定的数据资料支持，也都有特定的运作规程。因它们各具特色又具有各自的局限和不足，要想弥补单一方法在运用范围上的有限性，以及评估准确率方面的局限性，就必须将资产评估的各种方法配合使用。但需要注意的是，有时对同一珠宝首饰同时采用不同的评估方法，会得出不同的结果，这种现象是较常见的。在这种情况下，不能对这几种结果进行简单的平均或加权平均得出评估结论，而应根据评估价值类型，选择一种评估结果作为评估结论。

第五章 钻石的分级与价值评估

钻石的分级与价值评估是以"4C"作为标准的,国际上较有影响的钻石分级标准和机构,如美国宝石学院(GIA)的钻石分级体系、国际珠宝首饰联合会(CIBJO)的钻石分级规则、国际钻石委员会(IDC)和比利时钻石高阶层议会(HRD)的钻石分级标准,以及我国国家品质监督检验检疫总局和中国国家标准化管理委员会联合发布的钻石分级国家标准(GB/T 16554—2017),都是以"4C"标准作为基础的。钻石的"4C"分级,指的是钻石的颜色(Colour)、净度(Clarity)、切工(Cut)和克拉质量(Carat Weight),在评价钻石过程中,"4C"是彼此相关而又缺一不可的。

第一节 钻石的"4C"分级

一、颜色分级

1. 钻石的颜色等级特征

颜色是决定钻石品质优劣的最为重要的标志。宝石级钻石一般为无色—浅黄色,而彩色钻石则是钻石中的珍品,由于它们的罕见和瑰丽,又被誉为钻石家族中的"贵族"。彩色钻石的颜色有特殊的评价方法。现今对钻石颜色等级划分,主要是对无色—浅黄色系列的钻石进行颜色分级,世界各主要钻石分级机构对钻石颜色等级的划分见表5-1。

表5-1 中国和世界主要钻石分级机构颜色等级划分表

中国钻石分级标准 (GB/T 16554—2017)		美国宝石学院 (GIA)	国际珠宝首饰联合会 (CIBJO) 1991	比利时钻石高阶层议会 (HRD)	国际钻石委员会 (IDC) 1979
D	100	D	极白色(+)		极白色(+)
E	99	E	极白		极白
F	98	F	很白(+)		很白(+)
G	97	G	很白		很白
H	96	H	白		白
I	95	I	较白		较白
J	94	J			
K	93	K	次白		次白
L	92	L			
M	91	M	一级微黄		一级微黄
N	90	N			
<N	<90	O	二级微黄		二级微黄
		P			
		Q	三级微黄		三级微黄
		R			
		S—Z	四级微黄		四级微黄

2. 钻石颜色的分级方法

钻石颜色的分级仍然采用传统的目视比色法，其原理是先建立一套完整的钻石标准比色石，然后将待定样品与标准比色石对比，从而确定钻石的颜色等级。

对钻石的颜色进行分级，通常应具备以下几个方面的条件。

（1）标准光源。标准光源是一种色温为 5500～7200K 的日光灯。由于在不同的光源下，同一钻石会表现出不同的颜色（微弱的颜色变化），为了保证颜色分级的统一性，人为地规定了这样一个条件，目的就是能使世界各地不同的钻石分级实验室、不同的技术人员能在一个相同的条件下对钻石的颜色进行分级，以保证分级结果的统一性和可对比性。

（2）标准钻石比色石。标准钻石比色石是一套已经标定颜色级别的钻石，通常由 7～10 粒钻石组成，比色石代表该颜色钻石级别的下限。钻石的颜色由白到黄依次分别为：D，E，F，G，H，I，J，K，L，M，每粒钻石代表一个色级。比色石的筛选具有严格的条件，其质量应在 0.25ct 以上，同一套标准比色石的质量要大致相同；净度应在 SI_1 以上；琢型应为标准圆钻型；紫外灯下通常不发荧光或者只有极微弱荧光；颜色上除黄、灰、褐色调外，无其他杂色。

（3）理想的实验室环境。理想的实验室环境应是中性的颜色环境，是指环境色调以白色、灰色为主，室内无阳光直射和其他杂色光干扰。用来放置标准比色石和钻石样品的台面或"V"型纸槽应为纯白色、无荧光、无反光的白板或白纸，周围不能有任何带色彩的物体。

（4）荧光强度对比用的标样。这是一套标定在长波紫外光强度级别的标准圆钻型切工的钻石样品，由三粒钻石组成，依次代表强、中、弱三个级别的下限，钻石的质量不低于 0.20ct。分级时按发光强弱划分为强、中、弱、无四个级别。

（5）训练有素的分级师。钻石颜色的分级师应受过专门的训练，具备一定的颜色识别能力，熟悉每粒标准比色石的颜色差别，并能正确掌握颜色分级操作方法，能辨别出微弱的颜色差别，准确地分级。通常应由 2～3 人独立操作，取得一致结果后，才能最终确定待分级钻石的颜色级别。

（6）操作步骤。①清洗样品；②称重；③打开比色灯、放比色纸；④排放比色石；⑤将样品从左到右依次对比，观察视线要平行于腰围或垂直于亭部，直至找到颜色与样品最为接近的比色石；⑥注意颜色集中部分；⑦改变光源距离和角度进行观察；⑧荧光强度对比；⑨比色时间不宜过长。钻石颜色比色等级划分以下限原则为准。

二、净度分级

净度，是指钻石纯净、透明无瑕的程度，即指钻石的内部含杂质的多少、大小、颜色的深浅以及所在位置，在钻石的"4C"评价中占有重要地位。例如，质量、颜色、切工完全相同的钻石，由于其净度不同，它的售价就会出现差异，有时差异还是极其悬殊的。

钻石的瑕疵可分为内部瑕疵（指深入到钻石内部的瑕疵）和外部瑕疵（指暴露在钻石表面的缺陷）。其中内部瑕疵包括点状包裹体、云状物、浅色包裹体、深色包裹体、针状物、内部纹理、内凹原始晶面、羽状纹、须状腰、空洞、破口、击痕、凹蚀管、晶结、双晶网、激光痕；外部瑕疵包括原始晶面、表面纹理、抛光纹、刮痕、额外刻面、缺口、击痕、棱线磨损、烧痕、黏杆烧痕、"蜥蜴皮"效应、人工印记。

1. 钻石净度的划分等级

自然界纯净无瑕的天然钻石十分罕见，绝大多数钻石或多或少都含有瑕疵。珠宝首饰业界公认瑕疵的可见度，以在 10 倍放大镜下观察为准。当今钻石净度分级，欧美都有大致相同的分级标准，其中以美国宝石学院（GIA）的钻石净度分级标准在国际珠宝首饰业界影响最大。GIA 的钻石净度等级共分为完美无瑕（FL）、内部无瑕（IF）、非常极微瑕（VVS_1 — VVS_2）、极微瑕（VS_1 — VS_2）、微瑕（SI_1 — SI_2）、有瑕（I_1 — I_3），共六大类十一级。我国的《钻石分级》国家标准（GB/T 16554—2017）将钻石净度划分为五个大级别和十一个小级别。不同国家、机构钻石净度等级划分见表 5-2。

表 5-2 钻石净度等级划分表

中国 (GB/T 16554—2017)		美国宝石学院 (GIA)		国际珠宝首饰联合会 (CIBJO)		国际钻石委员会 (IDC)	
镜下无瑕级 (LC)	FL	完美无瑕	FL	镜下无瑕 (LC)	LC	镜下无瑕 (LC)	LC
	IF	内部无瑕	IF				
极微瑕级 (VVS)	VVS_1	非常极微瑕 (VVS)	VVS_1	极微瑕 (VVS)	VVS_1	极微瑕 (VVS)	VVS_1
	VVS_2		VVS_2		VVS_2		VVS_2
微瑕级 (VS)	VS_1	极微瑕 (VS)	VS_1	微瑕 (VS)	VS_1	微瑕 (VS)	VS_1
	VS_2		VS_2		VS_2		VS_2
瑕疵级 (SI)	SI_1	微瑕 (SI)	SI_1	小瑕 (SI)	SI_1	小瑕 (SI)	SI_1
	SI_2		SI_2		SI_2		SI_2
重瑕疵级 (P)	P_1	有瑕 (I)	I_1	有瑕 (P)	P_1	有瑕 (P)	P_1
	P_2		I_2		P_2		P_2
	P_3		I_3		P_3		P_3

2. 《钻石分级》国家标准的净度分级规则

《钻石分级》国家标准（GB/T 16554—2017）的净度分级规则见表 5-3。

总的来说，在评价钻石内部特征方面，原则是：内部特征越小越好；内部特征的数量越少越好；内部特征的颜色越浅越好；内部特征的位置越远离台面越好。

3. 钻石净度分级判定的影响因素

钻石净度特征的可见性，是判定净度等级的主要依据。可见性由净度特征的大小、数量、位置、性质、颜色和反差决定。因此，净度等级必须依据这些因素的特征，综合考虑来判定。在某些情况下，还要考虑到净度特征对钻石耐用性存在的潜在威胁。

（1）净度特征的性质。外部特征对高净度等级钻石的影响比较大，尤其是对于 LC 等级的钻石而言，通常是外部特征决定其净度等级。对于 VVS 级以下的钻石，一般是内部特征决定净度等级，外部特征作为判定净度等级的参考因素。

（2）净度特征的大小。净度特征的大小是决定净度等级的重要因素。净度分级的前提，是在 10 倍放大条件下观察。无论是内部特征还是外部特征，净度特征越大，越容易看见，净度等级也就越低。例如，即使钻石无任何内部特征，若存在较大的原始晶面，就不能定为

表 5-3　《钻石分级》国家标准（GB/T 16554—2017）净度分级规则

净度等级		定义	相关规则说明
镜下无瑕级（LC）		在 10 倍放大条件下，未见钻石具内、外部特征，细分为 FL、IF	内部特征类型：点状包裹体、云状物、浅色包裹体、深色包裹体、针状物、内部纹理、内凹原始晶面、羽状纹、须状腰、空洞、破口、凹蚀管、晶结、双晶网、激光痕。外部特征类型：原始晶面、表面纹理、抛光纹、刮痕、额外刻面、缺口、击痕、棱线磨损、烧痕、黏杆烧痕、"蜥蜴皮"效应、人工印记
	FL	在 10 倍放大条件下，未见钻石具内、外部特征，定为 FL 级。下列外部特征情况仍属 FL 级：①额外刻面位于亭部，冠部不可见；②原始晶面位于腰围，不影响腰部的对称，冠部不可见	
	IF	在 10 倍放大条件下，未见钻石具内部特征，定为 IF 级。下列特征情况仍属 IF 级：①内部生长纹理无反光，无色透明，不影响透明度；②可见极轻微外部特征，经轻微抛光后可去除	
极微瑕级（VVS）		在 10 倍放大镜下，钻石具有极微小的内、外部特征，细分为 VVS_1、VVS_2	
	VVS_1	钻石具有极微小的内、外部特征，10 倍放大镜下极难观察，定为 VVS_1 级	
	VVS_2	钻石具有极微小的内、外部特征，10 倍放大镜下很难观察，定为 VVS_2 级	
微瑕级（VS）		在 10 倍放大镜下，钻石具有细小的内、外部特征，细分为 VS_1、VS_2	
	VS_1	钻石具细小的内、外部特征，10 倍放大镜下难以观察，定为 VS_1 级	
	VS_2	钻石具细小的内、外部特征，10 倍放大镜下比较容易观察，定为 VS_2 级	
瑕疵级（SI）		在 10 倍放大镜下，钻石具明显的内、外部特征，细分为 SI_1、SI_2	
	SI_1	钻石具明显的内、外部特征，10 倍放大镜下容易观察，定为 SI_1 级	
	SI_2	钻石具明显的内、外部特征，10 倍放大镜下很容易观察，肉眼难以察，定为 SI_2 级	
重瑕疵级（P）		从冠部观察，肉眼可见钻石具内、外部特征，细分为 P_1、P_2、P_3	
	P_1	钻石具明显的内、外部特征，肉眼可见，定为 P_1 级	
	P_2	钻石具很明显的内、外部特征，肉眼易见，定为 P_2 级	
	P_3	钻石具极明显的内、外部特征，肉眼极易见并可能影响钻石的坚固度，定为 P_3 级	

较高的净度等级。大的内部特征是判定净度等级的决定性因素。

在净度分级方面，HRD 提出了定量分析方法，即用显微镜测量出内含物的大小，并依此判定钻石的净度等级。IDC 标准中的 $5\mu m$ 规则就是定量评价的体现。在 10 倍放大条件下，$5\mu m$ 是大多数人肉眼分辨的极限，即小于 $5\mu m$ 的内含物，在 10 倍放大条件下是无法通过肉眼观察到的。因此，将 $5\mu m$ 作为净度等级的划分界线。但是，定量评价钻石净度的方法没有得到普遍的接受和支持。

（3）净度特征的数量。净度特征的数量越多，净度等级也就越低。即便是同样大小的内含物，在钻石内无论是散开分布或集中分布，数量多的都要比单个或少数几个的净度等级要低。如钻石中的云状物是由微小的、不到 $1\mu m$ 大小的气液包裹体所组成，在 10 倍放大镜下，无法看清单个的包裹体，但是大量小包裹体聚集在一起，加强了光线的散射作用，形成了朦胧状的云雾体，使钻石的透明度下降。云雾体可使钻石的净度等级降至 P 级。此外，如果钻石中的包裹体形成多个映象,也是判定净度等级下降的原因。

(4) 净度特征的位置。同样的净度特征,处于钻石内不同的位置,可见性不同。例如,同样大小的净度特征,位于台面的中央极易看到,若分布在腰围附近就不易被发现。所以,相同的净度特征因其所在的位置不同,净度等级也会存在差异。但是,这种影响没有内含物的大小与数量的影响大,往往导致降低一个小级。例如,VVS_1不允许有位于台面中央的针状物,若有则应定为VVS_2。在面棱顶点的附近及底小面(底尖)部分的内含物,会产生"映象"。一个内含物经刻面的反射,可形成多个映象,增加了该内含物的可见性,所以对净度的影响更大。一般情况下,位于台面正下方的净度特征对净度等级的影响最大,其后依次是冠部、腰部和亭部。

(5) 内含物的颜色和反差。一个内含物在钻石中是否容易被发现,除了受其大小和所在位置的影响外,还与内含物本身颜色与钻石颜色之间的反差有关。同样大小、所处位置也相同的两个内含物,如果颜色不同,或者表面光泽不同,其可见性也是有差异的。黑色或有色的包裹体,要比无色透明和浅色的包裹体更醒目。表面光泽强的高亮度包裹体,也更易看见。所以,在同样条件下,若钻石内部含有深色内含物或高亮度内含物,则会被判为较低的净度等级。

(6) 对耐用性的影响。对耐用性有直接影响的内含物是裂隙。如果裂隙使钻石存在破裂或者部分崩落的危险,即使裂隙还没有严重影响钻石的明亮度,也要判为最低的净度等级P_3级。

三、切工分级

切工,是指按设计要求对钻石进行切割和琢磨,生产出理想的钻石制品的整个工艺技术过程的总称。在钻石分级"4C"评价标准中,切工是唯一一个由人工因素控制和决定的标准。切工的优劣对钻石的颜色、净度、质量等都将产生很大的影响。优质的钻石切工,可使钻石的外形、大小、各部分比例、切磨角度、对称性、颜色、光学效果、质量等方面都能达到理想的要求。

钻石的切磨可有不同的款式,也就是说钻石外表各个刻面的形状、大小和排列组合方式可以不同。但是不管怎样,对钻石的切磨都必须遵循这样一个原则,即切磨后的钻石应具有最美的外观、最佳的光学效果和最大的质量。对于钻石切磨后的外形美和保持最大质量,一般人都不会感到陌生,而对于最佳光学效果则不太理解,这主要是由钻石本身的物理性质所决定的。钻石无色透明,为各向同性的均质体,具有很高的折射率(2.417)和很强的色散值(0.044)。切磨良好的钻石,其表面光芒四射,即表现为光泽(白色光线从钻石表面反射出来所见到的强度)、火彩(钻石将白色光线分解成光谱内各种颜色的功能)和闪光(钻石移动时,从钻石表面所见到的闪烁光芒),见图5-1。

1. 钻石切工的类型

在当今世界各国珠宝首饰业界,常见的钻石琢型有标准圆钻型、椭圆型、心型、祖母绿型、梨型、橄榄型和方型等,其中以标准圆钻型应用最为普遍,而后几种切工则被称为"花式切工"。对于任何一颗钻石原石来说,如果要对它进行切磨,首先要尽可能地把它切磨成标准圆钻型,其次才考虑把它切磨成其他的琢型。其主要原因是标准圆钻型切工最能体现出钻石所特有的美。

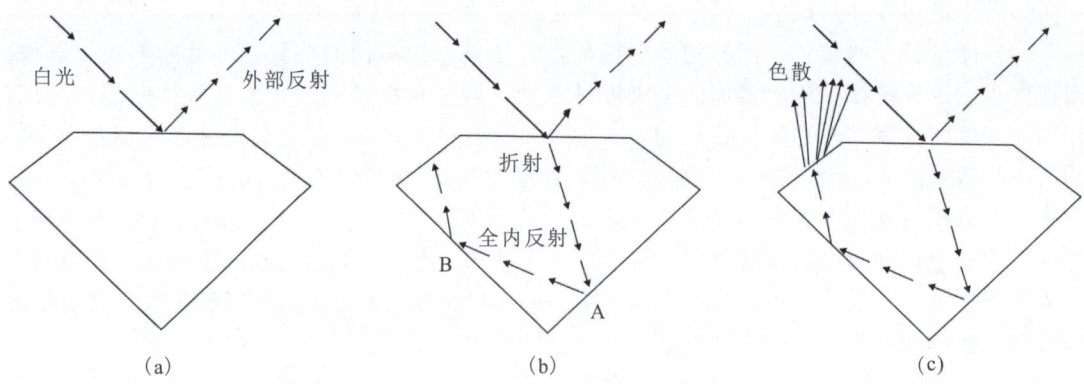

图 5-1 钻石表面及内部的反射、全内反射和色散

(a) 当一束光线照射到一颗钻石的表面，一部分光线将反射回观察者的眼中，称外部反射；
(b) 余下的光线穿过钻石折射进入钻石内部，称为折射，光线在钻石内部到达钻石面上的 A 点和 B 点，称为全内反射；(c) 光线反射到钻石表面，在那里进一步分解成光谱即色散

(1) 标准圆钻型切工。1919 年，曼塞尔·托克瓦斯基（Marcel Tolkowsky）根据钻石的光学原理设计出了圆钻的最佳切磨比例和角度，这种琢型被称为"标准圆钻型"（图 5-2～图 5-4），该琢型共有 57 个或 58 个刻面（图 5-5，表 5-4）。

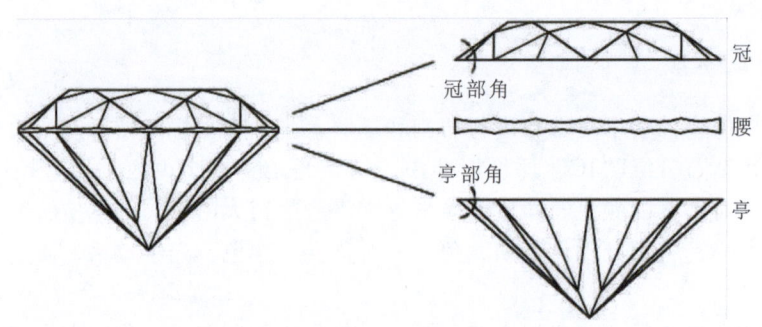

图 5-2 标准圆钻型钻石侧视示意图

图 5-3 标准圆钻型钻石侧视图

图 5-4 标准圆钻型钻石顶视图

第五章　钻石的分级与价值评估

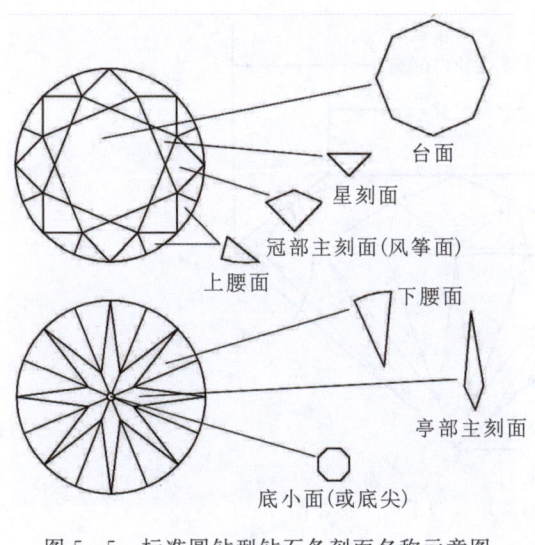

表5-4　标准圆钻型的刻面名称

部位	名称	形状	数量
	台面	正八边形	1
冠部	冠部主刻面	四边形	8
	星刻面	三角形	8
	上腰面	三角形	16
腰部			
	下腰面	三角形	16
亭部	亭部主刻面	四边形	8
	底小面		1（或0）
合计			58（或57）

图5-5　标准圆钻型钻石各刻面名称示意图

（2）花式切工。指除标准圆钻型切工以外的其他现代钻石琢型。主要有椭圆型、橄榄型、梨型、卵型、心型等多面形琢型，以及方型、祖母绿型等阶梯形琢型（图5-6）。

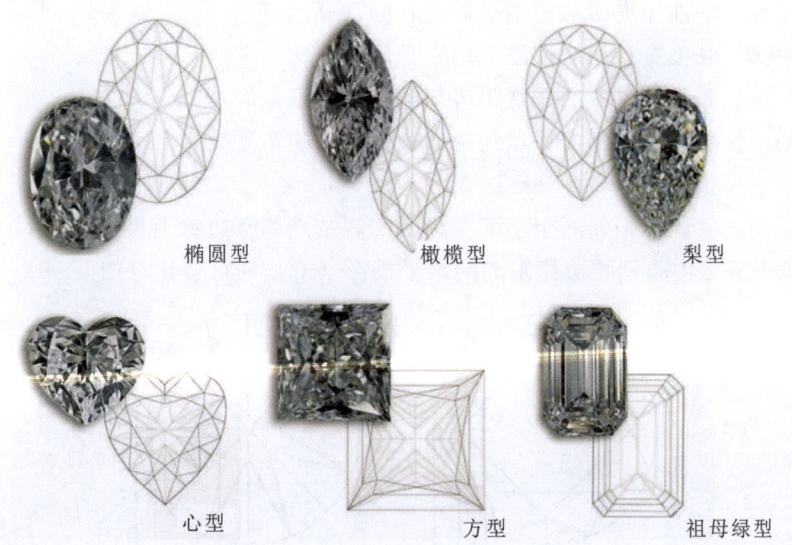

图5-6　钻石的花式切工

2. 标准圆钻型切工的比率

标准圆钻型切工的比率，是指以钻石腰围平均直径为百分之百，其他各部分相对它的百分比，主要包括台宽比、冠高比、腰厚比、亭深比、底尖比、全深比、星刻面长度比、下腰面长度比（图5-7）。

切工比率是决定钻石切工优劣最重要的因素，切割的比例适当，则"火彩"好；反之，"火彩"就差。主要的比率如下：

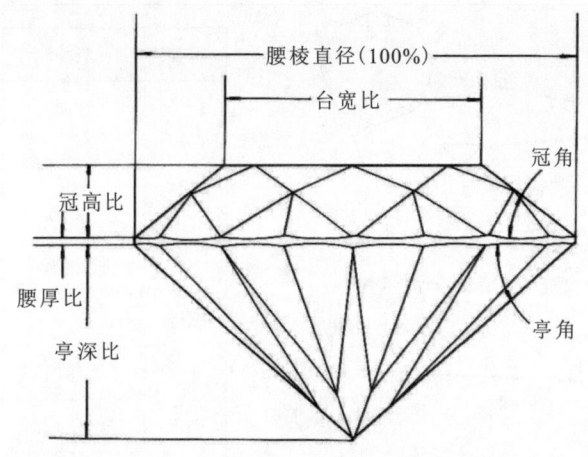

图 5-7 标准圆钻型钻石切工比率示意图

（1）台宽比。台面宽度相对腰围平均直径的百分比。

（2）冠高比。冠部高度相对腰围平均直径的百分比。

（3）腰厚比。腰部厚度相对腰围平均直径的百分比。

（4）亭深比。亭部深度相对腰围平均直径的百分比。

（5）底尖比。底尖直径相对腰围平均直径的百分比。

（6）全深比。底尖到台面的垂直距离与腰围平均直径的百分比。

（7）星刻面长度比。星刻面顶点到台面边缘距离的水平投影（d_s）相对于台面边缘到腰边缘距离的水平投影（d_c）的百分比。

（8）下腰面长度比。相邻两个亭部主刻面的联结点到腰边缘上最近点之间距离的水平投影（d_l）相对于底尖中心到腰边缘距离的水平投影（d_p）的百分比（图 5-8）。

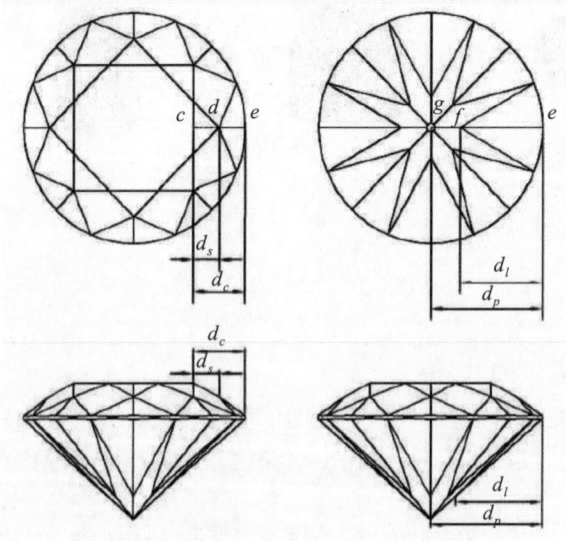

图 5-8 星刻面长度比和下腰面长度比示意图
（据《钻石分级》（GB/T 16554—2017））

除了上述这些线段的比率外,在钻石切磨过程中,冠角和亭角也十分重要。

(1) 冠角。冠部主刻面与腰部水平面之间的夹角。

(2) 亭角。亭部主刻面与腰部水平面之间的夹角。

尽管这些角度与上述那些线段的比率有直接关系,但是在钻石的切工分级中,人们还是习惯于将它们单独列出,以示其重要性。

确定了标准圆钻型切工的各个部分比率,也就确定了每个部分的相对大小和主要刻面的角度。如:冠角由冠高比和台宽比来确定;亭角可根据亭深比来确定,并由此确定标准圆钻型切工轮廓的几何形态,达到标准圆钻型切工比率评价的目的。

3. 钻石切工评价的基本方法

钻石切工评价的基本方法主要有两种:目视法和仪器测量法。

(1) 目视法。使用 10 倍放大镜,用眼睛直接估测圆钻的各部分比例。它具有方便、直观、快捷的特点。

(2) 仪器测量法。使用钻石切工比例仪,对钻石各部分比例进行精确的测定。它具有准确、快捷的特点,但仪器不便于携带。

随着钻石市场对切工的分级日益重视,钻石切工的评价也越来越细化,《钻石分级》国家标准(GB/T 16554—2017)将钻石的切工比率分为极好(Excellent,简写为 EX)、很好(Very Good,简写为 VG)、好(Good,简写为 G)、一般(Fair,简写为 F)、差(Poor,简写为 P)五个级别。

在不同的台宽比条件下,利用全自动切工测量仪,测出标准圆钻型琢型的冠角(α)、亭角(β)、冠高比、亭深比、腰厚比、底尖比、全深比、$\alpha+\beta$、星刻面长度比、下腰面长度比等项目的数值,确定各测量项目对应的级别,比率级别由全部测量项目中的最低级别表示。《钻石分级》国家标准(GB/T 16554—2017)中列出了在不同台宽比下的切工比率分级表,可供查阅。

4. 修饰度评价

修饰度是指钻石切磨工艺的优劣程度,是评价钻石切工的另一个重要因素,分为对称性和抛光两个方面。就钻石切工而言,尽管修饰度的重要性比切工比率低些,但它仍可影响钻石整体的切磨效果。

(1) 对称性。指钻石的各个刻面的形状、位置、排列方式和对称等方面的特征。对称性的优劣,对采用标准圆钻型切工的钻石明亮度有一定的影响;而对称偏差,则会破坏标准圆钻型切工几何图案的均匀性和美感。对称特征主要表现在以下方面(图 5-9)。

①腰不圆。即从不同的位置测量钻石腰围直径不等。一般来说,腰围的最大直径和最小直径之差小于 2%,即可视为很好。

②冠部与亭部尖点不对齐(冠部与亭部错位)。从腰部观察,冠部刻面的交会点与相应的亭部刻面交会点不在同一垂直方向上,这种偏差是由于在打磨上下几个主刻面时,旋转角度不同,从而使上、下相应的主刻面发生错位,进而导致其他的刻面及其交会点发生错动。

③刻面尖点不够尖锐(各面接角不准)。刻面的棱线没有在应该在的位置上交会成一个点,最常见的是冠部与亭部主刻面的棱线在腰围处呈开放状或提前闭合。

④同名刻面大小不均等(台面八边不一致,面不匀称)。指在同一颗钻石上,同名刻面

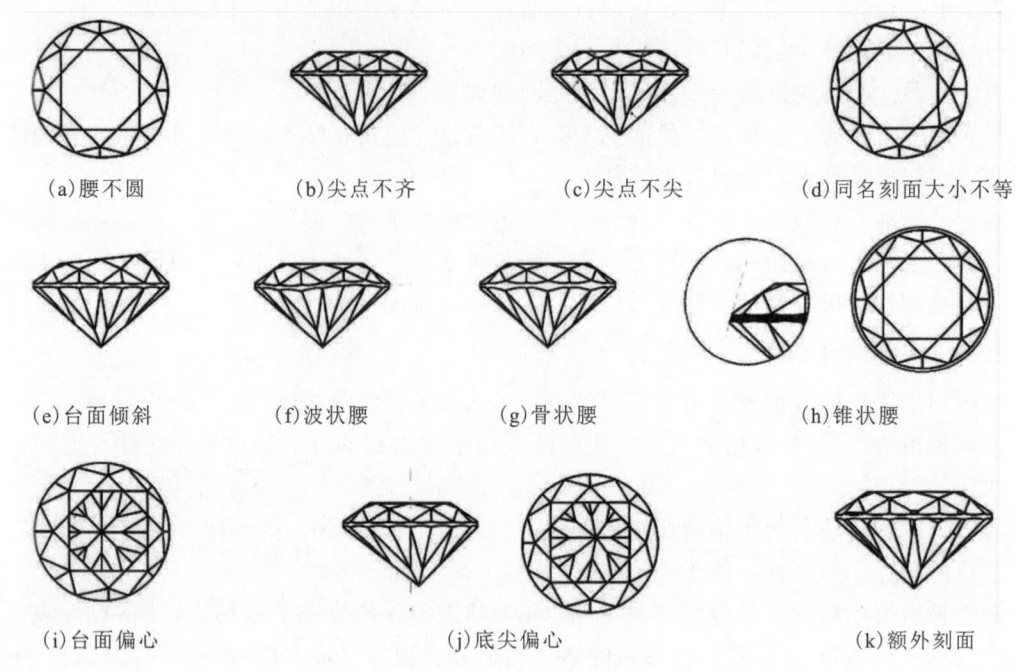

图 5-9 钻石修饰度偏差类型图

大小不一。其中,以冠部刻面大小不一最为严重。

⑤台面和腰部水平面不平行。一般情况下,钻石的台面和腰围所在平面应是平行的,但如果切磨失误,会造成这两个平面呈一定的夹角。这种偏差是较严重的修饰偏差,可影响钻石的亮度和火彩。

⑥波状腰(腰部上下有波动)。所谓波状腰是指腰围所在的平面与台面不平行,而呈上下波浪起伏状。由于波状腰造成亭角变化,在亭部对应的两个方向上因漏光出现黑暗的区域,形似领结,故称"领结效应"(图 5-10)。

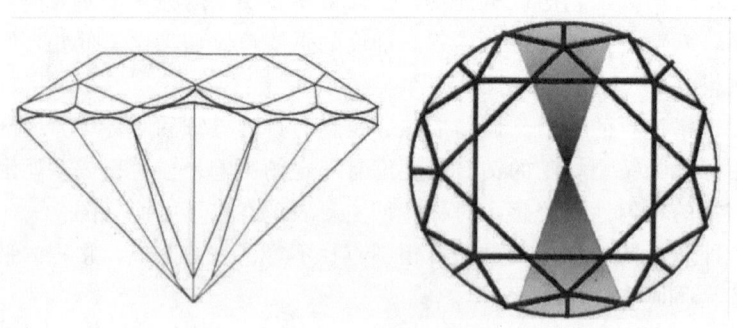

图 5-10 波状腰的"领结效应"

⑦骨状腰。指相邻两个腰围最大厚度相差较大,形似一头粗大,一头细小的骨骼。骨状腰会导致"单翻效应"(图 5-11),从台面观察钻石的亭部刻面,会发现有明暗相间的现象。

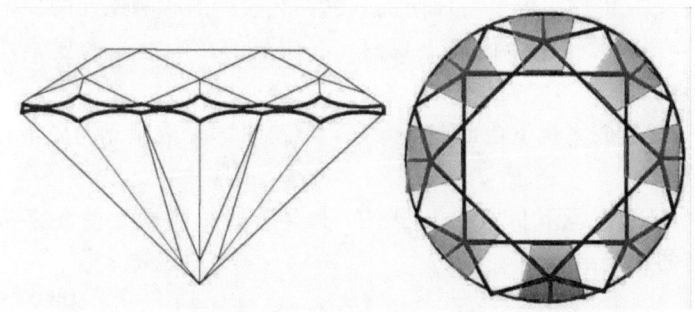

图 5-11 骨状腰的"单翻效应"

⑧锥状腰。锥状腰是指钻石的腰围不是一个圆柱体，而是锥状体，它是由于冠部或亭部比例不当，主要是冠部过高或亭深过大时，对钻石进行重新切割时造成的。将腰围切割成锥柱状，是为了最大限度地保持其原有质量，在10倍放大镜下观察有锥状腰的钻石，会在钻石腰围处发现一个"白色轮圈"，这种"白色轮圈"在减少冠高时更容易看到。

⑨偏心。它包括台面偏心和底小面（底尖）偏心两类。台面偏心指圆钻的台面不在腰棱所形成的腰圆的中心。而底小面（底尖）偏心指圆钻的底尖不在台面中心的垂线上。从侧面观察钻石，底小面（底尖）不在中心对称点上或台面不居中，从台面观察底小面（底尖）偏离台面中心点。

⑩底小面（底尖）偏离中心。指从侧面观察钻石，底小面（底尖）不在中心对称点上或台面不居中，从台面观察底小面（底尖）偏离台面中心点。

⑪额外刻面（多余小翻面）。规定刻面以外的所有多余的刻面，称为额外刻面。额外刻面是由于切割不当造成的，通常额外刻面多出现在腰部附近，在亭部和冠部较少见。当额外刻面从钻石的台面观察看不到时，通常对钻石的切工影响不大，而能从冠部观察到的额外刻面，或多或少地都会影响钻石的切工。

《钻石分级》国家标准（GB/T 16554—2017）将钻石的对称性划分为以下五个级别：

①极好（EX）。10倍放大镜下观察，无或很难看到影响对称性的要素特征。

②很好（VG）。10倍放大镜下台面向上观察，有较少的影响对称性的要素特征。

③好（G）。10倍放大镜下台面向上观察，有明显的影响对称性的要素特征。肉眼观察，钻石整体外观可能受影响。

④一般（F）。10倍放大镜下台面向上观察，有易见的、大的影响对称性的要素特征。肉眼观察，钻石整体外观受到影响。

⑤差（P）。10倍放大镜下台面向上观察，有显著的、大的影响对称性的要素特征。肉眼观察，钻石整体外观受到明显的影响。

（2）抛光。抛光品质的优劣，直接影响到钻石的光学效应。当抛光品质很差时，会减损钻石表面反光的强度，减弱钻石的明亮度。即使钻石的切工比率很好，由于抛光不够精细，钻石也难以熠熠生辉。影响抛光级别的要素特征有抛光纹、刮痕、烧痕、缺口、棱线磨损、击痕、粗糙腰围、"蜥蜴皮"效应、黏杆烧痕等。

《钻石分级》国家标准（GB/T 16554—2017）将钻石的抛光级别划分为以下五个级别：

①极好（EX）。10倍放大镜下观察，无或很难看到影响抛光的要素特征。

②很好（VG）。10倍放大镜下台面向上观察，有较少的影响抛光的要素特征。

③好（G）。10倍放大镜下台面向上观察，有明显的影响抛光的要素特征。肉眼观察，钻石光泽可能受影响。

④一般（F）。10倍放大镜下台面向上观察，有易见的影响抛光的要素特征。肉眼观察，钻石光泽受到影响。

⑤差（P）。10倍放大镜下台面向上观察，有显著的影响抛光的要素特征。肉眼观察，钻石光泽受到明显的影响。

5．切工级别

《钻石分级》国家标准（GB/T 16554—2017）将钻石的切工级别划分为五个级别：极好（EX）、很好（VG）、好（G）、一般（F）、差（P）。

切工级别是依据比率级别、修饰度（对称性、抛光）级别进行综合评价所得，见表5-5。

表5-5 切工级别划分规则（据国标 GB/T 16554—2017）

切工级别		修饰度级别				
		极好（EX）	很好（VG）	好（G）	一般（F）	差（P）
比率级别	极好（EX）	极好	极好	很好	好	差
	很好（VG）	很好	很好	很好	好	差
	好（G）	好	好	好	一般	差
	一般（F）	一般	一般	一般	一般	差
	差（P）	差	差	差	差	差

四、克拉质量分级

克拉质量是钻石"4C"评价中最为客观的一个标准，它直接关系到钻石的售价。钻石质量越大、越稀有，其价值也就越高。在钻石贸易中对钻石进行估价和计价时，首先考虑的因素就是它的质量，然后才考虑它的颜色、净度和切工。一般认为钻石质量与其售价之间存在着这样的关系：

钻石价格 = （质量）^{2} × 1克拉钻石的市场基本价格

此原则是200多年以来钻石定价的基本规则，现仍具有指导意义。基于质量对钻石售价的重要性，人们通常按质量的不同将钻石分为很多粒级。如著名的戴比尔斯（De Beers）公司把钻石按质量分为2000多个粒级，然后再参考颜色、净度、切工等三个因素，确定每个粒级钻石的售价。由于钻石过于珍贵且售价很高，以致人们认为"克拉"太粗略了，又出现了"分"（Point）作为钻石的质量计量单位，1克拉等于100分。在国际市场销售钻石时，要求其质量测定的精度达到1/10分，即1/1000克拉。但是，不论是GIA还是HRD中标明钻石质量时，都是计算到小数点后两位，如1.08ct、0.32ct等。

1. 钻石原石的质量测定

钻石原石的质量可以用电子天平、电子克拉秤直接称量，得到的结果是最精确的。

此外，也可以通过测定钻石颗粒的体积，再乘以钻石的密度，从而得到所测钻石的质量。

2. 镶嵌钻石的质量估算

镶嵌的钻石一般不可能或不允许取下来用电子天平（或电子克拉秤）直接称量它的质量，因而只能采用其他方法进行测量和估算。

通常先测量钻石各部分的尺寸，然后用特定的经验公式计算，由此而得到的质量称为"钻石估算质量"，虽然它与直接用电子天平（或电子克拉秤）进行称量所得到的钻石质量相比有一定的误差，但仍是一种较好的确定镶嵌钻石质量的方法。

美国宝石学院（GIA）提出了几种主要钻石琢型质量的经验计算公式：

（1）圆钻型。钻石估算质量（ct）＝平均腰围直径^2×深度×0.006 1

（2）椭圆型。钻石估算质量（ct）＝平均直径^2×深度×0.006 2（平均直径为椭圆长径和短径的平均值）

（3）心型。钻石估算质量（ct）＝长度×宽度×深度×0.006 1

（4）祖母绿型、橄榄型、梨型。钻石估算质量（ct）＝长度×宽度×深度×调整系数

上述公式中的调整系数与钻石琢型的长度和宽度之比有关，需先求出长、宽比，然后选择与之相应的调整系数，再代入上述计算公式，计算出钻石的估算质量。上述三种琢型的调整系数见表5-6。

表5-6 质量估算调整系数表

祖母绿型		橄榄型		梨型	
长宽比率	调整系数	长宽比率	调整系数	长宽比率	调整系数
1.00∶1.00	0.008 0	1.50∶1.00	0.005 65	1.25∶1.00	0.006 15
1.50∶1.00	0.009 2	2.00∶1.00	0.005 80	1.50∶1.00	0.006 00
2.00∶1.00	0.010 0	2.50∶1.00	0.005 85	1.66∶1.00	0.005 90
2.50∶1.00	0.010 6	3.00∶1.00	0.005 95	2.00∶1.00	0.005 75

标准圆钻型切工是按标准比例切磨的，只要测量出圆钻腰围的平均直径，就能估算出钻石的大致质量。腰围直径与质量呈正比关系，腰围直径越大，钻石的质量也就越大。《钻石分级》国家标准（GB/T 16554—2017）列出了钻石平均直径与钻石质量的对应关系表（表5-7）。

通过测量腰围平均直径，可估算出标准圆钻型钻石的大约质量。但需要注意的是，如果钻石的切磨比例不标准，例如腰很厚时，采用这种方法测得的结果就不准确了。

对于钻石的质量，一个值得注意的现象是克拉台阶现象。由于大多数人对整数克拉钻石

表5-7 标准圆钻型切工钻石的腰围平均直径与克拉质量对应关系

平均直径/mm	克拉质量/ct	平均直径/mm	克拉质量/ct
2.9	0.09	6.2	0.86
3.0	0.10	6.3	0.90
3.1	0.11	7.2	1.39
3.2	0.12	7.3	1.45
3.3	0.13	7.4	1.51
3.4	0.14	7.5	1.57
3.5	0.15	7.6	1.63
3.6	0.17	7.7	1.70
3.7	0.18	7.8	1.77
3.8	0.20	7.9	1.83
3.9	0.21	8.0	1.91
4.0	0.23	8.1	1.98
4.1	0.25	8.2	2.05
4.2	0.27	8.3	2.13
4.3	0.29	8.4	2.21
4.4	0.31	8.5	2.29
4.5	0.33	8.6	2.37
4.6	0.35	8.7	2.45
4.7	0.37	8.8	2.54
4.8	0.40	8.9	2.62
4.9	0.42	9.0	2.71
5.0	0.45	9.1	2.80
5.1	0.48	9.2	2.90
5.2	0.50	9.3	2.99
5.3	0.53	9.4	3.09
5.4	0.57	9.5	3.19
5.5	0.60	9.6	3.29
5.6	0.63	9.7	3.40
5.7	0.66	9.8	3.50
5.8	0.70	9.9	3.61
5.9	0.74	10.0	3.72
6.0	0.78	10.1	3.83
6.1	0.81	10.2	3.95
6.4	0.94	10.3	4.07
6.5	1.00	10.4	4.19
6.6	1.03	10.5	4.31
6.7	1.08	10.6	4.43
6.8	1.13	10.7	4.56
6.9	1.18	10.8	4.69
7.0	1.23	10.9	4.82
7.1	1.33	11.0	4.95

的偏爱，导致钻石价格在整数克拉处有一阶梯式的增长，称为克拉溢价（Carat Premiums）或克拉台阶（图5-12），这是市场需求所造成的，也是质量影响钻石价格的基本规律。足1克拉或稍重钻石的每克拉价比0.9ct的要高一些，同样，足2ct、3ct的也是如此。简言之，每一整数克拉钻石的每克拉价格呈阶梯式增长，至少在10克拉以内的是如此，超过此质量的溢价现象减弱。市场上常见的1/4、1/3、1/2、3/4等简单分数克拉处也出现克拉溢价现象。

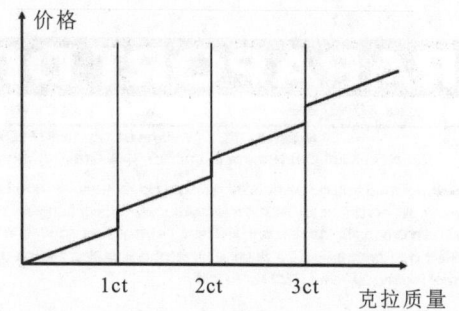

图5-12　钻石的克拉溢价现象

克拉溢价现象与钻石的品质也存在着密切关系，一般来说，高品质的钻石，克拉台阶很明显，溢价幅度大；品质相对较低的钻石，克拉台阶不明显，溢价幅度较小。

第二节　钻石的价值评估

一、圆钻型钻石的价值评估

在国际钻石市场交易中，对裸钻（已切磨未镶嵌钻石）的价值评估，可以依据拉帕波特钻石报价表，报价表以百美元/克拉作为价格单位（图5-13、图5-14）。报价表上的价格一般高于批发价，低于零售价，可作为交易双方洽谈的基础。最终的成交价，随着交易量的大小、市场类型、地理位置、品质级别、市场需求、付款方式与期限等因素而有所变化。

1. 钻石的颜色与价格的关系

根据拉帕波特钻石报价表，钻石的颜色与价格有着密切的关系，颜色等级越高，其报价越高，反之则降低。高等级颜色钻石的差价大于低等级颜色钻石的差价，它们之间的价格差距随净度等级降低而递减。1ct以上的钻石比1ct以下的钻石差价高。

2. 钻石净度与价格的关系

根据拉帕波特钻石报价表，一般情况下，钻石的净度等级越高，差价越大。但这个差价比例不是恒定不变的，它与钻石的颜色密切相关，同时还会随着市场供求状况而有所变化。

3. 钻石克拉质量与价格的关系

钻石的克拉质量与价格密切相关，并且受钻石市场供求情况的影响。戴比尔斯公司下属的中央销售组织（简称CSO），通过保持钻石收购量及调剂供应量，维持整个钻石市场的供求关系，从而保证钻石市场的相对稳定，避免钻石价格出现大的波动。

依据钻石的颜色和净度的差异，不同质量的钻石差价不同。

4. 钻石切工与价格的关系

拉帕波特钻石报价表是以正确的比例切工、整体切工良好的钻石进行报价的，表中没有直接显示切工对钻石价格的影响，但是钻石切工对价格的影响是客观存在的。切工的优劣直接影响到钻石的美丽程度，钻石的"出火"现象，主要源于钻石的切工比例，好的切工可以

RAPAPORT DIAMOND REPORT

Tel: 877-987-3400 • www.RAPAPORT.com • Info@RAPAPORT.com

March 26, 2021 : Volume 44 No. 13: APPROXIMATE HIGH CASH ASKING PRICE INDICATIONS : Page 1
Round Brilliant Cut Natural Diamonds, GIA Grading Standards per "Rapaport Specification A3" in hundreds of US$ per carat.

News: Polished trading seasonally slow ahead of Passover and Easter holidays. Some distress over another Covid-19 wave in Europe and India. Dealers still confident for 2021. Projections show strong 2Q growth compared to 2020 lockdown period. Vaccine rollout, stimulus checks fueling optimism among US dealers and jewelers. GIA backlog causing inventory concerns. Manufacturer profit margins tightening following robust rough buying and price hikes. De Beers limiting goods during March sight. Industry mourns passing of iconic Tiffany & Co. designer Elsa Peretti and former Sterling Jewelers CEO Nate Light.

RAPAPORT : (.01 - .03 CT.) : 03/26/21 ROUNDS

	IF-VVS	VS	SI1	SI2	SI3	I1	I2	I3
D-F	6.6	6.3	5.3	4.6	3.6	3.3	2.9	2.3
G-H	6.0	5.6	4.7	4.2	3.4	3.1	2.7	2.1
I-J	5.2	4.8	4.4	3.9	3.2	2.6	2.3	2.0
K-L	3.6	3.3	3.1	2.7	2.4	2.0	1.6	1.2
M-N	2.6	2.1	1.9	1.6	1.4	1.2	1.0	0.8

RAPAPORT : (.04 - .07 CT.) : 03/26/21

	IF-VVS	VS	SI1	SI2	SI3	I1	I2	I3
D-F	7.5	7.0	5.7	5.0	4.0	3.7	3.3	2.5
G-H	6.5	6.0	5.1	4.6	3.8	3.5	3.1	2.3
I-J	5.5	5.1	4.6	4.1	3.5	3.1	2.7	2.1
K-L	3.9	3.5	3.2	2.9	2.7	2.2	1.8	1.3
M-N	2.8	2.4	2.1	1.8	1.5	1.3	1.1	0.9

RAPAPORT : (.08 - .14 CT.) : 03/26/21 ROUNDS

	IF-VVS	VS	SI1	SI2	SI3	I1	I2	I3
D-F	8.5	8.0	6.9	5.9	5.5	4.7	3.8	3.3
G-H	7.6	7.2	6.3	5.4	5.1	4.2	3.5	3.0
I-J	6.6	6.2	5.7	5.0	4.7	4.0	3.3	2.8
K-L	5.4	5.1	4.4	3.8	3.2	2.8	2.4	1.9
M-N	3.7	3.4	3.0	2.6	2.4	1.9	1.6	1.2

RAPAPORT : (.15 - .17 CT.) : 03/26/21

	IF-VVS	VS	SI1	SI2	SI3	I1	I2	I3
D-F	10.9	9.8	8.3	7.2	6.4	5.3	4.1	3.5
G-H	9.5	8.8	7.4	6.4	5.6	4.7	3.7	3.2
I-J	8.2	7.7	6.5	5.7	5.0	4.3	3.4	2.9
K-L	6.4	5.8	4.7	4.2	3.6	3.1	2.5	2.1
M-N	4.3	3.7	3.3	3.0	2.6	2.1	1.7	1.4

It is illegal and unethical to reproduce this price sheet. Please do not make copies. © 2021

RAPAPORT : (.18 - .22 CT.) : 03/26/21 ROUNDS

	IF-VVS	VS	SI1	SI2	SI3	I1	I2	I3
D-F	13.0	11.5	8.9	7.7	6.7	5.5	4.3	3.6
G-H	11.7	10.2	8.2	7.0	5.9	4.9	3.9	3.3
I-J	9.2	8.2	7.1	6.1	5.3	4.6	3.6	3.0
K-L	7.1	6.1	5.2	4.5	3.8	3.3	2.6	2.2
M-N	6.0	4.9	4.3	3.6	3.1	2.9	1.8	1.5

RAPAPORT : (.23 - .29 CT.) : 03/26/21

	IF-VVS	VS	SI1	SI2	SI3	I1	I2	I3
D-F	15.5	13.9	10.0	8.8	7.2	6.0	4.6	3.7
G-H	13.8	12.1	9.0	7.9	6.5	5.3	4.1	3.4
I-J	10.7	9.5	7.7	6.6	5.7	4.9	3.8	3.1
K-L	8.5	7.6	6.0	5.4	4.8	3.6	2.8	2.4
M-N	7.2	6.4	5.2	4.6	4.0	2.8	2.0	1.7

RAPAPORT : (.30 - .39 CT.) : 03/26/21 ROUNDS

	IF	VVS1	VVS2	VS1	VS2	SI1	SI2	SI3	I1	I2	I3
D	39	30	28	26	24	21	19	17	15	9	7
E	31	28	26	24	23	20	18	16	14	9	6
F	29	27	25	23	22	19	17	15	13	9	6
G	27	25	23	22	21	18	16	14	12	8	5
H	24	23	22	21	20	17	15	12	10	8	5
I	22	21	20	19	18	15	14	11	9	7	5
J	19	18	17	16	14	13	12	10	8	6	4
K	17	16	15	14	13	12	11	9	7	6	4
L	16	15	14	13	12	11	9	8	6	5	3
M	15	14	13	12	11	10	9	7	5	4	3

W: 25.32 = 0.00%   T: 15.13 = 0.00%
0.60 - 0.69 may trade at 7% to 10% premiums over 0.50

RAPAPORT : (.40 - .49 CT.) : 03/26/21

	IF	VVS1	VVS2	VS1	VS2	SI1	SI2	SI3	I1	I2	I3
D	44	35	32	30	28	25	22	19	17	11	8
E	36	33	31	29	27	24	21	18	16	10	7
F	33	31	29	28	26	23	20	17	15	10	7
G	30	28	27	25	25	22	19	16	14	9	6
H	27	26	25	24	23	21	18	15	13	9	6
I	24	23	22	21	20	18	16	12	12	8	6
J	21	20	19	18	17	15	13	11	9	7	5
K	19	18	17	16	15	13	12	9	8	6	4
L	17	16	15	14	13	12	11	8	6	5	4
M	16	14	13	12	11	10	9	7	5	4	3

W: 29.32 = 0.00%   T: 17.47 = 0.00%
0.70 - 0.73 may trade at discount, 0.80 - 0.89 may trade at 7% to 12% premium.

RAPAPORT : (.50 - .69 CT.) : 03/26/21 ROUNDS

	IF	VVS1	VVS2	VS1	VS2	SI1	SI2	SI3	I1	I2	I3
D	74	56	50	46	42	35	28	25	22	15	11
E	54	50	46	43	40	33	27	24	21	14	10
F	48	46	43	41	38	32	26	23	20	13	10
G	44	42	40	39	37	31	25	22	18	12	9
H	40	38	37	36	35	30	24	21	18	11	8
I	34	32	31	30	28	22	20	14	10	7	
J	28	27	26	25	23	22	19	14	10	7	
K	24	23	22	21	20	19	16	12	9	6	5
L	21	20	19	18	17	16	14	9	7	6	4
M				17	16	15	13	8	6	5	4

W: 44.20 = 0.00%   T: 24.53 = 0.00%

RAPAPORT : (.70 - .89 CT.) : 03/26/21

	IF	VVS1	VVS2	VS1	VS2	SI1	SI2	SI3	I1	I2	I3
D	98	69	63	59	55	45	38	32	28	19	12
E	69	64	59	56	53	43	36	30	27	18	11
F	63	60	56	53	50	41	34	28	25	17	11
G	57	54	52	49	47	39	32	27	23	16	10
H	52	49	47	45	43	37	30	25	22	15	9
I	43	40	38	37	35	33	28	23	20	14	9
J	36	34	32	30	29	27	24	21	19	13	8
K	31	28	26	25	24	23	21	18	12	8	
L	28	26	24	23	22	19	15	10	7		
M											

W: 56.88 = 0.00%   T: 31.09 = 0.00%

Prices in this report reflect our opinion of HIGH CASH ASKING PRICES. These prices are often discounted and may be substantially higher than actual transaction prices. No guarantees are made and no liabilities are assumed as to the accuracy or validity of this information © 2021 by Rapaport USA Inc. All rights reserved. Reproduction in any form is strictly prohibited.

图 5-13　拉帕波特标准圆钻型钻石报价表（2021 年 3 月 26 日，0.01～0.89ct）（单位：百美元/克拉）

图 5-14　拉帕波特标准圆钻型钻石报价表（2021年3月26日，0.90～10.99ct）（单位：百美元/克拉）

充分展示钻石的火彩。

二、花式切工钻石的价值评估

除了圆钻型切工外，其他不同形状切工的钻石统称为花式切工钻石。主要的切工类型包括心型、梨型、橄榄型、椭圆型、方型和祖母绿型。

对花式切工钻石的价值评估，一般着重于形状、大小、颜色和净度。在相同克拉质量和品质等级下，花式切工钻石比圆钻型切工钻石的价格要低一些。但优质的心型和橄榄型切工钻石，有时与圆钻型切工钻石价格相当，这主要与市场的需求和钻石切磨的出成率有关。花式钻石的切工优劣对钻石的价格影响很大，切工优良的花式钻石，其价格远高于切工差的花式钻石。由于消费者对圆钻型钻石的旺盛需求，市场上各种大小和等级的圆钻型钻石相对充裕，而花式切工钻石相对而言供应量有限，特别是大颗粒花式切工钻石尤其少见。较大颗粒的花式切工钻石，通常是在业内"转手"交易，由于花式切工钻石的市场相对有限，真正优质的大颗粒花式切工钻石，其价格也是很高的。拉帕波特花式钻石报价表（图 5-15、图 5-16）可作为价值评估时的参考。

第三节 毛坯钻石的价值评估

毛坯钻石从世界各个钻石矿区开采出来后，通过设在比利时安特卫普等地的钻石交易中心销往世界各地，被加工成各种形状的成品钻石。然后，其中大部分切磨好的钻石，又回到各大国际钻石交易中心，并最终流向零售市场。从毛坯钻石开采出来，到加工成成品钻石的整个过程，几乎完全在为数不多的大型企业控制下完成。此过程中的钻石交易（包括毛坯钻石和成品钻石），也大多集中在世界几大国际钻石交易中心，毛坯钻石只流通于钻石产业链的上游环节。因此，长期以来，毛坯钻石的开采和销售成本及利润，就像其开采和加工过程一样充满着神秘的色彩。

一、毛坯钻石价值链

按照钻石产业链，毛坯钻石在被加工成成品钻石销售出去的过程中，包含了开采成本、开采商经营成本和利润、毛坯钻石批发商经营成本和利润、加工费用、成品钻石批发商及零售商经营成本和利润。在钻石的价值链中，随着价值链的后移，钻石的价格也就越高。

以成品钻石的销售价格为基础，对毛坯钻石的晶体形状、颜色、净度、出成率等因素进行综合分析，把在钻石加工过程中对成品钻石出产品质有影响的因素作为毛坯钻石的主要价值因素。然后，参照成品钻石的分级体系对毛坯钻石进行分级描述，推算毛坯钻石的价格。根据钻石价值链，对影响各环节价值变化的因素和效果进行必要的修正和调整，最后获得符合客观实际的毛坯钻石估价。

二、毛坯钻石的分级体系

成品钻石的价格比较透明，以"4C"（颜色、净度、切工和克拉质量）为指标体系的价值要素已为世界所公认。以成品钻石的分级体系为基础，考虑到毛坯钻石的特点和加工工艺要求，可以把以估价为目的的影响毛坯钻石分级的基本要素归纳为：晶体形态（包括预计成

בס"ד

RAPAPORT DIAMOND REPORT

Tel: 877-987-3400 ◆ www.RAPAPORT.com ◆ Info@RAPAPORT.com R

March 26, 2021 : Volume 44 No. 13: APPROXIMATE HIGH CASH ASKING PRICE INDICATIONS : Page 1

PEAR SHAPES **FINE CUT, IN HUNDREDS U.S.$ PER CARAT** **PEAR SHAPES**

News: Market for fancies seeing upturn. Some higher prices as consumers seek alternative shapes at more affordable prices than rounds. Dealers witnessing increased sales of fancy-shape engagement rings. Rise in orders for Ovals, Pears, Emeralds and Radiants above 2 ct. Cushion, Princess and Marquise improving. Buyers showing preference for elongated shapes with the right proportions. Excellent cuts in demand and selling at premiums. Steady orders in China helping the market. Off-make, poorly cut fancies illiquid and difficult to sell.

Rapaport prices are based on fine cut, well-shaped, natural diamonds. Poorly cut or shaped stones often trade at very large discounts.

Ovals: Strong demand. Difficult availability. Best-selling fancy shape as market moves from squares to curves.

Pears and Cushions: Good demand. US market buying commercial qualities. Some demand for top-quality large sizes.

Emeralds: Good demand for larger sizes above 3 ct.

Princesses: Relatively weak demand. Not as strong as they used to be. Under the carat doing better than larger sizes.

Asschers and Radiants: Relatively weak demand.

Marquises: Weak demand.

Hearts: Weak demand, with some Hong Kong demand for perfect shapes.

Notice: Oversizes may trade at 5% to 15% premiums over similar quality straight size.
Oversizes are (0.60-0.69), (0.80-0.89), (0.96-0.99), (1.30-1.49), (1.75-1.99), (2.50+), (3.50+), & (5.50+).

Rapaport welcomes price information and comments. Please email us at prices@Diamonds.Net.

RAPAPORT : (.18 - .22 CT.) : 03/26/21 PEARS

	IF-VVS	VS	SI1	SI2	SI3	I1	I2	I3
D-F	12.0	10.4	7.6	6.6	5.9	4.8	3.9	3.3
G-H	10.7	9.2	6.8	6.1	5.2	4.5	3.5	3.0
I-J	8.5	7.6	6.0	5.3	4.5	4.0	3.2	2.7
K-L	6.6	5.6	4.6	4.0	3.6	3.2	2.5	2.0
M-N	5.6	4.6	4.0	3.3	3.0	2.2	1.7	1.4

RAPAPORT : (.23 - .29 CT.) : 03/26/21

	IF-VVS	VS	SI1	SI2	SI3	I1	I2	I3	
D-F	14.2	12.6	8.6	7.8	6.6	5.6	4.5	3.5	D-F
G-H	12.6	10.9	7.8	7.0	6.0	4.9	3.8	3.3	G-H
I-J	10.0	8.8	6.5	5.7	5.1	4.2	3.4	2.9	I-J
K-L	8.0	7.2	5.5	5.0	4.6	3.4	2.7	2.1	K-L
M-N	6.8	6.0	4.6	4.2	3.8	2.7	2.0	1.6	M-N

PEARS : PEARS : PEARS : PEARS : PEARS

RAPAPORT : (.30 - .39 CT.) : 03/26/21 PEARS

	IF	VVS1	VVS2	VS1	VS2	SI1	SI2	SI3	I1	I2	I3
D	28	23	21	19	17	16	15	13	10	8	6
E	23	21	19	17	16	15	14	12	9	8	5
F	21	19	17	16	15	14	13	11	8	7	5
G	19	17	16	15	14	13	12	10	8	7	4
H	17	16	15	14	13	12	11	9	7	6	4
I	15	14	13	12	12	11	10	8	7	6	4
J	13	12	11	10	10	9	8	7	6	5	3
K	11	10	10	9	9	8	7	7	6	5	3
L	10	9	9	8	8	8	7	6	5	4	2
M	9	9	9	8	8	7	6	5	4	3	2

RAPAPORT : (.40 - .49 CT.) : 03/26/21

	IF	VVS1	VVS2	VS1	VS2	SI1	SI2	SI3	I1	I2	I3	
D	32	29	26	24	22	19	17	15	11	9	7	D
E	29	26	24	22	21	18	16	14	10	9	6	E
F	26	24	22	21	20	17	15	13	9	8	5	F
G	24	23	21	20	19	16	14	12	9	8	5	G
H	22	21	20	19	17	15	13	11	8	7	5	H
I	19	18	17	16	15	14	12	10	8	7	4	I
J	17	16	15	14	13	12	11	9	7	6	4	J
K	14	13	12	11	11	10	9	8	7	6	4	K
L	13	12	11	10	10	9	8	7	6	5	3	L
M	12	11	10	9	9	8	7	6	5	4	3	M

PEARS PEARS PEARS PEARS PEARS PEARS PEARS PEARS

RAPAPORT : (.50 - .69 CT.) : 03/26/21 PEARS

	IF	VVS1	VVS2	VS1	VS2	SI1	SI2	SI3	I1	I2	I3
D	41	34	32	30	28	25	22	20	17	13	9
E	34	32	30	28	26	23	21	18	16	12	8
F	31	29	27	26	24	22	20	17	15	11	7
G	29	27	25	24	23	21	19	16	14	10	7
H	26	25	23	22	21	20	18	15	13	9	7
I	23	22	21	20	19	18	16	14	12	9	6
J	21	20	19	18	17	16	15	13	11	8	6
K	17	16	15	14	14	13	12	11	9	7	6
L	15	14	13	13	12	12	11	10	8	7	5
M	13	12	11	11	10	10	9	8	7	6	4

RAPAPORT : (.70 - .89 CT.) : 03/26/21

	IF	VVS1	VVS2	VS1	VS2	SI1	SI2	SI3	I1	I2	I3	
D	54	48	46	44	42	38	32	28	23	15	10	D
E	48	46	44	42	40	36	30	26	22	14	9	E
F	46	44	42	40	38	34	28	24	21	13	9	F
G	43	41	39	38	36	32	26	22	20	13	8	G
H	39	37	34	33	32	29	24	20	19	12	8	H
I	33	30	28	27	26	25	22	19	17	12	8	I
J	26	25	24	23	22	21	20	17	14	11	7	J
K	22	21	19	18	17	16	15	14	13	9	7	K
L	20	19	18	17	16	15	14	13	11	8	6	L
M	18	17	16	15	14	13	12	11	9	7	5	M

PEARS PEARS PEARS PEARS PEARS PEARS PEARS PEARS

图 5－15　拉帕波特花式钻石报价表（2021 年 3 月 26 日，0.18～0.89ct）（单位：百美元/克拉）

图 5-16　拉帕波特花式钻石报价表（2021 年 3 月 26 日，0.90～10.99ct）（单位：百美元/克拉）

品率)、克拉质量、预计成品钻石的颜色、预计成品钻石的净度。毛坯钻石的晶体形状有很多种。毛坯钻石在加工前,通常先按其晶体形状以及是否适合锯开加工等划分为可锯石、成形石以及异形石等,再分别按照不同的方案和工艺进行加工。

(1) 可锯石。可被切割加工成两颗圆钻型成品钻石,是此类毛坯钻石晶体形态的最大特征。可锯石的晶体形态通常是规则的八面体和菱形十二面体,其总成品率受晶形完美程度及内部包裹体的影响,常在40%～50%左右。

(2) 成形石。这类毛坯钻石通常不具备规则的八面体和菱形十二面体晶形,只适合加工成一颗圆钻型成品钻石,无需锯割或劈开,成品率为33%～40%。

(3) 异形石。指那些形状扁平或不规则、只能以较低的成品率加工成圆钻型,或以较大的成品率加工为异形的毛坯钻石,成品率视具体晶形及加工目的而定。

上述晶形分级基本满足了毛坯钻石估价体系的需要,其他晶形可根据实际的晶形和预计成品率进行调整和修正。此外,还要观察该毛坯钻石是否存在双晶及内部包裹体等情况,以便确定成品钻石的数量及成品率。

在预计成品钻石颜色方面,应根据实际观察并结合经验,按国际公认的成品钻石颜色分级系统进行描述。

在预估成品钻石净度方面,需观察钻石晶体内部,结合加工和切割工艺判断内含物对成品净度的影响,基本上按国际公认的成品钻石净度分级系统(LC、VVS、VS、SI和P级别)进行描述。

在确定毛坯钻石估价模型价值要素时,除了要考虑上述分级基本要素外,还要考虑加工过程中的成本费用及关税等。毛坯钻石的价值因素包括七个方面:晶体形态(包括预计成品率)、克拉质量、预计成品的颜色、预计成品的净度、加工费用、经营成本和利润以及税收。

第四节 彩色钻石的价值评估

彩色钻石是指具有清晰特征色调的钻石,其颜色必须是天然成因的。彩色钻石因极为瑰丽、稀有而"身价"百倍。常见的彩色钻石有黄色、金黄色、褐色、绿色、粉红色、紫红色、蓝色和红色,其中以红色最为罕见(图5-17)。

彩色钻石中的黄、金黄色和褐色钻石必须具有较高的颜色彩度。浅黄色钻石则属于色级较低的无色系列钻石,不属于彩色钻石,这些浅色钻石的价格与彩色钻石相差甚远。

彩色钻石中,蓝色钻石的颜色彩度一般较黄色钻石低许多,其色调浅而带灰,以"铁蓝"色为特征,类似"希望(Hope)"钻石那样的蓝色钻石是罕见的,可称得上是蓝色钻石中的极品。

彩色钻石中的粉红色、紫红色钻石主要产自俄罗斯的雅库特和澳大利亚的阿盖尔地区,一般色调较浅。目前世界上最大的红色钻石,名为穆萨耶夫(Moussaieff),呈三角形切工(图5-18),是世界上最为珍贵的稀有钻石之一。据报道,这颗红色钻石由一位巴西的农民在20世纪90年代中期发现,原石质量约为13.90ct。1987年4月28日,在纽约佳士得拍卖行,拍卖的"汉考克(Hancock)"钻石以其特有的浓艳的紫红色,创下了当时彩色钻石拍卖中的最高克拉价格纪录,最终以88万美元成交。据报道,这颗钻石在1956年由美国蒙大拿州的收藏家以1.35万美元购得,其原产地不详,推测可能产于巴西。这颗红色钻石的

图 5-17 各种不同颜色的彩色钻石

价格在 31 年后飙升至 88 万美元。由此可见，彩色钻石具有极大的收藏价值和升值空间。而"粉红之星（Pink Star）"（图 5-19）是世界上最优质的粉红色钻石之一，重 59.60ct，2017 年在香港苏富比拍卖行拍卖，成交价高达 7120 万美元。

图 5-18　穆萨耶夫（Moussaieff）
　　　　红色钻石（重 5.11ct）

图 5-19　粉红之星（Pink Star）
　　　　粉红色钻石（重 59.60ct）

彩色钻石中的绿色钻石色调通常也较浅，并常常带有不同程度的褐色和黄色，纯净绿色的钻石在自然界中罕见。总之，在彩色钻石中，除了黄色、金黄色和褐色钻石外，其他彩色钻石的色调一般均较浅。

一、彩色钻石的颜色划分

彩色钻石的颜色可以用色调、明度和彩度三个要素来表示。

1. 色调

色调是表示红、黄、绿、蓝、紫等颜色的特性。自然界出产的颜色纯净单一的彩色钻石是极为罕见的，绝大多数彩色钻石是以某一色调为主（主色调），依据彩色钻石的颜色特征，可将其分为以下主色调：粉红色、红色、紫色、黄色、橙色、绿色、蓝色、褐色、灰色和黑色。在这些主色调中，彩色钻石或多或少地夹杂一些次生色调，常见的如蓝色中夹杂了绿色，粉色中夹杂了橙色，紫色中夹杂了红色等。

对于彩色钻石的颜色描述，通常以次生色调的描述在前，主色调描述在后的方式进行表述。如黄褐色说明钻石的主色调为褐色，次生色调为黄色；而黄绿色则说明钻石的主色调为绿色，次生色调为黄色。彩色钻石的颜色越纯净，其价值越高。

2. 明度

明度特指物体表面相对明暗的特性，以绝对白色和绝对黑色为基准给予分度。彩色钻石的明度可分为七个等级，分别为白（White）、明亮（Brilliant）、亮（Light）、中等（Medium）、深（Deep）、暗（Dark）和黑（Black），其中白和黑只用于中性色本身，而其他五个明度等级可用于彩色钻石的颜色描述。

3. 彩度

彩度特指物体表面接近光谱色的程度，用距离等明度无彩色点的视知觉特性来表示物体表面颜色的浓淡,并给予分度。彩色钻石的彩度可分为四个等级,随着颜色彩度的增加,分别为浅(Light)、彩(Fancy)、浓(Intense)和艳(Vivid)。

美国宝石学院(GIA)在制定彩色钻石颜色评定系统的颜色级别名称时,将明度和彩度合在一起,每一明度和彩度区域指定一个颜色级别名称,依次分为9个颜色级别,其名称分别为:Faint(淡)、Very Light(很亮)、Light(亮)、Fancy Light(彩亮)、Fancy(彩)、Fancy Dark(彩暗)、Fancy Deep(彩深)、Fancy Intense(彩浓)、Fancy Vivid(彩艳)。

二、彩色钻石的价值评估

钻石的品质是以"4C"作为评价标准的,但是,彩色钻石例外。对于彩色钻石来说,稀有、独特的颜色是关键。因此,在评价彩色钻石时,颜色是具有决定意义的,钻石具有何种颜色和这种颜色的稀有程度,在很大程度上将决定这颗钻石的价值。由于彩色钻石极为稀有,其交易量很小,仅见于世界各地的珠宝首饰拍卖会,其拍卖成交价为彩色钻石交易的主要参考价格。彩色钻石的实际交易价格主要取决于彩色钻石的颜色、稀有程度、市场供求和买卖双方的意愿。

在观察彩色钻石的颜色时,须在中性的光源和环境下进行,以防止外界颜色的干扰,将钻石台面放置于白色塑料板的槽中。眼睛近于垂直台面或冠部观察,慢慢转动钻石以消除表面反射、色散及漏光的影响,以观察到的最佳颜色作为该钻石的特征颜色。评价彩色钻石的一个原则是:彩色钻石的颜色越稀有,其价值越高;颜色越浓艳、彩度越高,其价值也越高。

第六章 有色宝石的分级与价值评估

钻石和有色宝石的分级主要依据"4C",即颜色、净度、切工及克拉质量。关于钻石分级,世界各地有比较明确的标准,而有色宝石的分级尚处于探索阶段,目前尚无统一的标准。

第一节 有色宝石的颜色分级

颜色是影响有色宝石品质和价值的最主要因素,它的影响一般占到50%甚至85%。一颗宝石是什么颜色,视觉正常的人,可以从纯光谱色红、橙、黄、绿、青、蓝、紫中分辨出来。但是值得注意的是,很多宝石并非显示纯光谱色,而呈现由不同种类的颜色构成的混合色,如绿蓝色的蓝宝石中,其绿色成分究竟占多少?从正面、侧面观察有何异同?这是在评价有色宝石颜色时必须加以区分的。

一、有色宝石的颜色描述

有色宝石的颜色描述主要依据颜色构成的三要素,即色调、明度和彩度来描述。有色宝石的颜色分级,首先就是要描述宝石颜色的三要素,然后再确定其颜色的品质级别。因此,描述和评价宝石颜色时,必须考虑以下因素。

1. 色调

色调指宝石颜色的种类,它包括除黑、白、灰以外的所有颜色,如红、橙、黄、绿、青、蓝、紫等。正常人的眼睛可以辨别出150种不同的色调,但在宝石的颜色描述和评价中,通常只需要用到以下31种色调(图6-1)。

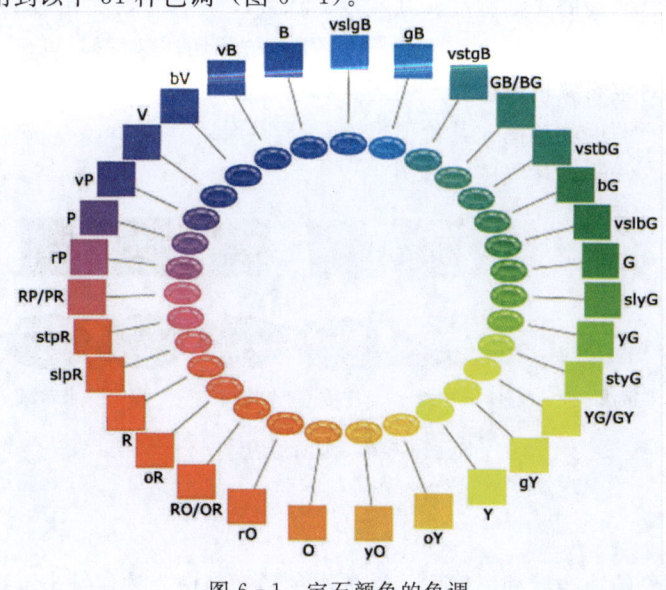

图6-1 宝石颜色的色调

这 31 种色调对应的颜色名称及英文和英文缩写见表 6-1。

表 6-1 有色宝石色调描述中英文对照表

色调		缩写	色调		缩写
红色	Red	R	带蓝的绿色	Very strongly bluish - Green	vstbG
带微橙的红色	orangy Red	oR	蓝绿色	Green - Blue or Blue - Green	GB/BG
红橙色	Red - Orange or Orange - Red	RO/OR	带绿的蓝色	very strongly greenish - Blue	vstgB
带微红的橙色	reddish - Orange	rO	带微绿的蓝色	greenish - Blue	gB
橙色	Orange	O	带细微绿的蓝色	very slightly greenish - Blue	vslgB
带微黄的橙色	yellowish - Orange	yO	蓝色	Blue	B
带微橙的黄色	orangy - Yellow	oY	微紫蓝的蓝色	violetish Blue	vB
黄色	Yellow	Y	带微蓝的紫蓝色	bluish Violet	bV
带微绿的黄色	greenish - Yellow	gY	紫蓝色	Violet	V
黄绿色	Yellow - Green or Green - Yellow	YG/GY	带微紫蓝的紫色	violetish Purple	vP
带黄的绿色	strongly yellowish - Green	styG	紫色	Purple	P
带微黄的绿色	yellowish - Green	yG	带微红的紫色	reddish - Purple	rP
带细微黄的绿色	slightly yellowish - Green	slyG	紫红色	Red - Purple or Purple - Red	RP/PR
绿色	Green	G	带紫的红色	strongly purplish - Red	stpR
带细微蓝的绿色	very slightly bluish - Green	vslbG	带细微紫的红色	slightly purplish - Red	slpR
带微蓝的绿色	bluish green	bG			

2. 明度

明度指光对宝石的透射、反射程度,是人眼对宝石表面的明暗感觉。宝石的明度大小与宝石本身的折射率、表面的光洁程度、其颜色的深浅、切磨的款式和加工的精细程度有关。如具相似颜色和切磨款式的红宝石和尖晶石,在同一光源的照射下,可显示出不同的明亮程度,从而影响人眼对宝石颜色的感觉。明度与彩色光亮度的大小成线性关系,进入人眼的彩色光亮度越大,宝石明度就越高,其价值也就越高。

明度用文字深、浅来描述(图 6-2)。

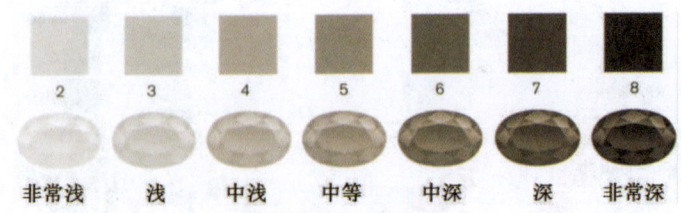

图 6-2 颜色的明度

3. 彩度

彩度指宝石颜色的纯净度和鲜艳度,通常用色彩光与白光的比例来定量表示,例如主波长为650nm，彩度为60%的色光，即说明该色光由60%波长为650nm的深红色光加40%的白光混合而成。可见光光谱中的各种单色光，彩度最高也最鲜艳，而纯白色的彩度最低为零。同种颜色的相同宝石，其彩度越高，价值也就越高。

彩度用文字浓、淡来描述（图6-3、图6-4）。

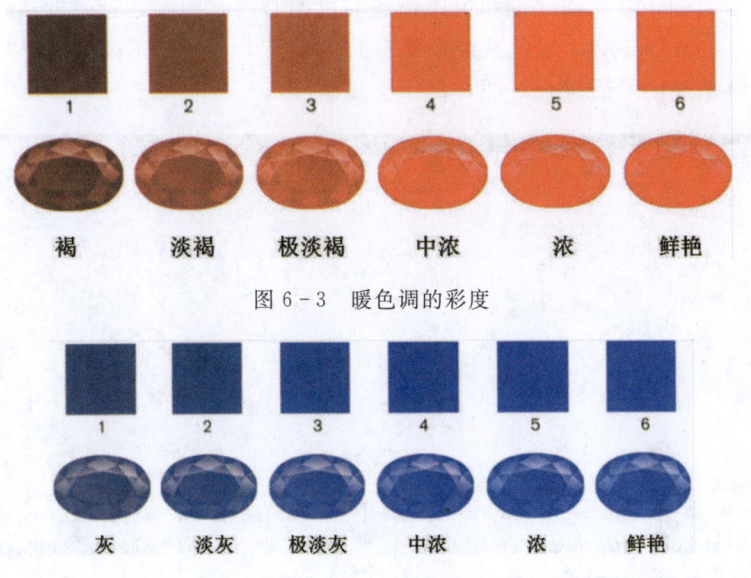

图6-3 暖色调的彩度

图6-4 冷色调的彩度

4. 色形

色形指宝石颜色的分布形态，如环带状、条带状、过渡状、团块状、丝线状等。对于大多数宝石来说，色形是无法改变的，尤其是刻面型宝石，颜色分布形态越均匀越好。

5. 多色性

宝石的多色性是宝石双折射所产生的一种光学现象，即宝石在透射光照射下，不同方向呈现不同颜色的现象，它仅出现于非均质体宝石中，均质体宝石没有多色性。在某些非均质体宝石中，不同方向色调并无明显差别，而有些宝石不同方向色调明显不同。因此，评价非均质体宝石的颜色，还必须考虑宝石的多色性，这一特性对宝石的切工有很大的影响。一般来说，具多色性的宝石，其台面颜色越深、越浓、越鲜艳越好。

二、GemDialogue 颜色系统及其应用

GemDialogue 颜色系统是 GemDialogue 公司于1983年推出的描述宝石颜色的一种工具，因其便于携带而广受珠宝首饰业界人士的青睐。GemDialogue 颜色分级体系已为美国宝石贸易协会（AGTA）接受并作为官方的颜色描述标准推荐给专业评估师使用。GemDialogue 颜色系统为一本便携式的颜色手册，由21张透明的颜色标尺（即色标）及3张色罩组成（图6-5、图6-6）。它可以提供60 000种颜色标样。21张色标相当于21种色调，囊括了有色宝石主要的色彩范围。每张色标上有10个级别彩度的颜色强度带，分别为100，90，80，……10，代表色彩从强到弱，以至近无色。色标用英文颜色单词的第一个字母表示，对

于过渡色，如以绿色为主含黄色调的中等黄绿色，表示为 Y2G；而中等蓝绿色则表示为 B2G。色罩有透明黑/灰色、不透明黑/白色及透明褐色三种。每张色罩上也都有 10 种不同颜色强度的带，用于描述隐藏于色彩中的黑/灰色或褐色的强度。GemDialogue 颜色系统描述的色标、颜色强度带及色罩并不与色调、明度及彩度一一对应，但基本包括了颜色的三要素。色标指的是色调，颜色强度带和色罩描述颜色的彩度和明度，彩度的描述拆分在颜色强度带和色罩中。GemDialogue 颜色系统还配有颜色工具书，列出了 2000 条以上的颜色术语，用来与不同颜色系统的术语进行对照，便于交流。

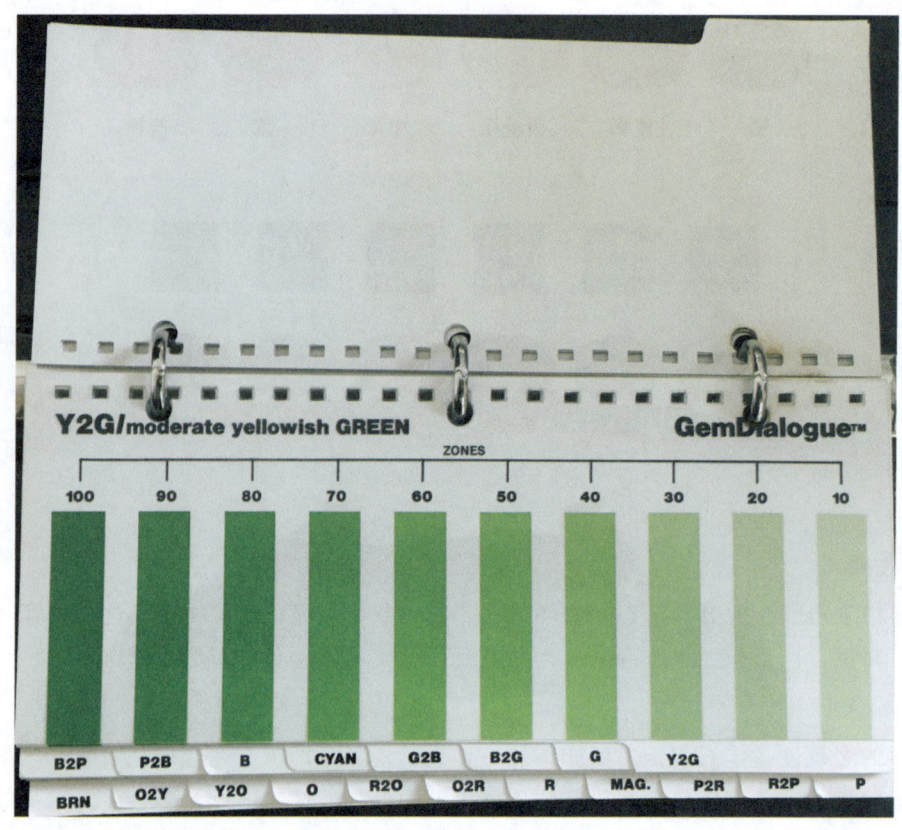

图 6-5　GemDialogue 颜色系统的颜色标尺

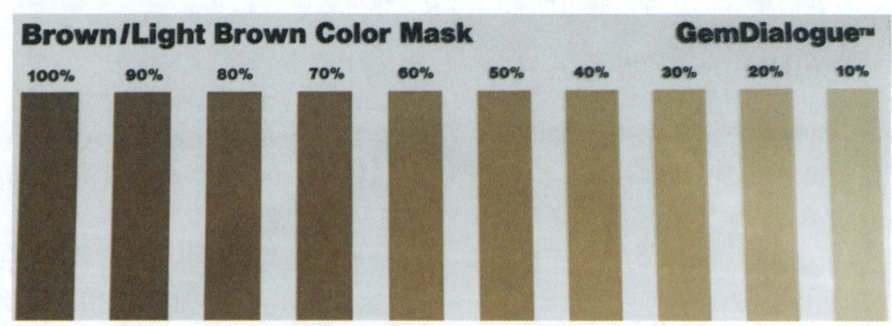

图 6-6　GemDialogue 颜色系统的色罩

在描述颜色时，先与各个色标对比，找出与宝石颜色一致的色标及颜色强度带，再配合色罩进行调节，以找出与所描述的宝石颜色最相近的色标带和色罩叠加的颜色效果。按"色标带/色罩强度色罩颜色"的格式记录，即为所要描述的宝石的颜色。颜色的最高等级为10。附表中每种宝石都有其对应的颜色初始等级表，而每种宝石的色罩和颜色亮度对颜色初始等级的影响参数都是相同的。

在描述有色宝石的颜色时，要选用标准光源。根据国际照度委员会（CIE）的规定，对颜色的描述或测试应该采用色温为6775K的近日光的光源，而GemDialogue颜色系统推荐使用色温为5000~5500K的灯光。我国制定的《蓝宝石分级》（GB/T 32862—2016）和《红宝石分级》（GB/T 32863—2016）国家标准，建议对蓝宝石和红宝石颜色分级使用的光源，为色温4500~5500K的灯光。此外，中性的周围环境也十分重要。在对比时，色标和样品都应放在白色纸上进行，保持宝石台面朝上。描述宝石的主体色，不能从侧面或底面朝上来观察。

对颜色很暗的宝石，可以让强光透过宝石，以找出其隐藏在黑色中的色调。例如，颜色很深的山东蓝宝石，不用强光透射很难发现其色调是蓝色还是绿蓝色。

将一颗切磨成型的宝石与一张GemDialogue颜色系统的塑料色标进行比较是十分困难的。因为即使颜色很均匀的材料，当光从不同刻面反射出来时，也会出现不同的颜色效果。

用GemDialogue颜色系统对弧面型或圆珠型宝石的颜色进行描述时，因为不存在亭部刻面反射区和漏光区的差异，外观颜色只受底面的反射影响，而且这种影响是均匀的，所以在与色标比较时，很容易判断其颜色强度带和色罩的强度。

三、GemSet颜色系统及其应用

美国宝石学院（GIA）的有色宝石分级体系，是采用GemSet颜色系统来描述宝石颜色的。GemSet颜色系统标样为塑料铸模成型的简单圆多面型，共有324个颜色标样，涵盖31种色调、7个级别的明度和6个级别的彩度（图6-7）。每个标样的色调、明度和彩度都标注在标样棒上。标样上按"色调，明度/彩度"的格式标记颜色，如bV8/3。描述宝石的颜色时，只要将宝石与每个标样对比，找到对应的颜色标样，就可确定宝石的颜色三要素。至于其颜色级别的确定，同样需查对该宝石品种的颜色分级表。国际著名的宝石报价表的参考手册，也附有各种宝石品种对应的颜色分级表。

GemSet颜色系统比较直观地描述了宝石的颜色三要素，操作更加方便，但是，由于该颜色系统不如GemDialogue颜色系统易于携带，所以难以在广大珠宝首饰从业人员中推广使用。但Gemset颜色系统仍是有色宝石颜色描述及评估的重要工具之一，尤其适合于在研究工作中使用。

在描述有色宝石的颜色时，同样建议采用色温为4500~5500K的光源。在对比宝石和标样的颜色时，首先要确定其色调。对于过渡色的宝石，在观察其颜色时，首先凭肉眼从台面观察，确定宝石中最主要的色调，再仔细找出宝石中的次要色调及次要色调所占的比例。当然，确定它们的比例是很主观的。一般次要色的比例分为：

(1) 很弱的次要色（次要色占5%~10%）。如很弱的紫蓝色（紫色占5%~10%，蓝色占95%~90%）。

(2) 弱的次要色（次要色占10%~15%）。如弱紫蓝色（紫色占10%~15%，蓝色占

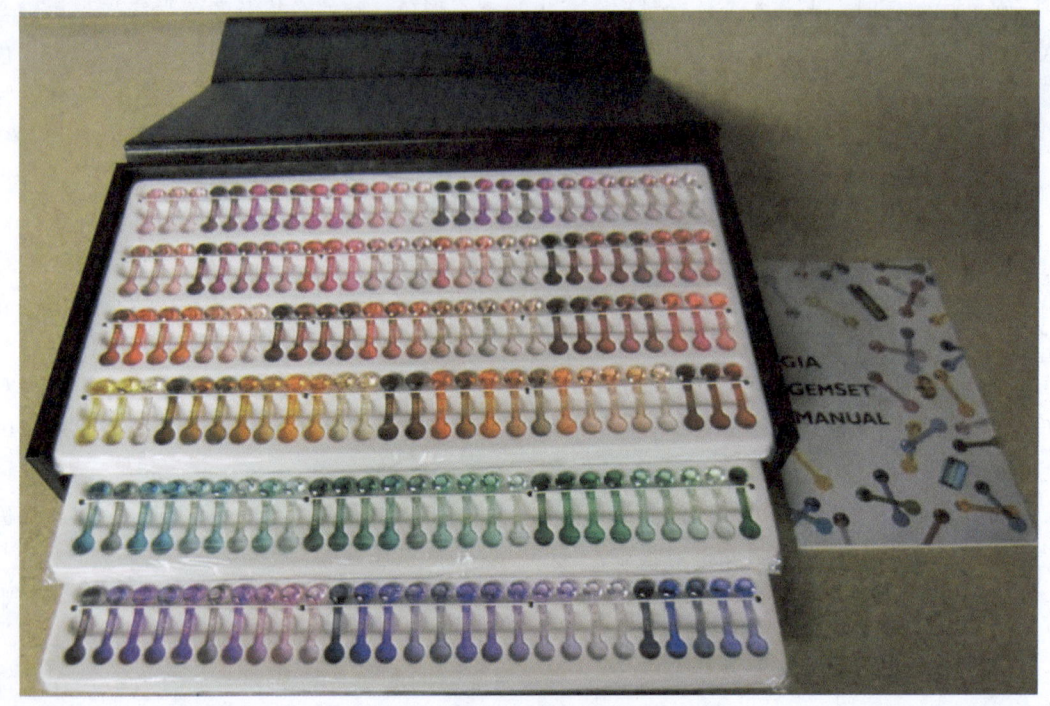

图 6-7 GIA 的 GemSet 颜色系统

90%～85%）。

（3）明显的次要色（次要色占 15%～25%）。如紫蓝色（紫色占 15%～25%，蓝色占 85%～75%）。

（4）强的次要色（次要色占 25%～35%）。如强的紫蓝色（紫色占 25%～35%，蓝色占 75%～65%）。

（5）很强的次要色（次要色占 35%～40%）。如很强的紫蓝色（紫色占 35%～45%，蓝色占 65%～60%）。

（6）平衡的两种色（次要色占 45%～55%）。如紫蓝色（紫色与蓝色各占近 50%）。

GIA 的 GemSet 颜色系统的标样上，标记有其色调的英文缩写，如绿色 G、带细微蓝的绿色 vslbG、带微蓝的绿色 bG、带蓝的绿色 vstbG、蓝绿色 GB/BG、带绿的蓝色 vstgB、带微绿的蓝色 gB、带细微绿的蓝色 vslgB。

确定宝石的色调后，再在相应的标样中寻找与宝石明度和彩度相匹配的颜色标样。

明度即色调与光亮或黑暗的混合。GIA 在有色宝石分级中将明度分为 11 个级别。GemSet 颜色系统中采用了其中的 2～8 级，即非常浅、浅、中浅、中等、中深、深和非常深，共 7 级。海蓝宝石的颜色通常为浅蓝色，明度很少超过 4～5。

彩度指色调的强度或鲜艳程度。GIA 的有色宝石分级体系中将彩度分为 6 级，即灰（褐）、淡灰（褐）、极淡灰（褐）、中浓、浓及鲜艳，分别用数字 1，2，3，4，5，6 表示。有色宝石的彩度很少能够达到"浓"，所以其彩度级别一般不超过 5。

在确定了有色宝石的色调、明度和彩度的等级后，还要根据颜色三要素的等级及宝石的种类查阅 GemSet 手册或 GemGuide 手册，以确定该宝石的颜色等级（1～10 级）。

用 GemSet 颜色系统描述宝石颜色时，由于宝石琢型与比色标样的琢型不同，也会影响对颜色的判断，但与 GemDialogue 颜色系统相比，这种影响就小多了，毕竟都是立体样品的对比。在对红色系列刚玉进行颜色分级时，应先确定其色调。在确定了明度和彩度后，要先查红宝石对应的颜色分级表，确定其颜色级别。如果发现表中该明度和彩度对应的位置出现空缺，再查对应颜色的蓝宝石颜色分级表，确定其颜色级别。这主要是因为，尽管1989年5月国际有色宝石协会在第三次会议上就通过了把粉红色及紫红色系列刚玉归入红宝石的提议，但 GIA 的有色宝石颜色分级体系与目前国际上许多商业界人士所认为的一样，仍然将与正红偏离较大的带红色调的刚玉划入蓝宝石系列，要确定其颜色等级就得查蓝宝石的颜色分级表。

根据各宝石品种的颜色相对满意程度、稀有程度和需要程度，将宝石的颜色分为10级，即1～10，且归入四大类：极好（8～10级）、很好（6～8级）、好（4～6级）和商业级（1～4级）。表6-2给出了有色宝石颜色等级特征。

表6-2 有色宝石颜色等级表

颜色等级	颜色描述
极好（8～10级）	颜色纯正，是该品种已知最好的；明度为该品种最理想的；彩度为鲜艳、均匀
很好（6～8级）	颜色可稍稍偏离纯正，稍浅或深的明度，彩度稍低
好（4～6级）	与理想颜色可有较大的偏离，较浅或较深的色调和较低的饱和度
商业级（1～4级）	与理想颜色偏离大，很浅或很深的色调，饱和度很低

第二节 有色宝石的净度分级

净度是指宝石内部与主体宝石有成分、结构或相态差异的内部缺陷，以及裂纹、刻痕等其他缺陷的程度。对于大多数宝石来说，瑕疵的存在影响了宝石的清晰度、透明度和整体的美观性。因此，瑕疵是影响宝石品质的重要因素之一。不同净度等级的宝石，其品质和价值会有很大的差异。有色宝石的净度分级没有钻石的净度分级那样严格，其分级主要依据肉眼观察，而不是放大镜下观察的特征来进行。国际上，关于有色宝石净度分级的体系所采用的术语也不完全统一。

不同的宝石含有瑕疵的多少，常有很大的区别，如一粒3ct的祖母绿戒面，若在肉眼观察下仅见有细微瑕疵，已属非常洁净稀有的了；但对同样质量的一粒黄水晶戒面来说，则被认为是含瑕疵较多的，其主要原因是祖母绿通常含有瑕疵，而黄水晶通常不含瑕疵。因此，对于不同的宝石品种来说，它的净度等级要求是不一样的。对于有色宝石来说，由于种类很多，GIA 根据宝石生长的自然状况及各种宝石的内部特征不同，将宝石划分为三类，分别标示为Ⅰ、Ⅱ、Ⅲ，现分述如下。

（1）Ⅰ类（几乎不含瑕疵的宝石）。这类宝石即便只含有细微的瑕疵，也会大大地降低宝石的价值。若宝石中瑕疵肉眼可见，则很少用来制作高档首饰。这类宝石主要包括绿柱石（绿色、黄色、粉红色）、海蓝宝石、碧玺（绿色）、锆石（蓝色）、金绿宝石（绿色、黄色）、坦桑石、黄水晶、紫锂辉石、翠绿锂辉石、托帕石。

（2）Ⅱ类（普遍含有瑕疵的宝石）。这类宝石肉眼观察常见有瑕疵，可以用含有瑕疵的此类宝石制作高档首饰。这类宝石主要包括红宝石、蓝宝石（蓝色、黄色、粉红色、无色）、碧玺（蓝色、橙色、紫色、多色）、变石、锆石（绿色、橙色、红色、黄色）、紫晶、尖晶石、橄榄石、堇青石、红柱石。

（3）Ⅲ类（全部含有瑕疵的宝石）。这类宝石即使肉眼观察有明显瑕疵，也可用来制作高档首饰。这类宝石主要包括祖母绿、碧玺（红色、粉红色、西瓜碧玺）。

对于有色宝石的净度，通常可以将其划分为四种类型七个等级，即极微瑕级（VVS）、微瑕级（VS）、瑕疵级（SI_1～SI_2）、重瑕疵级（I_1～I_3）。表 6-3 列出了这三类有色宝石的净度分类标准。

表 6-3 有色宝石净度分类表

净度级别		有色宝石类别		
		Ⅰ类	Ⅱ类	Ⅲ类
极微瑕级	VVS	有微小瑕疵；10倍放大镜下很难观察到；肉眼不能观察到	有微小瑕疵；10倍放大镜下容易观察到；肉眼不能观察到	有易见瑕疵；10倍放大镜下很容易观察到；肉眼很难观察到
微瑕级	VS	有细小瑕疵；10倍放大镜下容易观察到；肉眼不能观察到	有易见瑕疵；10倍放大镜下很容易观察到；肉眼容易观察到	有很明显的瑕疵；10倍放大镜下非常容易观察到；肉眼容易观察到
瑕疵级	SI_1	有易见瑕疵；10倍放大镜下非常突出；肉眼可以观察到	有很明显的瑕疵；10倍放大镜下非常突出，大而多；肉眼容易观察到	有突出的瑕疵；10倍放大镜下非常突出，大而多；肉眼很容易观察到
	SI_2			
重瑕疵级	I_1	瑕疵多，中等影响美观或耐用性		
	I_2	瑕疵较多，严重影响美观或耐用性		
	I_3	瑕疵很多，严重影响美观及耐用性		

GIA 将Ⅰ、Ⅱ、Ⅲ类宝石净度的 VVS 级别定为极好（8～10级），VS 级定为很好（6～8级），SI 级定为好（4～6级），Ⅰ级定为商业级（1～4级）。表 6-4 给出了有色宝石各净度等级的净度品质特征。

表 6-4 有色宝石净度等级表

净度等级	净度描述
极好（8～10级）	Ⅰ类宝石：肉眼几乎见不到瑕疵。 Ⅱ类宝石：肉眼可见或不可见，10倍放大镜下少或明显。 Ⅲ类宝石：有明显瑕疵
很好（6～8级）	Ⅰ类宝石：肉眼几乎见不到瑕疵，10倍放大镜下可见。 Ⅱ类宝石：肉眼可见瑕疵，10倍放大镜下明显。 Ⅲ类宝石：肉眼明显可见瑕疵
好（4～6级）	Ⅰ类宝石：肉眼明显可见瑕疵。 Ⅱ类宝石：肉眼十分明显可见。 Ⅲ类宝石：肉眼可见瑕疵，极其明显
商业级（1～4级）	肉眼明显可见瑕疵，Ⅲ类宝石的瑕疵已严重影响其透明度

第三节 有色宝石的切工分级

切工也是有色宝石品质评价的一个重要组成部分,但在通常情况下,切工常被轻视或忽略,宝石切磨师在保留宝石的最大克拉质量时,常以忽略切工为代价。然而,宝石的魅力与切工有着密不可分的关系,切工的优劣对宝石的外观、色泽、透明度及抛光等均有很大的影响。但有色宝石的切工对其品质的影响不如钻石那么严重,一般对总品质的影响约占20%~30%。

现有的宝石切工评价参数包括宝石形状切割比例、火彩、闪耀程度、亮度、透明度、对称性与抛光品质、修饰度和特殊光学效应等。不同的宝石切工分级体系包含和强调的评级参数,存在着非常明显的差异。下面以GIA有色宝石的切工分级加以说明。

GIA有色宝石品质分级体系中的切工评价与钻石切工分级相似,根据宝石的对称性、理想切工比例(因宝石形状而异)、轮廓、抛光程度等进行综合评估。强调台面漏光窗口对宝石切工级别的影响,一般宝石的台面漏光窗口越大,其亮度就越差,其中的瑕疵也更易发现。GIA通过台面漏光窗口的比例,把宝石切工分为10个级别(1~10级),并根据宝石的亭深比、腰厚比和冠深比将其划分为极好、很好、好和商业级四大类(见表6-5)。

表6-5 有色宝石切工等级表

切工等级	切工描述
极好(8~10级)	比例好,无外形的不平衡,无窗口,做工精良
很好(6~8级)	比例稍稍偏离,有小窗口,做工稍差
好(4~6级)	比例明显偏离,有大窗口,做工较差
商业级(1~4级)	比例偏离大,做工较差

有色宝石的切工分级具有特殊性,主要表现在以下几个方面。

1. **有色宝石的切工与其稀有性存在着复杂的关联**

钻石的切工主要受其内部特征的制约,在净度相近的前提下,往往以保留其最大克拉质量为主。但有色宝石的切工除了与颜色和净度有关外,还与颜色分布和多色性有关,其宝石的外观吸引力(色调、亮度、闪烁等)与切工之间的关系更为密切。有色宝石的切工对其价值的重要性,有时等同于甚至超过净度或克拉质量对其价值的影响。对红宝石、蓝宝石、祖母绿等珍贵稀少的有色宝石,其克拉质量越大、越稀少,其价值也就越高。因此,加工者有时会牺牲宝石的切工来保留其克拉质量(要权衡颜色与净度对价值的影响),但很多情况下也可能会因颜色或其分布的影响,而放弃对克拉质量或净度的要求。对橄榄石、石榴石、水晶等产量相对较大、分布广泛的有色宝石,加工者则更强调切工对其外观表现力的影响,一般会牺牲其克拉质量,以获取更大的市场价值,这一点是制定有色宝石分级标准时必须关注的。也就是说,不同品种或同类有色宝石因其品质差异巨大,高端市场和低端市场具有完全不同的价值取向,以至对其切工品质的要求也存在着很大的差异。

2. **有色宝石特殊光学效应的影响**

部分有色宝石的特殊光学效应可提高宝石的附加价值,包括猫眼效应(金绿宝石)、星光效应（红宝石、蓝宝石）、变色效应（变石）、变彩（欧泊）等，不同的光学效应对宝石的切工要求不同，分级标准的规定也会有一定的差异。

3. 有色宝石切工表现的艺术美与时尚文化密切相关

有色宝石的时尚元素与消费文化是其流行的最大卖点之一，其绚丽的色彩和多变的形态，带给设计师更多的创作灵感，从而影响其价值。显然，对时尚型有色宝石材料来说，切工分级的规定在一定程度上会受到潮流的影响。因此，除了常规切工分级评价外，需考虑各类有色宝石自身的特殊性，根据其不同的品质级别设计"最优"的切工琢型，以体现有色宝石最大的经济价值。

第四节 有色宝石的克拉质量分级

有色宝石的克拉质量是一个十分重要的评价依据，它也是有色宝石品质评价中最为客观的一个标准，直接影响宝石的售价，对于优质高档宝石更是如此。一般情况下，对于同种类型、同样品质等级的宝石，其克拉质量越大，价值也就越高。

对于不同种类的有色宝石，克拉质量的含义则完全不同。有些种类的宝石颗粒较小（如红宝石和变石等），克拉质量越大越稀有，每克拉的单价也就越高。例如，1颗2ct的红宝石的克拉单价，比相同颜色、净度和切工等级的0.5ct的红宝石价格高许多倍，宝石的价值呈几何级数上升。

对于镶嵌宝石的克拉质量测定，通常使用量具测量宝石的大小，并以毫米（mm）作为计量单位。根据宝石的琢型，利用对应的计算公式和宝石的相对密度（SG），可估算出宝石的克拉质量。表6-6列出了常见琢型宝石的质量估算公式。

表6-6 常见琢型宝石的质量估算公式

宝石琢型		估算公式（长度：mm；质量：ct）
圆混合型		直径^2×高度×SG×0.002 0
圆明亮型		直径^2×高度×SG×0.001 73
椭圆混合型（切工好）		长度×宽度×高度×SG×0.002 2
去角长方阶梯型	正方形	长度^2×高度×SG×0.002 3
	长方形	长度×宽度×高度×SG×0.002 6
马眼混合型		长度×宽度×高度×SG×0.001 7
梨形混合型		长度×宽度×高度×SG×0.001 8
三角形坐垫型		长度×宽度×高度×SG×0.001 65
圆形弧面型	高凸	直径^2×高度×SG×0.002 1
	低凸	直径^2×高度×SG×0.002 4
	扁	直径^2×高度×SG×0.002 7
椭圆形弧面型	高凸	长度×宽度×高度×SG×0.002 3
	低凸	长度×宽度×高度×SG×0.002 6
	扁	长度×宽度×高度×SG×0.002 9

续表 6-6

宝石琢型		估算公式（长度：mm；质量：ct）
去角正方形弧面型	高凸	长度²×高度×SG×0.002 5
	低凸	长度²×高度×SG×0.002 75
	扁	长度²×高度×SG×0.003 1
去角长方形弧面型	高凸	长度×宽度×高度×SG×0.002 85
	低凸	长度×宽度×高度×SG×0.003 1
	扁	长度×宽度×高度×SG×0.003 5
马眼弧面型	高凸	用马眼刻面型的公式×110%
	低凸	用马眼刻面型的公式×120%
梨形弧面型	高凸	用梨形刻面型的公式×110%
	低凸	用梨形刻面型的公式×120%
圆珠（有孔则减去5%）		直径³×SG×0.002 62

注：SG 表示宝石的相对密度。

有色宝石的克拉质量是影响宝石价格的重要因素之一，但大小与价格之间并非呈简单的线性关系，因为宝石的大小会影响宝石颜色的适用性。一般对正常大小（通常在 2cm 范围以内）的有色宝石，每粒的克拉价格与大小呈明显的正比关系。而过大或过小的宝石，会因为尺寸对颜色造成了明显的影响或影响到镶嵌的效果，从而影响市场的供求关系，这时宝石颗粒的大小与价格的关系将会有所改变，而并非呈现上述明显的正比关系。

第五节 有色宝石的综合品质与价值评估

对有色宝石的品质与价值进行评估时，以颜色分级为主，考虑净度和切工分级的影响，最后还需综合考虑上述各因素来确定宝石总体的品质等级。一般情况下，颜色对有色宝石总体品质的影响占 50%，净度占 30%，切工占 20%。不同种类的有色宝石，净度和切工对宝石总体品质的影响程度也会有所差异。GemGuide 报价手册上提供了一个综合考虑颜色、净度和切工等级而得出的宝石总体品质等级的表格（表 6-7）。该表是在颜色等级的基础上，加上或减去净度和切工因素对宝石总体品质的影响，来计算宝石总体品质等级，共分为 10 个等级。

表 6-7 颜色、净度和切工等级对宝石总体品质的影响

颜色等级	净度等级/切工等级			
	1~4	4~6	6~8	8~10
商业级（1~4）	-1.5/-0.5	0/0	0/0	+0.25/+0.25
好（4~6）	-2/-1	-0.25/0	0/0	+0.25/+0.25
很好（6~8）	-2.5/-1.25	-0.5/-0.25	0/0	+0.5/+0.5
极好（8~10）	-3/-1.5	-1/-0.5	0/0	+0.5/+0.5

引自《珠宝首饰系统评估导论》，2003。

例如，一颗宝石颜色等级为7，净度等级为9，切工等级为5，查表6-7可知，其颜色等级7属很好，并在这一行中找到净度等级为9所在的列，得到净度对宝石总体品质的影响分为+0.5。再在这一行中找到切工等级为5所在的列，得到切工对宝石总体品质的影响分为-0.25。所以，该宝石的总体品质分的计算为：7+0.5-0.25=7.25。

一般来说，若宝石的总体品质分在6以上，均属品质很好的有色宝石。

第六节 影响有色宝石价值的主要因素

一、品质等级

对有色宝石的颜色、净度及切工进行分级，可以决定有色宝石的整体品质等级。有色宝石的品质等级是决定有色宝石价值的主要因素。对于同一种类宝石来说，宝石的品质等级与价值间存在着相关性，即具较高品质等级的宝石有较高价值。

有色宝石的颜色是决定有色宝石价值的主要因素，若宝石具有美丽的颜色，则净度和切工的要求可以降低一些。反之，若宝石的颜色等级不高，则对净度和切工的要求较高。

在切磨昂贵的宝石材料时，通常应尽可能保存宝石的最大克拉质量。对于昂贵的宝石种类，中等切工等级对宝石总体品质等级的影响不大；但对于相对比较廉价的宝石材料来说，切工对宝石总体品质等级的影响就很大。

二、稀有性及开采成本

稀有性及开采成本也是影响有色宝石价值的重要因素之一。例如，由于红宝石极为稀有，且开采成本很高，因此，红宝石比具有相似外观的红色石榴石等要贵得多。有些宝石非常稀有，稀有到几乎很难寻找到，或者有的宝石颗粒非常大，大到市场上很难找到同样大小的宝石，对这类宝石进行价值评估时，需要经过广泛而仔细的市场调查研究，才能得出科学合理的结论。

三、特殊包裹体

一般情况下，包裹体的存在将影响宝石的净度，从而影响宝石的品质等级和价值。但有些特殊包裹体的存在，有时会增加宝石的价值。例如，翠榴石中的马尾状石棉纤维包裹体的存在，虽然降低了翠榴石的净度等级，但这些美丽的包裹体为翠榴石增添了观赏性。这种马尾状包裹体越显著、形状越完整、肉眼看得越清楚，该宝石就越有价值。

四、产地

有些有色宝石的产地（尤其是红宝石和蓝宝石），在珠宝首饰业界视同"商标"。因此，宝石的产地对其价值的影响也很重要。例如，一颗5ct的优质红宝石若产于缅甸，则其价格比同等品质的其他产地红宝石价格要高。关于宝石的产地，需要有权威的宝石实验室提供产地鉴定报告。

要证明宝石的产地是比较困难的，也是一项十分复杂而细致的工作，这是因为判断宝石产地的依据，主要是宝石内部的包裹体或在显微镜下所观察到的其他内部现象。这些宝石内部的现象，常常因优化处理（如对大多数红宝石和蓝宝石进行高温加热处理）而消失，或者变得无法分辨，而难以得到准确的结论。但是，宝石的产地的确对宝石的价值有着一定的影响，这是一个不争的事实。

五、是否经过优化处理

为了更好地展示有色宝石的颜色和净度，商家会对一些有色宝石（如红宝石、蓝宝石等）进行热处理。目前，市场上有较多的红宝石和蓝宝石是经过热处理的，其性质非常稳定，大多数都被市场接受。对中低档品来说，热处理基本不影响宝石的价值；但对于高档品而言，未经热处理的宝石便变得极为珍贵，其价值远高于同品质的经过热处理的宝石，这些都需要通过鉴定而加以证实。

六、出处

某些普通宝石有较高的价值，主要是因为他们出自名师之手或曾被名人所拥有（或佩戴）。这类背景因素称之为"出处"。它使得这些普通的宝石更具有独特性和唯一性，并使其增值。究其增值的原因，主要名人效应。在出处成为重要价值因素的情况下，约定价值是进行珠宝首饰保险的最合适的方式。

七、需求

需求受稀有性、宝石的品质、与公众名人的关系、传统及流行变化等因素所影响，也与市场商家的促销活动有关。宝石市场对某种特定宝石供求关系的变化，也会影响到这种特定宝石的价值。

总之，有色宝石的价值评估，与宝石本身的品质密切相关，同时还必须建立在宝石市场资料研究的基础之上，只有这样才能得出更为科学准确的评估结论。

第七节　几种重要有色宝石的品质与价值评估

一、红宝石

（一）红宝石的品质评价

红宝石最主要的评判因素就是它的颜色，颜色的美与否（即颜色的优劣）对宝石价值的影响很大。因此，如何准确地描述红宝石的颜色，确切地区分颜色之间的微妙差别是评价红宝石的基础。根据《红宝石分级》国家标准（GB/T 32863—2016），阐述如下。

1. 颜色分级

颜色是否美丽是影响红宝石价值的最重要的因素，在评价红宝石的颜色时，应注意以下问题。

（1）色调。根据红宝石色调的差异，可以将红宝石的色调划分为红色、紫红色和橙红色三个类别，分别用英文字母 R、pR、oR 来表示。红宝石色调类别及表示方法见表 6-8。

表 6-8 红宝石色调类别及表示方法

色调类别		肉眼观察特征	色调参考值
红色	R	宝石主体颜色为纯正的红色,或红色中带有极轻微的、稍可察觉的紫或橙色调	5R
紫红色	pR	宝石主体颜色为红色,带有较易觉察的紫色调	2.5R
橙红色	oR	宝石主体颜色为红色,带有较易觉察的橙色调	7.5R

（2）彩度。根据红宝石彩度的差异，将其划分为四个等级，依次为深红（Deep red）、艳红（Vivid red）、浓红（Intense red）和红（Red）。红宝石的彩度级别及表示方法见表 6-9。

表 6-9 红宝石彩度级别及表示方法

彩度级别		肉眼观测特征	彩度参考值（C/%）	商业名称
深红	Deep red	反射光下呈深红—暗红色，颜色浓郁	$C \geqslant 90$	/
艳红	Vivid red	反射光下呈鲜艳的红色，颜色浓艳饱满	$80 \leqslant C < 90$	鸽血红
浓红	Intense red	反射光下呈中等浓度红色，颜色浓淡适中	$50 \leqslant C < 80$	/
红	Red	反射光下呈浅红色，颜色较浅，但仍具有明显的红色调	$30 \leqslant C < 50$	/

注：色卡彩度参考值 C 是由肉眼比对结合计算机模拟样品颜色彩度值所得。

2. 净度分级

根据红宝石净度的差异，将其划分为四个级别。净度级别由高到低依次为极纯净（C_1）、纯净（C_2）、较纯净（C_3）、一般（C_4）。红宝石净度级别及划分方法见表 6-10。

表 6-10 红宝石净度级别及表示方法

净度级别		观测特征
极纯净	C_1	在 10 倍放大条件下观察，不易见内外部特征，或仅在不明显处有点状物、轻微的外部特征，对整体美观几乎无影响
纯净	C_2	肉眼难见其内外部特征，宝石内部较为干净，可含少量内外部特征，对宝石整体美丽程度有轻微影响
较纯净	C_3	肉眼可见宝石内外部特征，对宝石的美丽程度有一定影响
一般	C_4	肉眼易看到宝石内外部特征，对宝石的美丽程度有极大影响

3. 火彩分级

火彩是指转动宝石时可在宝石冠部观察到的光在宝石内经反射、内反射等作用产生的闪烁现象。根据红宝石火彩占冠部面积的比例及火彩的亮度将其划分为四个级别。火彩级别由高到低依次表示为极好（B_1）、很好（B_2）、好（B_3）、一般（B_4）。红宝石火彩级别及表示方法见表 6-11。

表 6-11 红宝石火彩级别及表示方法

火彩级别		火彩占冠部面积比例/%	转动观测特征
极好	B_1	≥70	火彩非常多，极易观察，整体亮丽、闪烁
很好	B_2	50~70	火彩很多，明显可见，绝大部分亮丽、闪烁
好	B_3	20~50	火彩多，易观察，大部分亮丽、闪烁
一般	B_4	<20	火彩少或无，不易观察

4. 切工

红宝石的切工评价需考虑的因素，包括以下几个方面。

(1) 切工的定向。由于红宝石是双折射宝石，具有多色性，因此在切磨时必须考虑切工的定向问题，应使切磨后宝石的台面垂直于光轴方向，只有这样才能使台面得到色调最纯正、彩度最鲜艳的颜色，并且使台面无多色性。否则，如果台面稍微偏离（即不与光轴垂直），都会导致台面颜色不正，或带有其他的颜色，如橙色、紫色、绿色、黄色等。

(2) 切工的类型。红宝石的切工类型包括刻面型和弧面型两类，其中刻面型有垫型、椭圆型、梨型、心型、圆型、三角型、马眼型、祖母绿型、公主方型等。透明度好的红宝石，一般都切磨成刻面型，使光线在宝石内折射，显示红宝石美丽的色彩，一般颗粒小的才切磨成圆型，价值相对较低。透明度差、瑕疵多或含有丝绢状包裹体的红宝石一般切磨成弧面型（素面），这种切工可以使宝石的颜色显得更浓一些，可以显示出特殊的光学效应（星光效应）。

(3) 比例。比例指红宝石的长轴、短轴、冠高、亭深、全深等各部分尺寸及相互之间的比例。红宝石常见的琢型及切工比例见表 6-12。

表 6-12 红宝石常见琢型切工比例

序号	琢型	常见长短轴比	序号	琢型	常见长短轴比
1	垫型	1.1∶1~1.2∶1	6	三角型	1∶1
2	椭圆型	1.33∶1~1.66∶1	7	马眼型	1.75∶1~2.25∶1
3	梨型	1.5∶1~1.75∶1	8	祖母绿型	1.5∶1~1.75∶1
4	心型	0.9∶1~1.15∶1	9	公主方型	1∶1
5	圆型	1∶1			

(4) 修饰度。修饰度包括红宝石的对称性、抛光程度等方面。影响修饰度的主要因素：正侧面轮廓对称偏差、台面偏心、底尖偏心、亭部膨胀、刻面畸形、刻面尖点不尖、抛光程度。

评价星光红宝石时，除了考虑上述四个因素外，还必须注意星光的清晰程度，星光的交点是否接近宝石的中心等。

(二) 红宝石的产地特征

1. 缅甸红宝石

缅甸是世界上优质红宝石的主要出产国，是世界上红宝石最著名、最重要的产地。尤其是缅甸北部抹谷（Mogok）地区所产的一种"鸽血红"红宝石更居红宝石之首（图6-8），它色泽鲜艳，如同当地一种鸽鸟胸部的鲜血一样，故得名"鸽血红"。抹谷地区出产的红宝石是世界上粒度最大、品质最好的，所产红宝石颜色呈鸽血红色、玫瑰红色和浅玫瑰红色，鲜艳明亮。宝石中很少见流体包裹体，但金红石包裹体丰富，针体细小，互为60°夹角定向排列，其分布特征构成红宝石的产地鉴别依据。此外，还常见方解石、尖晶石、榍石、磁铁矿、锆石等包裹体。

近年来，缅甸孟素（Mong Hsu）地区发现了新的红宝石矿床，其颜色呈褐红色、深紫红色，其品质较抹谷所产的红宝石要差，可见白云石、尖晶石、金红石、萤石等包裹体。

图6-8 缅甸鸽血红红宝石钻石戒指
（红宝石重3.08ct，香港佳士得，2016年，成交价为112万港元）

2. 泰国红宝石

泰国在历史上曾是红宝石的主要产地，产地位于泰国南部的占他武里。所产红宝石大部分颜色较深，呈暗红色或棕色，在暗红的颜色中隐约见有紫色色调。泰国红宝石中含有丰富的水铝矿包裹体，在包裹体的中央分布着被熔蚀的磷灰石、石榴石或磁黄铁矿晶体，晶体四周为呈盘状展开的流体，形成一种类似煎蛋状图案，这一特征可作为泰国红宝石的产地特征。一般来说，泰国产红宝石的颜色不甚鲜艳，很少能达到缅甸优质红宝石的品质，价值较缅甸红宝石低。但并非所有的泰国红宝石都是暗红色或浅棕色的，也产有少量颜色鲜艳、优质的红宝石。

3. 斯里兰卡红宝石

斯里兰卡的红宝石主要产于冲积型砂矿，分布于斯里兰卡西南部的拉特纳普勒城附近。斯里兰卡出产的红宝石，颜色常呈浅红色、极浅红色或粉红色。斯里兰卡红宝石具有丰富的流体包裹体，并具有一定的定向性，集合体呈清晰的指纹状、网状分布，似精美的图案，构成了其产地特征。此外，还含有金红石、锆石等固态包裹体。由于色调较浅，斯里兰卡红宝石比缅甸和泰国产的红宝石更加光亮耀眼，但品质较缅甸红宝石差，比泰国红宝石要好。斯里兰卡还是世界上星光红宝石的主要出产国。

4. 越南红宝石

越南的红宝石，颜色为浅粉红色—中等粉红色、深红色、浅紫红色，少数呈红色，透明度普遍较低，有些甚至不透明，裂隙发育，所含杂质较多，含有磷灰石、方解石、三水铝石、云母、磁黄铁矿、金红石等固态包裹体。其中三水铝石包裹体的出现，可作为越南红宝石的产地依据。

5. 坦桑尼亚红宝石

坦桑尼亚的红宝石颜色为玫瑰红色、褐红色、暗红色、红色，呈单晶粒状，透明、半透明或不透明状，大部分为弧面型宝石，少数可作为刻面型宝石，含有金红石、磷灰石、水铝矿、锆石等固态包裹体。

二、蓝宝石

（一）蓝宝石的品质评价

蓝宝石最主要的评判因素就是它的颜色，颜色的美与否（即颜色的优劣）对宝石价值的影响很大。因此，准确地描述蓝宝石的颜色、确切地区分颜色之间的微妙差别是评价蓝宝石的基础。根据蓝宝石分级国家标准（GB/T 32862—2016），阐述如下。

1. 蓝色蓝宝石颜色分级

（1）色调。依据蓝色蓝宝石色调的差异，将其划分为三个类别，依次表示为蓝（B）、微绿蓝（gB）、微紫蓝（pB）。蓝色蓝宝石色调类别及表示方法见表6-13。

表6-13 蓝色蓝宝石色调类别及表示方法

色调类别		肉眼观测特征	色调参考值
蓝	B	样品主体颜色为纯正的蓝色，或蓝色中带有极轻微的、稍可觉察的绿色调或紫色调	5B~2.5PB
微绿蓝	gB	样品主体颜色为蓝色，带有较易觉察的绿色色调	7.5BG~2.5B
微紫蓝	pB	样品主体颜色为蓝色，带有较易觉察的紫色色调	5PB~10PB

（2）彩度。根据蓝色蓝宝石彩度的差异，将其划分为五个级别，依次表示为深蓝（DB）、艳蓝（VB）、浓蓝（IB）、蓝（B）、淡蓝（LB）。蓝色蓝宝石彩度级别及表示方法见表6-14。

表6-14 蓝色蓝宝石彩度级别及表示方法

彩度级别			肉眼观测特征	彩度参考值 C/%	商业名称
深蓝	DB	Deep Blue	反射光下呈深蓝色，颜色浓黑	$C \geqslant 85$	/
艳蓝	VB	Vivid Blue	反射光下呈艳蓝色，颜色浓艳饱满；蓝色中带有轻微的紫色调	$75 \leqslant C < 85$	皇家蓝~矢车菊蓝
浓蓝	IB	Intense Blue	反射光下呈浓蓝色，颜色浓郁；蓝色中带有轻微的紫色调	$65 \leqslant C < 75$	
蓝	B	Blue	反射光下呈中等浓度的蓝色，浓淡适中	$30 \leqslant C < 65$	/
淡蓝	LB	Light Blue	反射光下呈浅蓝色，颜色浅淡	$10 \leqslant C < 30$	/

注1：彩度参考值 C 是由肉眼比对结合计算机模拟样品颜色彩度值所得。

注2：当艳蓝或浓蓝中不具有轻微紫色调时，对应商业名称为"皇家蓝"；当艳蓝或浓蓝中具有轻微紫色调时，对应商业名称为"矢车菊蓝"。

（3）明度。根据蓝色蓝宝石明度的差异，将其划分为三个级别，由高到低依次表示为明亮（V_1）、较明亮（V_2）、一般（V_3）。蓝色蓝宝石明度级别及表示方法见表6-15。

表6-15 蓝色蓝宝石明度级别及表示方法

明度级别		肉眼观测特征	中性灰参考值 N
明亮	V_1	颜色鲜艳明亮，基本察觉不到灰度	$N \geqslant 8.5$
较明亮	V_2	颜色较鲜艳明亮，能觉察到轻微的灰度	$8.5 > N \geqslant 6.5$
一般	V_3	颜色较暗，能觉察到一定的灰度	$N > 6.5$

2. 蓝宝石净度分级

根据蓝宝石净度的差异,将其划分为四个级别,由高到低依次表示为极纯净(C_1)、纯净(C_2)、较纯净(C_3)、一般(C_4)。蓝宝石净度级别及表示方法见表6-16。

表6-16 蓝宝石净度级别及表示方法

净度级别		观测特征
极纯净	C_1	10倍放大条件下难见蓝宝石内、外部特征,在不明显处可有点状、丝状等包裹体,对整体美观几乎无影响
纯净	C_2	肉眼难见蓝宝石内、外部特征,对整体美观有轻微影响
较纯净	C_3	肉眼可见到蓝宝石内、外部特征,对整体美观有一定影响
一般	C_4	肉眼易见到蓝宝石内、外部特征,对宝石的美丽程度有明显影响

3. 蓝宝石火彩分级

根据蓝宝石火彩占冠部面积的比例及火彩的亮度,将其划分为四个级别,由高到低依次表示为极好(B_1)、很好(B_2)、好(B_3)、一般(B_4)。蓝宝石火彩级别及表示方法见表6-17。

表6-17 蓝宝石火彩级别及表示方法

火彩级别		火彩占冠部面积比例/%	转动观测特征
极好	B_1	≥70	火彩非常多,极易观察,整体亮丽、闪烁
很好	B_2	50~70	火彩很多,明显可见,绝大部分亮丽、闪烁
好	B_3	20~50	火彩多,易于观察,大部分亮丽、闪烁
一般	B_4	<20	火彩少或无,不易观察

4. 蓝宝石的切工

参见红宝石切工部分。

(二)蓝宝石的产地特征

与红宝石相比,世界上已发现的蓝宝石矿更多。蓝宝石不仅产量大,而且颗粒大的也不少。世界上蓝宝石的主要出产国有印度、斯里兰卡、泰国、缅甸、澳大利亚,我国的山东、海南等地也有蓝宝石产出。

1. 印度克什米尔蓝宝石

印度克什米尔出产的蓝宝石产于喜马拉雅山脉札斯卡尔山的克什米尔河谷内,其颜色呈矢车菊蓝(微带紫色调的蓝色),色泽鲜艳而纯正,宝石中的气液包裹体呈雾状展布,使宝石呈现天鹅绒般的蓝色(图6-9)。宝石内部含有褐帘石、云母、锆石、斜长石、电气石、钠角闪石等包裹体,其中电气石和钠角闪石包裹体的出现,可作为克什米尔蓝宝石的产地依据。在所有蓝宝石资源中,克什米尔出产的矢车菊蓝蓝宝石品质最好,价值最高,由于资源已趋枯竭,因此这种蓝宝石十分珍贵。

图 6-9 克什米尔蓝宝石钻石戒指

（蓝宝石重 8.30ct，香港佳士得，2016 年，成交价为 484 万港元）

2. 斯里兰卡蓝宝石

斯里兰卡的蓝宝石，主要产于该国西南部的冲积砂矿中，所产的蓝宝石有两种类型：一种是颜色呈蓝色、天蓝色、浅黄色、浅紫色，透明度好，内部缺陷少的优质蓝宝石，用来加工琢磨成刻面型宝石；另一种是星光蓝宝石，颜色有蓝色、浅蓝色、灰蓝色、浅紫色等，星线细而明显，为优质的星光蓝宝石。斯里兰卡蓝宝石含有丰富的液态包裹体，其组合形态相对规则，似精美图案；另外，还含有一种断面破裂的长方形空晶，空晶内被单相或多相流体充填，可作为斯里兰卡蓝宝石的产地特征。

3. 泰国蓝宝石

泰国的蓝宝石，主要产于占他武里地区，所产蓝宝石颜色为深蓝色、褐色、黑色或黑色星光蓝宝石，含有铀烧绿石、斜长石、赤铁矿和金红石等固态包裹体。由于泰国的珠宝业发展较快，周边国家的宝石资源不断地流入，在泰国加工销售，所以泰国既有本国自产的蓝宝石，也有其他国家产的蓝宝石。目前，占他武里已成为世界上一个重要的红宝石、蓝宝石集散地，这里既有世界上最优质的蓝宝石，也有中、低档的蓝宝石供出售。

4. 缅甸蓝宝石

缅甸的蓝宝石主要产于抹谷地区，包括两种类型：一种是透明度好、瑕疵少、呈鲜艳蓝色的蓝宝石，这种原料可以琢磨成优质刻面蓝宝石（图 6-10）；另一种是透明度较差，呈半透明—不透明状，内含有针状金红石包裹体或管状气液包裹体的蓝宝石，这种原料可琢磨成六射星光蓝宝石。缅甸蓝宝石颜色主要为浅蓝—深蓝色，此外还产出金黄色、绿色、紫色蓝宝石。含有金红石和水铝矿等固态包裹体，以及呈"漩涡状"的流体包裹体，可作为缅甸蓝宝石的产地特征。

图 6-10 缅甸蓝宝石钻石戒指

（蓝宝石重 19.04ct，香港佳士得，2016 年，成交价为 400 万港元）

5. 澳大利亚蓝宝石

澳大利亚是世界上蓝宝石主要的出产国之一。新南威尔士州的因弗雷尔地区是澳大利亚最重要的冲积型蓝宝石产地；另一个重要的蓝宝石产地是昆士兰州的阿纳吉。前者发现于1851年，后者发现于1870年，均已有100多年的历史。澳大利亚出产的蓝宝石颜色普遍较深，宝石内部较洁净，可出现少量赤铁矿等固态包裹体。其中90%的原料需进行优化处理才能用于珠宝业，其余10%的原料颜色为绿色、黄色、金黄色等，有的经琢磨可呈现星光效应，价值相对较高。

6. 中国蓝宝石

中国的蓝宝石矿床首先在70年代发现于海南省文昌县（现为文昌市），继而又在山东、福建、江苏、黑龙江等省相继发现。特别是海南文昌县和山东昌乐县有重大经济价值且蕴藏量可观的蓝宝石资源的开发利用，已使中国蓝宝石在国内外珠宝市场上占有了一席之地。

（1）山东蓝宝石主要产于昌乐、临朐一带。所产蓝宝石呈柱状，大多数为块状和不规则粒状，杂质少且裂纹不多，透明度也较好，颜色有蓝色、墨水蓝色、绿色、黄色、无色等，颗粒粒径均在0.5cm以上，1cm以上者较多见，个别的可达3cm以上。山东蓝宝石具良好的宝石学特性，唯颜色较深、较暗，有些需优化处理，故影响了蓝宝石的价值。山东蓝宝石分布面积较大，储量较丰富。

（2）海南蓝宝石主要产于文昌县。蓝宝石与红锆石共生，产于碱性玄武岩风化壳的红土层中。所产蓝宝石呈柱状、板状及不规则粒状，颜色为深蓝色、蓝绿色、黄褐色或无色等，常含杂质且裂纹较多，呈透明—半透明状，粒径一般在0.2~0.8cm之间，最大可达3cm。

三、祖母绿

（一）祖母绿的品质评价

评价祖母绿的品质与价值，也是以颜色作为最主要的评价因素，颜色的美与否，对祖母绿的价值影响很大。因此，准确地描述祖母绿的颜色、确切地区分颜色之间的微妙差别是评价祖母绿的基础。根据祖母绿分级国家标准（GB/T 34545—2017），阐述如下。

1. 颜色分级

（1）色调。颜色是影响祖母绿价值的最重要因素。祖母绿的颜色多呈绿色至深绿色，但不同程度地带有一些蓝色或黄色的色调，其中以纯绿色为最好，颜色越接近光谱绿色越好。根据祖母绿色调的差异，将其划分为三个类别，依次表示为绿（G）、微黄绿（yG）和微蓝绿（bG）。祖母绿色调类别及特征见表6-18。

表6-18 祖母绿色调类别及特征

色调类别		肉眼观测特征	色调参考值
绿	G	样品主体颜色为纯正的绿色，或绿色中带有极轻微的、稍可觉察的黄色调或蓝色调	≈5G
微黄绿	yG	样品主体颜色为绿色，带有较易觉察的黄色调	2.5G~5G
微蓝绿	bG	样品主体颜色为绿色，带有较易觉察的蓝色调	5G~2.5bG

（2）明度和彩度。将祖母绿的明度和彩度划分为四个级别，分别表示为艳绿（VG）、浓

第六章 有色宝石的分级与价值评估

绿（IG）、绿（G）、淡绿（LG）。祖母绿明度和彩度级别及特征见表6-19。

表6-19 祖母绿明度和彩度级别及特征

明度和彩度级别			肉眼观测特征
艳绿	VG	Vivid Green	反射光下呈艳绿色，颜色鲜艳饱满，较明亮
浓绿	IG	Intense Green	反射光下呈浓绿色，颜色浓郁饱满，较暗
绿	G	Green	反射光下呈中等浓度的绿色，颜色浓淡适中
淡绿	LG	Light Green	反射光下呈浅绿色，颜色浅淡

从颜色的明度来看，中等暗绿至深浓绿色最好。从彩度来看，强的带蓝的绿色或浓的带蓝的绿色最好。

2. 净度分级

净度是评价祖母绿品质的重要因素之一。祖母绿是宝石中含包裹体和裂隙最多的一类宝石，属GIA有色宝石净度分类中的Ⅲ类宝石。天然产出的祖母绿或多或少都含有这样或那样的瑕疵，无瑕的祖母绿极少见。包裹体和裂隙的存在会影响宝石的净度，也会影响宝石的颜色和透明度，进而影响到宝石的美观和耐久性。因此，祖母绿中瑕疵存在的多少，是评价祖母绿净度等级的主要因素。

（1）净度分级。根据祖母绿净度的差异，将其划分为三个级别，由高到低依次表示为纯净（C1）、较纯净（C2）和一般（C3）。祖母绿净度级别及特征见表6-20。净度等级划分主要考虑瑕疵的大小、多少和分布位置，以及瑕疵的颜色和深浅。在同等条件下（其他因素不变的情况下），宝石的净度越高，价值越高；反之，宝石的净度低，价值也就越低。

表6-20 祖母绿净度级别及特征

净度级别		观测特征
纯净	C1	肉眼难见祖母绿内、外部特征
较纯净	C2	肉眼可见到祖母绿内、外部特征，对整体美观有一定影响
一般	C3	肉眼易见到祖母绿内、外部特征，对宝石的美丽程度有明显影响

（2）净度优化程度分级。根据祖母绿净度优化的程度将其划分为五个级别：未经净度优化（N）、不明显（IF）、轻微（F1）、中等（F2）、明显（F3）。祖母绿净度优化级别及特征见表6-21。

表6-21 祖母绿净度优化级别及特征

级别			观察特征
未经净度优化	N	No indication of clarity enhancement	无净度优化迹象
不明显	IF	Indications of insignificant clarity enhancement	只有达表面小缝隙
轻微	F1	Indications of minor clarity enhancement	台面不多于1个中缝隙或其他位置不多于3个中缝隙
中等	F2	Indications of moderate clarity enhancement	台面不多于1个大缝隙或不多于3个中缝隙，或其他位置不多于2个大缝隙
明显	F3	Indications of significant clarity enhancement	台面有1个以上大缝隙或其他位置2个以上大缝隙或贯穿缝隙

3. 火彩分级

在肉眼观察条件下，根据祖母绿火彩占冠部面积的比例，将其划分为四个级别，火彩级别由高到低依次表示为极好（B1）、很好（B2）、好（B3）和一般（B4）。祖母绿火彩级别及特征见表6-22。

表6-22 祖母绿火彩级别及特征

火彩级别		火彩占冠部面积比例	转动观测特征
极好	B1	≥60%	火彩非常多，极易观察，整体亮丽、闪烁
很好	B2	30%～60%	火彩很多，明显可见，绝大部分亮丽、闪烁
好	B3	10%～30%	火彩多，易于观察，大部分亮丽、闪烁
一般	B4	<10%	火彩少或无，不易观察

4. 切工

评价祖母绿的切工需要考虑以下因素。

（1）切工的定向。祖母绿是双折射宝石，因此，它具有多色性，所以在切磨时必须考虑切工的定向，应使切磨后宝石的台面垂直于光轴方向，只有这样才能使台面不显示多色性，从而使台面得到最纯、最饱和的颜色。否则台面稍微偏离，不与光轴垂直，都会导致台面颜色不正，带有黄色或蓝色的色调，而降低宝石的等级。

（2）切工的类型。祖母绿的切工包括刻面型和弧面型两类。刻面型主要包括祖母绿型、圆型和方型，其中以祖母绿型切工为最好，颗粒小的才切磨成圆型或方型（如桑达瓦纳祖母绿），价值相对要低一些。而透明度差、瑕疵多的祖母绿一般切磨成弧面型。

（3）比例及对称性。琢型的轮廓应符合标准规范要求，对称性要好。若视觉上具明显的斜歪感，必将影响对切工的评价，进而影响到宝石的价值。

祖母绿的色散值为0.014，虽然比钻石的色散值要小很多，但是如果切工比例合适，也可显示出最佳的闪光亮度。闪光亮度的大小，也是构成祖母绿美感的一个重要因素，在同样颜色、净度、质量条件下，闪光亮度大的其价值要高于闪光亮度小的。

（4）抛光程度。抛光的优劣会影响宝石的光泽。抛光好，宝石的光泽就强；反之就差，从而影响宝石成品的品质。

5. 克拉质量

祖母绿的质量与它的价值有着密切的关系。在国际上，优质的祖母绿比优质的钻石价格还要高，说明高品质的祖母绿是非常稀少的。

祖母绿的质量可以划分成以下等级（表6-23）。

表6-23 祖母绿质量等级划分表

粒级	质量（克拉）	价值
微粒	<0.5	
小粒	0.5～1	
中粒	1～2	
较大粒	2～3	随着颗粒的增大，其价值呈跳跃式递增
大粒	3～5	
很大粒	5～10	
特大粒	>10	

（二）祖母绿的产地特征

祖母绿主要产于哥伦比亚、津巴布韦、俄罗斯、印度、巴西、赞比亚等国。不同产地的祖母绿具有不同的包裹体特征，可以通过鉴定宝石包裹体的特征来确定祖母绿的产地。

1. 哥伦比亚祖母绿

哥伦比亚是世界上祖母绿的主要出产国，主要矿区有木佐（Muzo）、契沃尔（Chivor）、科斯丘兹（Cosquez）、高加拉（Gachala）和拉帕尔马（La Pita）等（图6-11）。其中拉帕尔马矿区于1997年开始开采，目前是哥伦比亚最主要的祖母绿矿床。契沃尔祖母绿呈蓝绿色，含三相包裹体，且具有晶形完好的黄铁矿包裹体。木佐祖母绿呈较深的绿色，具有典型的三相包裹体，见有稀土矿物氟碳钙铈矿包裹体，可作为木佐祖母绿的产地特征。

图6-11 哥伦比亚祖母绿钻石戒指
（祖母绿重5.55ct，香港佳士得，2016年，成交价为87.5万港元）

2. 赞比亚祖母绿

20世纪70年代以来，赞比亚陆续出产宝石级祖母绿，目前其祖母绿产量约占世界总产量的20％以上，是世界上最重要的祖母绿出产国。赞比亚祖母绿总体颜色呈深绿色、带蓝的绿色，颜色中稍带灰色色调，晶体中可见到黑云母、赤铁矿、磷灰石等固态包裹体。

3. 巴西祖母绿

20世纪80年代以来，巴西逐渐成为国际祖母绿市场的主要供应国，祖母绿产量占比超过30％。巴西祖母绿颜色一般呈浅黄绿色，粒度较小，直径为0.5～0.6cm。大多数祖母绿含有二相包裹体。固态包裹体有含铬尖晶石、黄铁矿、方解石、白云石、石英、透闪石等，含有乳白色云朵状钠长石、云母、黄铁矿和黑色炭质包裹体。

4. 俄罗斯祖母绿

俄罗斯祖母绿主要产于俄罗斯乌拉尔地区，颜色为具明显黄色调的绿色，含有似竹茎的阳起石针状包裹体和金云母包裹体。

5. 津巴布韦祖母绿（或称桑达瓦纳祖母绿）

津巴布韦祖母绿颜色呈深绿色，且较浓艳，晶体较小，含有透闪石针状包裹体和赤铁矿等包裹体。

6. 印度祖母绿

印度祖母绿颜色呈由浅至深的绿色，含有典型的逗号状两相包裹体和云母片状包裹体。

四、变石和猫眼石

变石和猫眼的矿物名称为金绿宝石（Chrysoberyl），化学式为Al_2BeO_4。其中具变色效应（在日光和白炽光下呈现不同颜色）者，称为变石（或称亚历山大石）；具猫眼效应者则称为金绿宝石猫眼,或简称猫眼。

(一)变石和猫眼的品质与价值

1. 变石的品质与价值

变石的品质,主要取决于宝石本身的颜色、颜色变化的美艳程度,以及宝石的透明度、外表形态和瑕疵的多少。

在日光下显示翠绿色(越接近祖母绿的绿色越好),在白炽光下显示带紫的红色(越接近红宝石的红色越好),具这种颜色变化的变石,价值最高。但这样的变石自然界产出非常稀少,多数的变石颜色只是近似。变石颜色的变化范围很广,几乎没有两粒具同样变色效应的变石。在日光下,呈现绿色、淡绿色的变石,在白炽灯下分别为紫红、淡粉色的变石,价值相对较低。变石的净度特征属于 GIA 有色宝石净度分类中的Ⅱ类宝石,而巴西变石通常具有很高的净度。

对于变石来说,存在这样的趋势,随着颗粒的增大,变石的绿色中带有更多的黄色调,而红色则更接近于褐色。质量大于 5ct 且带有漂亮的绿色和红色的变石是非常稀少的,其价值极高。

评价变石的关键就是其变色效应的强弱。这里需要指出的是,变石的绿色和红色不能与祖母绿和红宝石的颜色相比。此外,外形的优劣和瑕疵的多少也是非常重要的,没有变色效应的金绿宝石不能作为变石(图 6-12)。

图 6-12 变石

2. 猫眼的品质与价值

最好的猫眼石在日光灯的正下方显示蜜黄—乳白效应,即亮带一侧为蜜黄色,另一侧为乳白色。猫眼石在加工时,工匠往往因为过于注重保留更多的品质,而忽略了对切工比率和对称性的要求。在评估时,对过于厚重的底及偏离中心的亮带要在总品质分中进行酌情扣减。猫眼石很少达到 10ct 以上,对过大的猫眼石克拉价格可以进行议价(图 6-13)。具有变色效应的猫眼石则称为变石猫眼石,极为稀有。

目前,国际市场上对猫眼品质的评价,主要取决于以下几个方面:

(1)猫眼线的清晰程度。猫眼线是否狭窄、清晰、锐利,这是评价猫眼品质的重要标志。优质的猫眼,在自然光线下眼线是狭窄且清晰的;在集中光线(点光源)照射下,眼线

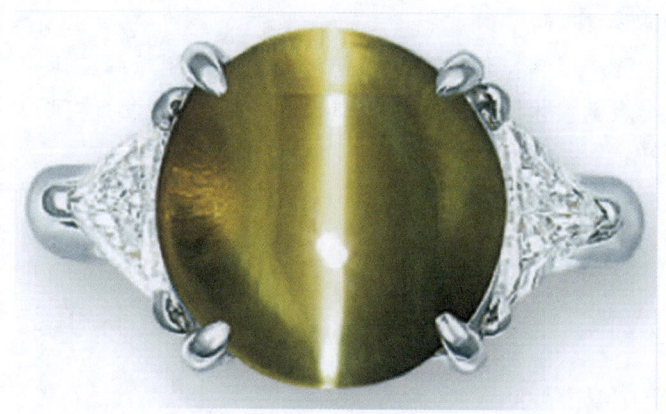

图 6-13 猫眼石钻石戒指

则变得极亮且强烈,有锐利的感觉。

(2)猫眼线的匀称程度。优质的猫眼,在自然光线下水平转动时,其眼线应开合自如。眼线张得越大越好,合起来则越锐利越好,如猫的眼睛在光线强弱变化时的反应一样,开合迅速。眼线越匀称越好。

(3)猫眼线在宝石中的位置。若猫眼线位于宝石的中央,则猫眼品质最高;若猫眼线偏离宝石的中央,则猫眼品质逐渐降低。

(4)猫眼的洁净度。优质的猫眼应是洁净且呈半透明状,眼线与背景的反差越大越好,当光线垂直于眼线照射时,对着光的一面呈蜜黄色,背光的一面呈乳白色。

(5)颜色。最好的猫眼颜色为褐黄色和棕黄色,其次依次为绿色、黄绿色、棕色、浅黄色、灰色等。

(二)变石和猫眼的资源分布

变石和猫眼是极为稀有的宝石品种,其矿床成因类型主要为花岗伟晶岩型、接触交代型和砂矿型。据资料报道,目前市场上大部分的变石和猫眼主要产自巴西的米那斯吉拉斯州和斯里兰卡,还有部分变石产自俄罗斯。

1. 巴西米那斯吉拉斯州的变石和猫眼资源

巴西变石和猫眼主要产在特奥兹奥托尼-马兰巴亚伟晶岩区,以矿囊的形式产于花岗伟晶岩的晶洞中。该区产出的金绿宝石,很多是黄色高档的猫眼石;产出的变石,颗粒较小,但品质很好,是世界上变石和猫眼的主要产区之一。

2. 斯里兰卡的变石和猫眼资源

斯里兰卡的变石和猫眼主要产于其西南部拉特纳普勒的冲积砂矿中。斯里兰卡所产猫眼品质好,是世界上猫眼的主要产地之一,因此,猫眼也被定为斯里兰卡的"国石"。据报道,1993年春,曾采到一颗重达2735ct的特大猫眼石,原石呈浑圆三角形,颜色为带金黄色调的茶棕色,内含密集平行排列的细管状包裹体,堪称世界之最。斯里兰卡出产的变石在日光下呈黄绿色,清澈透明,世界上许多著名的博物馆(如英国的大英自然历史博物馆、美国华盛顿的史密森博物馆等)均收藏有斯里兰卡出产的变石。

3. 俄罗斯的变石资源

俄罗斯的变石主要产于乌拉尔的斯维尔德洛夫斯克的祖母绿矿床中，在日光下呈蓝绿色，含矿母岩为云母岩脉，脉长一般为250～300m，祖母绿和变石均产于其中，所产变石颗粒较小，但品质较好。

变石和猫眼石资源在世界范围内产出较少，加之它们都具有美丽的光学效应，因而是非常珍贵的宝石品种。

第八节 其他有色宝石的品质与价值评估

一、尖晶石

尖晶石是由 Fe、Mg、Cr、Al、Zn、Mn 等元素组成的氧化物，其中宝石级尖晶石主要为镁尖晶石，化学式为 $MgAl_2O_4$。其中二价的 Mg 可被少量二价 Fe、Zn 和 Mn 所替代，而三价 Al 可被少量 Fe、Cr 所替代，因而宝石级尖晶石可呈现各种不同的颜色，如无色、粉红色、红色、紫红色、浅紫色、蓝紫色、蓝色、褐色和黑色等。评价尖晶石的品质，主要依据以下四个方面的因素。

1. 颜色

尖晶石的颜色在其价值权重中占比超过50%，因此颜色对尖晶石的品质与价值评估来说，显得十分重要。尖晶石的颜色以深红色、紫红色和橙红色者为上品（图6-14），其他颜色的尖晶石的价值相对要低一些，但具有变色效应（在日光下显示带灰的蓝色，在白炽光下显示紫罗兰色或紫色）的尖晶石例外。

2. 净度

尖晶石一般较洁净，为GIA有色宝石净度分类中的Ⅱ类宝石，瑕疵较少。如果肉眼可以看到瑕疵、裂口或裂缝、裂纹，则其价值要降低许多。尖晶石中如有包裹体，只要所含包裹体不影响尖晶石的整体颜色，则对评价尖晶石的品质影响不大。

3. 切工

尖晶石一般颜色均匀，为光性均质体，因此没有多色性，切磨时不必考虑定向问题。但尖晶石的粒度一般都较小，经常发育有尖晶石双晶，切磨后宝石的规格都不太理想。但是只要切磨得当，切磨后的宝石应具有一定的亮度，切磨后的宝石越亮越好。

4. 克拉质量

优质的尖晶石，一般粒度都是很小的，质量超过10ct的极为稀少。切磨时应尽可能减少损失，以最大限度地保持其宝石的质量。

二、紫晶

紫晶是指呈淡紫、深紫等色的水晶晶体，其化学式为 SiO_2，是二氧化硅宝石中价值最高的一种，也是人类使用历史最悠久的宝石之一。在19世纪末以前，深色紫晶具有相当高的价值，如英国乔治三世国王的妻子夏洛特王后曾花巨资购买过一条紫晶项链。但自从在俄

图 6-14　不同色调的缅甸红色尖晶石

罗斯的乌拉尔、巴西和乌拉圭发现大量的紫晶后,其价值已大大下降。

紫晶的产量较大,一般只有具较高透明度且颜色较深的紫晶才被用作宝石,评价紫晶品质的因素主要有以下六个方面。

1. 颜色

颜色是评价紫晶品质的重要方面。紫晶的色调可以分成带微蓝的紫色、带细微蓝的紫色、紫色、带微红的紫色和紫红色,其中以紫红色、紫色为最好;紫晶的明度可以分成浅紫、中等紫、深紫和深暗紫,其中以深紫色为最好(图 6-15)。中等紫色的紫晶切磨成戒面后,颜色显得较淡,这种材料是用作雕件的优质材料。紫晶颜色的彩度可以分为淡紫、中等浓紫、浓紫,其中以浓紫色最好。

图 6-15　紫晶

2. 透明度

紫晶的透明度一般较好,宝石内部的洁净度也非常好,如果透明度等级降低,则宝石的品质下降。

3. 色形

紫晶通常具色带现象，即颜色深浅呈规则的分带现象。具色带现象的紫晶，由于其颜色分布不均匀，因此品质将有所降低。评判的主要依据：如果从台面观察紫晶颜色，发现颜色不均匀，有无色的区域，则其品质下降；如果从台面观察，紫晶颜色均匀，而从其他角度可以观察到颜色不均匀，具有无色的区域，则不影响它的价值。

4. 净度

紫晶的宝石学特性较好，为GIA有色宝石净度分类中的Ⅱ类宝石，如果宝石中含有肉眼可见的瑕疵，则宝石的品质将下降。

5. 切工

紫晶是双折射宝石，因此具有多色性，在切磨时台面应垂直紫晶的光轴，这样可使台面的颜色最深，切磨后宝石的效果最好。切磨后宝石的比例和对称性也是一个重要的标志，比例和对称性好的将是优质的切工，反之则会影响对其品质的评价。

6. 克拉质量

在同等品质条件下，紫晶的克拉质量越大，其价值越高。

三、石榴石

石榴石族矿物的种类较多，化学成分比较复杂，通常可用化学通式 $A_3B_2[SiO_4]_3$ 表示。A代表二价阳离子Ca、Mg、Fe、Mn等，B代表三价阳离子Al、Fe、Cr等。各种阳离子之间的类质同象极为广泛。因此，石榴石基本上可分为两类：

（1）二价阳离子不同，三价阳离子均为Al的"铝系石榴石"，包括镁铝榴石 $Mg_3Al_2[SiO_4]_3$、铁铝榴石 $Fe_3Al_2[SiO_4]_3$、锰铝榴石 $Mn_3Al_2[SiO_4]_3$。

（2）二价阳离子均为Ca，而三价阳离子不同的"钙系石榴石"，包括钙铝榴石 $Ca_3Al_2[SiO_4]_3$、钙铁榴石 $Ca_3Fe_2[SiO_4]_3$、钙铬榴石 $Ca_3Cr_2[SiO_4]_3$。此外，还有镁铁榴石 $Mg_3Fe_2[SiO_4]_3$、钙钒榴石 $Ca_3V_2[SiO_4]_3$。

石榴石类的宝石品种较多，在珠宝市场上见到的石榴石主要类型有镁铝榴石（红榴石、玫瑰榴石）、铁铝榴石（贵榴石）、钙铝榴石（沙弗莱石）、钙铁榴石（翠榴石）和钙铬榴石。它们可以呈现不同的颜色，如红色、橙色、黄色、绿色等。因此，评价石榴石类宝石品质的关键因素，是颜色、透明度、切工和克拉质量。但是稀有性在石榴石类宝石的评价中也是一个十分重要的因素，如翠榴石、沙弗莱石在自然界产出很少，宝石学特性很好，加之市场需求量也大，它们的价值较其他种类的石榴石要高出许多。

翠榴石常呈鲜艳的绿色、黄绿色，折射率高达1.89，尤其是它的高色散值（0.057），为其他种类石榴石的两倍，且大于钻石，故而琢磨成宝石时光彩耀眼，非常惹人喜爱，加之产出稀少，因此，翠榴石一直是很受重视的高档宝石，其价值可与优质蓝宝石相当（图6-16）。

沙弗莱石是一种含有铬和钒的钙铝榴石，也称为铬钒钙铝榴石，常呈绿色、蓝绿色和黄绿色，通常颗粒较小（图6-17）。

1. 颜色

对于不同颜色的石榴石，其颜色均可从正、浓、阳、匀四个方面来具体评价。对于具变色

第六章　有色宝石的分级与价值评估

图 6-16　翠榴石

图 6-17　沙弗莱石

效应的石榴石的颜色评价则例外，因为这样的石榴石比较稀有，价值相对较高，变色效应的明显程度是一个较重要的标志。具变色效应的石榴石，称为马来亚石（Malaya），是由镁铝榴石和锰铝榴石混合而成的，在日光下显示带绿的蓝色，在白炽光下显示带红的紫色（图 6-18）。

图 6-18　变色石榴石

2. 净度

石榴石的净度越高，品质等级越高。若内部含有包裹体，则宝石的净度降低。含有平行管状包裹体的石榴石一般切磨成弧面型，可以出现"四射星光"或"六射星光"。具星光效应的石榴石称为星光石榴石，常出现于镁铝榴石或镁铝榴石与铁铝榴石混合而成的宝石中（图 6-19）。

3. 切工

石榴石的切工包括刻面型和弧面型两类。透明度好的石榴石一般都切磨成刻面型，而透明度差、裂隙

图 6-19　星光石榴石

多的石榴石一般切磨成弧面型。琢型的轮廓应符合标准要求，对称性要好。石榴石类宝石的色散值，除翠榴石外，一般都比钻石要低，但是如果切工比例合适，也可显示出最佳的亮度。而翠榴石的色散值为 0.057，高于钻石，切工比例合适可以显示非常明显的"出火"现象。因此，切工的比例是评价石榴石品质的重要因素之一。

4. 克拉质量

在同等品质条件下，石榴石的克拉质量越大，其价值也就越高。

四、橄榄石

橄榄石的化学式可用通式 $R_2[SiO_4]$ 表示，其中 R 主要为 Mg 和 Fe，由于两者离子半径近似而形成完全类质同象系列。自然界中镁橄榄石（$Mg_2[SiO_4]$）和铁橄榄石（$Fe_2[SiO_4]$）较少见，一般成分介于两者之间，化学式为 $(Mg,Fe)_2[SiO_4]$。橄榄石常呈特征的橄榄绿色和黄绿色，颜色的深浅与 Fe 元素的含量有关，Fe 含量愈高，颜色愈深。

评价橄榄石的品质与价值，主要依据以下四个方面。

1. 颜色

橄榄石的颜色以纯正、均匀，不带有任何褐色或黑色色调的中—深黄绿色或微带黄的绿色（似橄榄色）为最佳，颜色越鲜艳，价值也就越高（图 6-20）。

图 6-20 橄榄石

2. 净度

橄榄石一般为透明的晶体，如果成品中存在有肉眼可以观察到的其他瑕疵，将会影响到橄榄石的净度，从而影响其价值，因而橄榄石的净度是评价橄榄石品质的一个十分重要的标志。橄榄石以没有包裹体和裂隙的为最佳；其次为含有无色或浅色调包裹体者；品质最差的是含有黑色或深色调包裹体和较多裂隙的橄榄石。

3. 切工

由于橄榄石的透明度一般较高，因此橄榄石一般被切磨成刻面型宝石。透明度低或含有较多裂隙的橄榄石也可切磨成弧面型宝石，但价值较低。依据标准比例切磨的宝石亮度好，其价值也高。

4. 克拉质量

对于橄榄石来说，在上述同等品质条件下，质量越大，其价值也就越高。大颗粒的橄榄石，市场上并不多见，橄榄石成品，质量一般都在 3ct 以下，大于 3ct 的橄榄石成品就较少见，故价格也相应增加，而大于 10ct 的橄榄石成品则属罕见。

五、锆石

锆石的化学成分为 $Zr[SiO_4]$，质纯者无色，含杂质者常呈淡黄色、黄褐色、紫红色、红色、淡红色、蓝色、绿色、褐色、橙色等（图 6-21）。自然界的原生宝石级锆石矿床主要与金伯利岩、含蓝宝石碱性玄武岩、正长岩或云霞正长岩质伟晶岩有成因联系，但不多见。迄今宝石级锆石矿床主要为砂矿型。

图 6-21 不同颜色的锆石

评价锆石的品质，主要依据以下四个方面。

1. 颜色

最为流行的锆石颜色为无色和蓝色，以蓝色者价值最高；对于无色锆石，要求透明，不带任何灰色或褐色色调。评价有色锆石，主要是要观察颜色的纯度、色调、均匀度，色纯、透明又均匀的最好。色调发暗、明亮度较差、晶体浑浊、颜色不均匀的锆石一般价值较低。

2. 净度

高品质的锆石，在肉眼观察下，应不带任何瑕疵。由于锆石性脆，极易磨损，应仔细观察刻面棱线是否有磨损现象，如有磨损，则价值降低。凡是有云雾状包裹体的锆石，都不是高品质的锆石。

3. 切工

由于锆石具有较强的多色性，因此在切磨有色锆石时，应使台面垂直于它的光轴，这样可以得到最佳的台面颜色效果。如蓝色锆石多色性较强，只有垂直于光轴方向的蓝色才是最纯正的蓝色。由于锆石具有高折射率和高色散值（0.038），接近于钻石，因此若切磨比例得当，锆石将具有较好的"出火"现象，品质就高；反之，如果切磨比例不当，"出火"就不好，即使质量增加，价值也会降低。所以切磨时应注意整体的明亮效果，稍有任何一点偏离，都会影响其价值。

4. 克拉质量

在满足上述品质要求的条件下，锆石的克拉质量越大，价值越高。

六、海蓝宝石

海蓝宝石指颜色呈蓝色、海蓝色、天蓝色、带绿的蓝色的绿柱石。海蓝宝石不仅产地多，产量也较大，而且粒度大的也很多，因此，它不如钻石、红宝石、蓝宝石、祖母绿那么珍贵，属于中档宝石。

评价海蓝宝石的品质主要依据以下四个方面。

1. 颜色

海蓝宝石的颜色以天蓝色、海蓝色为最好，微带绿的蓝色或微带灰的蓝色则较差，颜色越纯越好（图6-22）。由于海蓝宝石的色调总体较浅，一般可以将其明度分成四个等级，即很淡、淡、中等、较深，其中较深明度的海蓝宝石较少见。通常认为明度越深越好，但是要注意，明度加深时，经常会使宝石带有灰色调，从而降低宝石颜色评价的等级。

图6-22　海蓝宝石

2. 净度

海蓝宝石的净度一般较高，如果含有肉眼可见的包裹体、裂纹则将降低宝石的净度等级，从而影响宝石的品质和价值。若宝石具有平行排列的纤维状、针状包裹体则例外，它们可以加工成海蓝宝石猫眼石。

3. 切工

透明度高、无裂纹或裂纹少的海蓝宝石，一般均加工成刻面型，如祖母绿型、椭圆型、心型等。具平行排列的纤维状、针状包裹体的海蓝宝石，加工成弧面型，可呈现猫眼效应。对于裂纹多、缺陷多的海蓝宝石一般加工成弧面型或用作雕刻原料，与刻面型宝石相比，价值降低。

4. 克拉质量

综合考虑上述三个条件，在品质相同的情况下，海蓝宝石的克拉质量越大，其价值也就越高。

七、绿柱石

除了祖母绿、海蓝宝石外的其他绿柱石族宝石都统称为绿柱石。绿柱石的品种较多，它们可以呈现不同的颜色（图6-23）。评价绿柱石类宝石品质的主要因素是颜色、净度、切工和克拉质量，但是宝石的稀有性以及宝石颜色的稳定性，也是评价绿柱石类宝石必须考虑的因素，如红色绿柱石在自然界产出极少，而市场需求量很大，它的价值较其他品种的绿柱石要高出许多；而马克西卡塞蓝色绿柱石，由于其颜色的稳定性较差，因此它的价值较其他绿柱石要低一些。含肉眼可见的气液包裹体者，整个晶体作观赏石价值很高。

1. 颜色

对于不同颜色的绿柱石，以红色绿柱石、金色绿柱石和玫瑰绿柱石为最佳。红色绿柱石

第六章 有色宝石的分级与价值评估

图6-23 不同颜色的绿柱石类宝石

颜色鲜艳,透明度好。对于相同颜色的绿柱石,其颜色仍可从正、浓、阳、匀四个方面来评价,颜色越纯正、越鲜艳、越均匀越好。

2. 净度

绿柱石是净度较高的一类宝石,即使含有细微的瑕疵,也会大大地降低宝石的品质,影响宝石的价值。因此,绿柱石的净度等级是一个十分重要的品质评价标志,净度越高,宝石的品质越好。

3. 切工

绿柱石一般净度较高,通常被切磨成刻面型宝石。琢型的轮廓应符合标准要求,比例应合适,外观应对称,以增加宝石的亮度。此外,绿柱石具二色性,因此在切磨过程中,台面应与它的光轴垂直,以保证切磨后台面的颜色最佳。宝石的抛光度也是评价宝石切工必须考虑的因素。

4. 克拉质量

对于宝石来说,质量始终是一个最为客观的标准,在同等品质条件下,宝石质量越大,其价值越高。红色绿柱石产量稀少,大颗粒的更为少见,因此宝石级的红色绿柱石,质量很少有超过2ct的,如超过2ct,则其售价惊人,这也说明了质量在宝石品质与价值评价中的重要性。

八、托帕石

托帕石,矿物学名称为黄玉,化学式为$Al_2[SiO_4](F,OH)_2$,质纯者呈无色或微黄色,含有其他成分或杂质可呈黄色、柠檬黄色、橙黄色、绿色、蓝绿色、蓝色、紫红色、红色等(图6-24)。自然界的托帕石是典型的含氟等挥发性物质的气化-高温热液作用的产物,其矿床类型主要为花岗伟晶岩型,次为气化-高温热液型、矽卡岩型和砂矿型。

托帕石的品种较多,可以呈现许多不同的颜色。评价托帕石的品质,主要依据颜色、净

图 6-24 不同颜色的托帕石

度、切工和克拉质量四个方面。

1. 颜色

托帕石可呈现出不同的颜色，其价值各有不同。对于黄色调的托帕石来说，以金黄色、雪利（橙黄）色为最好，其中又以不带任何褐色的深色调雪利色托帕石为最好；而黄色、柠檬黄色托帕石则价值相对低一些。蓝色的托帕石往往色调较浅（其色调与海蓝宝石相似），而现在市场上出售的颜色较深的蓝色托帕石，其颜色是由人工经过辐射处理而产生的，这种颜色的托帕石价值是比较低的。粉红色托帕石通常带有浅紫罗兰色调，其颜色越接近于红色，价值也就越高。具体评价某种颜色的托帕石时，也可以正、浓、阳、匀作为标准。

2. 净度

托帕石是净度较高的一类宝石，即使含有细微的瑕疵，也会大大地降低宝石的品质，影响宝石的价值。因此，托帕石的净度越高，宝石的品质等级也越高。

3. 切工

托帕石一般净度较高，通常被切磨成刻面型宝石，符合标准且比例合适的切工，可以增加宝石的亮度。此外，托帕石具多色性，因此在切磨彩色托帕石的过程中，台面应与它的光轴垂直，以保证台面的颜色最佳，无色透明者，则不需考虑定向。宝石的抛光度，也是评价宝石切工必须考虑的因素。

4. 克拉质量

质量是一个客观的评价条件,在同等品质条件下,托帕石的克拉质量越大,价值也就越高。

九、碧玺

碧玺,矿物学名称为电气石。它的化学成分非常复杂,化学式为$(Na,Ca)(Li,Al,Mg,Mn,Fe)_3(Al,Fe)_6[Si_6O_{18}](BO_3)(OH,F)_4$。碧玺可呈无色、粉红色、玫瑰红色、红色、绿色、深绿色、浅绿色、浅蓝色、蓝色、深蓝色、紫色、黄色、黄绿色、褐色、黄褐色、黑色、杂色(二色、三色)等(图6-25),是所呈颜色最多的宝石之一。自古以来,碧玺一直是人们喜爱的宝石品种。

图6-25 不同颜色的碧玺

评价碧玺的品质与价值,可依据以下四个方面。

1. 颜色

碧玺的颜色很多,不论何种颜色都是以颜色纯正者为好。巴西出产的绿蓝色帕拉依巴碧玺被认为是价值最高的碧玺(图6-26)。

此外,通常被认为最好、最珍贵的碧玺为红色碧玺(红色必须是天然的,辐照改色的红色碧玺除外,图6-27)。多色碧玺及变色碧玺(极稀少的品种,在阳光下呈黄绿色-棕绿色,白炽光下呈棕红色)比相应的单色碧玺更珍贵、价值更高(图6-28)。

图6-26 帕拉依巴碧玺钻石戒指
(主石重6.43ct,香港佳士得,2016年,成交价为294万港元)

图 6-27 红色碧玺

图 6-28 多色碧玺

蓝色碧玺是一种稀有的碧玺，它具有特征的蓝色，微微带有一点或不带任何的绿色色调，宝石级的蓝色碧玺比绿色碧玺色调深，会导致透明度和亮度的下降（图 6-29）。虽然有这样的不足，但是宝石级蓝色碧玺的稀有性，使得它比粉红色碧玺、绿色碧玺更昂贵。

绿色碧玺可以带有许多不同的色调，有带褐的绿色、带黄的绿色、类似嫩草的绿色、似祖母绿色的绿色和带蓝的绿色，其中以似祖母绿色的绿色和带蓝的绿色为最好（图 6-30）。而带褐或带黄的绿色将降低绿色碧玺的等级。

图 6-29 蓝色碧玺

图 6-30 绿色碧玺

2. 净度

绿色碧玺是净度较高的宝石，为 GIA 有色宝石净度分类中的 Ⅰ 类宝石，即使含有细微的瑕疵，也会大大地降低宝石的品质。

蓝色、黄色、紫色、多色碧玺为 GIA 有色宝石净度分类中的 Ⅱ 类宝石，常含有瑕疵。

红色、粉红色碧玺为 GIA 有色宝石净度分类中的 Ⅲ 类宝石，几乎全部含有包裹体，肉眼观察有明显的瑕疵。

对于碧玺来说，由于各种颜色碧玺本身的净度等级不同，因此在评价过程中应根据颜色不同分别评价。

第六章　有色宝石的分级与价值评估

3. 切工

净度高的碧玺通常被切磨成刻面型的宝石，符合切磨比例的切工，可以增加宝石的亮度。碧玺可以切磨成各种形状，如祖母绿型、椭圆型、圆钻型和混合型等，其中祖母绿型最能体现出碧玺美丽的颜色，是碧玺最好的琢型类型，相对价格也最高。此外，碧玺具有很强的多色性，因此切磨成圆多面型时，台面应与它的光轴垂直，以保证台面颜色最佳，如果台面具有明显的多色性，将降低宝石的价值。宝石的抛光度也是评价宝石切工必须考虑的因素。碧玺内部存在有平等排列的管状或纤维状包裹体时，切磨成弧面型，可呈现猫眼效应，具有猫眼效应的碧玺称为碧玺猫眼石（图6-31）。

图6-31　绿碧玺猫眼石

4. 克拉质量

在同等品质条件下，碧玺的克拉质量越大，价值也就越高。

十、月光石

月光石是钾长石（K[AlSi$_3$O$_8$]）和钠长石（Na[AlSi$_3$O$_8$]）二种矿物呈层状交互排列的一种宝石，通常呈无色至白色，也可呈带灰的蓝色、微带蓝的绿色、带黄的绿色、浅橙色和橙褐色，透明或半透明，具有特征的月光效应（图6-32）。

判断月光石品质最为重要的标志是月光效应（游彩蛋白光）的特征，优质的月光石具有清晰的游彩蛋白光，并且随着观察角度的变化，游彩蛋白光平滑地横过宝石。通常认为，带蓝色的游彩蛋白光较白色的游彩蛋白光为好。

此外，评价月光石还需考虑透明度、颜色、切工和瑕疵程度这几个因素。

图6-32　月光石

一般来说，月光石的透明度越高，其价值也就越高。月光石的颜色评价主要看颜色的纯度，颜色越纯正，价值越高，而颜色的明度对月光石颜色的评价影响较小。月光石主要采用弧面型切工，弧面的形状比例、高度是评价切工品质的重要因素，一般弧面长轴应平行于晶体的长轴，且弧面的宽度、厚度适中，使月光效应的蓝色月光带处于弧面的正中，这种切工最能体现月光石的美，因此也是月光石最佳的切工。粗糙的切工，将大大降低月光石的价值，形状切磨不佳的月光石，往往以再切磨后所剩下的质量来计算其价格；瑕疵越多，尤其是解理越明显，则价值越低。

从资源角度来看，斯里兰卡出产的月光石的品质要高于印度出产的月光石。值得注意的是，月光石镶嵌在金属上后，宝石上的游彩蛋白光会有所增强，因而可以提高宝石的美丽程度，即同一颗月光石制成首饰比裸石更美丽、更吸引人。

第七章 翡翠的品质与价值评估

翡翠是一种玉石，是由纤维状微晶矿物致密地交织在一起所形成的块状集合体。它的矿物成分主要为硬玉，此外还有辉石族矿物中的绿辉石、透辉石和钠铬辉石等。优质翡翠颜色艳丽、质地细腻、晶莹剔透，因而备受人们的喜爱，被誉为"玉石之冠"。

对于自古就有崇玉、赏玉风俗的华人来说，翡翠具有强烈的历史、文化吸引力。翡翠的价值包括两方面：一是它的材质价值，即自然属性的价值；二是它的艺术价值，即文化属性的价值。因此，翡翠的价值高低不仅取决于翡翠本身的品质，而且与人的心境紧密相关，具体表现在只要喜欢，多少钱都愿买。这就更增加了翡翠品质和价值评估的复杂性。由此也就不难理解"黄金有价玉无价"这句话的含义了。

对翡翠品质和价值的评价，包括对翡翠原石、饰用翡翠和翡翠玉器的评价。对翡翠原石的评价比较复杂，有"神仙难断寸玉"之说，且已有许多这方面的专著问世，所以它不在本书讨论的范围之内。本书着重讨论的是饰用翡翠的品质评价。

翡翠与其他高档宝石不同的是不能仅用质量（大小）来衡量它的价值，也就是说，翡翠不能以质量（大小）来报价。究其原因是，翡翠是以硬玉矿物为主要成分的块状集合体，而非单晶体，内部变化复杂，不如单晶体宝石那样具有明显的规律性。正因为翡翠具有这些鲜明的特点，导致了对翡翠品质评价的困难。欧阳秋眉（1992）在《翡翠鉴赏》一书中提出了"4C+2T+1V"（即颜色、净度、切工、裂纹、结构、透明度和体积）作为翡翠品质的评价因素。《翡翠饰品品质等级评价》云南省地方标准（DB 53/T302—2009）提出了以颜色、透明度、净度、质地、工艺、综合印象作为评价依据。《翡翠分级》国家标准（GB/T 23885—2009）提出了以颜色、透明度、质地、不均匀性、工艺和质量作为评价因素。

第一节 翡翠颜色的评价

颜色是评价翡翠品质和价值的首要因素。翡翠的颜色多种多样，主要可以呈现白色、绿色、紫色和红—黄色，在翡翠所有的颜色中，最重要的颜色就是绿色。绿色是翡翠最有价值的颜色，颜色差一点，价值差很多，这在翡翠贸易中已是人人皆知的事实。因此，准确评价翡翠的颜色就显得尤为重要。

一、绿色翡翠的色调

绿色翡翠的色调很多，且可用不同的术语加以描述，但可以将翡翠的绿色归纳为以下六种不同的颜色类型。

1. 翠绿色

翠绿色是最纯正的绿色或稍带蓝色调的绿色，其绿色均匀浓艳、青翠明亮，包括传统的玻璃艳绿、玻璃绿、艳绿、祖母绿、宝石绿等各种最高档次的绿色（图 7-1～图 7-4）。

第七章 翡翠的品质与价值评估

图7-1 玻璃绿色翡翠挂件与戒面

图7-2 祖母绿色翡翠挂件

图7-3 艳绿色翡翠珠链

图7-4 玻璃艳绿色翡翠戒指

2. 阳绿色

阳绿色指一种稍带有黄色调的绿色，其绿色鲜艳、明亮，色调较翠绿色稍浅。有时在不同的光源，如日光和灯光下，阳绿的色感会稍有差别。它包括传统的苹果绿、黄阳绿、阳俏绿、葱心绿、金丝绿、鹦哥绿、白底青等颜色。其颜色价值次于翠绿色（图7-5～图7-9）。

图7-5 苹果绿色翡翠挂件

图7-6 黄阳绿色翡翠挂件

图7-7 阳俏绿色翡翠挂件

图7-8 葱心绿色翡翠挂件

图7-9 白底青绿色翡翠把玩件

3. 豆绿色

豆绿色指一种稍微偏蓝色或者有其他偏色的绿色，其色如豌豆，是翡翠饰品中最常见到的一种绿色，有所谓"十翠九豆"之说（图7-10、图7-11）。

图7-10 豆绿色翡翠白菜

图7-11 豆绿色翡翠挂件

4. 瓜青绿色

瓜青绿色是一种较深的蓝绿色，常常含有灰色调。其色如瓜皮，绿中泛青或者是以青为主的一种绿色，包括瓜皮绿、蛤蟆绿、丝瓜绿、瓜皮青、花青等（图7-12、图7-13）。瓜青绿色与豆绿色相比，颜色更深，鲜艳度更差，灰色调或蓝色调更明显。

图7-12 瓜皮绿色翡翠挂件

图7-13 蛤蟆绿色翡翠玉佛

5. 油青色

油青色指一种灰绿、暗绿的绿色，绿色带有明显的油脂感，在不同的背景下可有不同的颜色感觉，包括油绿、油青、蓝绿等（图7-14）。

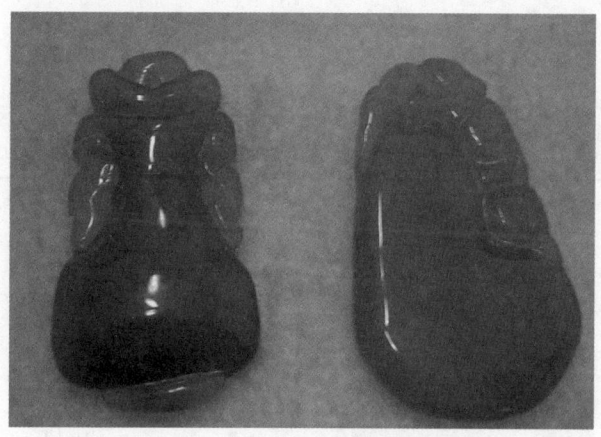

图7-14 油青绿色翡翠挂件

6. 墨绿色

墨绿色指带有较多灰黑或褐色调的绿色，色泽很深且接近墨黑色，在透射光下一般为深绿色，顶光照明则发灰、发黑（图7-15）。它如同菠菜叶的绿色和西瓜皮的深青绿色。

二、绿色翡翠颜色的评价

绿色翡翠的颜色评价，按照《翡翠分级》国家标准（GB/T 23885—2009），可根据色调、彩度和明度的差异进行级别划分。

1. 色调

根据绿色翡翠色调的差异，将其划分为绿、绿（微黄）、绿（微蓝）三个类别。色调类别依次表示为G、yG、bG。绿色翡翠色调类别及表示方法见表7-1。

图7-15 墨绿色翡翠挂件

表7-1 绿色翡翠色调类别及表示方法

色调类别		肉眼观测特征	光谱色主波长参考值 λ/nm
绿	G	样品主体颜色为纯正的绿色，或绿色中带有很轻微的、稍可觉察的黄、蓝色调	$500 \leqslant \lambda < 530$
绿（微黄）	yG	样品主体颜色为绿色，带有较易觉察的黄色色调	$530 \leqslant \lambda < 550$
绿（微蓝）	bG	样品主体颜色为绿色，带有较易觉察的蓝色色调	$490 \leqslant \lambda < 500$

注：光谱色主波长测量方法为光谱光度测色法。

纯正的绿色（即肉眼仔细观察看不出有其他颜色的色调）是翡翠价值最高的颜色，颜色的纯正对其价值的高低有很大的影响。同是绿色的翡翠，一般来说，正绿色的价值最高；而稍带一点黄的色调，则会对翡翠颜色的价值产生一定的影响；如带有蓝色调，则对翡翠颜色的价值影响会更大一些。

2. 彩度

绿色翡翠的彩度可划分为五个级别，由高到低依次表示为：极浓（Ch_1）、浓（Ch_2）、较浓（Ch_3）、较淡（Ch_4）、淡（Ch_5）。绿色翡翠彩度级别及表示方法见表7-2。

表7-2 绿色翡翠彩度级别及表示方法

彩度级别		肉眼观测特征	色纯度参考值 $Pe/\%$	GemDialogue 色卡彩度参考值 $C/\%$
极浓	Ch_1	反射光下呈深绿色—墨绿色，颜色浓郁，透射光下呈浓绿色	$Pe \geq 65$	$C \geq 85$
浓	Ch_2	反射光下呈浓绿色，颜色浓艳饱满，透射光下呈鲜艳绿色	$45 \leq Pe < 65$	$65 \leq C < 85$
较浓	Ch_3	反射光下呈中等浓度绿色，颜色浓淡适中，透射光下呈较明快绿色	$30 \leq Pe < 45$	$45 \leq C < 65$
较淡	Ch_4	反射光及透射光下呈淡绿色，颜色清淡	$20 \leq Pe < 30$	$25 \leq C < 45$
淡	Ch_5	颜色很清淡，肉眼感觉近无色	$10 \leq Pe < 20$	$5 \leq C < 25$

注：色纯度测量方法为光谱光度测色法。

国际上对翡翠颜色评价的一致看法是，高档翡翠的颜色必须具有一定的浓度，若颜色很浅，很难作为高档翡翠。

需要注意的是，翡翠颜色的深浅除与其内部的化学成分有关外，还与翡翠的厚薄有关，厚的翡翠颜色显得深一些，而薄的翡翠颜色显得浅一些。

3. 明度

绿色翡翠的明度可划分为四个级别，由高到低依次表示为明亮（V_1）、较明亮（V_2）、较暗（V_3）、暗（V_4）。绿色翡翠明度级别及表示方法见表7-3。

表7-3 绿色翡翠明度级别及表示方法

明度级别		肉眼观测特征	GemDialogue 色卡彩度参考值 $G/\%$
明亮	V_1	样品颜色鲜艳明亮，基本觉察不到灰度	$G < 10$
较明亮	V_2	样品颜色较鲜艳明亮，能觉察到轻微的灰度	$10 \leq G < 30$
较暗	V_3	样品颜色较暗，能觉察到一定的灰度	$30 \leq G < 50$
暗	V_4	样品颜色暗淡，能觉察到明显的灰度	$G \geq 50$

翡翠颜色的明亮鲜艳程度，是决定翡翠价值高低的重要因素之一，翡翠颜色的明亮鲜艳程度差一点，价值就会差很多，颜色越明亮鲜艳，价值也就越高。对翡翠颜色的浓度要求或许会因人而异，但对翡翠的明亮程度的要求却是一致的，就是越明亮、越鲜艳越好。翡翠中含有薄膜状的氧化铁，呈棕色的纤维状包裹体等均会使翡翠颜色的鲜艳度降低。

在观察翡翠颜色的明亮鲜艳程度时，光源的影响是很大的，在强光源（色温高的光源）条件下观察，翡翠的明亮鲜艳程度要高一些，在弱光条件下观察，则反之。因此，对翡翠颜色明亮鲜艳程度的评价，应在标准光源下进行。在珠宝贸易中，评价翡翠的颜色，通常是以中午日光下观察为标准。

4. 翡翠颜色分布的均匀程度

由于翡翠是由许多微小矿物晶体集合而成，因此，翡翠颜色的分布很难达到与矿物单晶体一样完全均匀一致，可以说颜色分布的不均匀是翡翠颜色分布的一大特点。所以翡翠颜色分布的均匀程度，也是翡翠颜色评价的一个重要的因素，通常可将翡翠颜色分布的均匀度分为均匀、较均匀、中等均匀、欠均匀、不均匀和甚不均匀六个等级。

翡翠颜色的均匀度与翡翠中绿色含量的多少成正比。一般来说，颜色均匀，即翡翠中绿色的分布占据整个空间，绿色的含量为95%～100%；较均匀者绿色含量为80%左右；中等均匀者绿色含量为60%左右；欠均匀者绿色含量为40%左右；不均匀者绿色含量只占25%左右；甚不均匀者绿色含量仅占10%～15%。很显然，翡翠颜色的均匀度越高，绿色的含量越大，相应其价值也就越高。但是又不能绝对化，对不同类型的翡翠成品（戒面、手镯、挂件等），其评价略有不同。例如，评价一颗翡翠戒面的颜色，在色调、彩度、明度三者相同的情况下，颜色的均匀程度决定了这颗翡翠戒面颜色的价值。在评价手镯和挂件的颜色均匀程度时，往往还需要考虑颜色的集中程度及分布形式，如一只颜色分布不均匀的手镯，如果颜色分布相对集中，就比颜色分布分散者价值高。同理，对于翡翠挂件也是如此。

总之，一颗翡翠最佳的颜色应是绿色纯正，浓度适宜，明亮鲜艳，分布均匀。

第二节 翡翠透明度的评价

翡翠的透明度，指的是翡翠透过可见光波的能力。当光线照射到翡翠表面时，一部分光线将从表面反射，另一部分光线将进入翡翠内部，由于翡翠是由许多微小矿物晶体集合而成，组成翡翠的微小矿物晶体的颗粒大小、晶体形态和排列方式的差异，可以导致透光能力的不同。翡翠透光能力越强，透明度也就越好，可使翡翠显得非常晶莹剔透，也就是行话所说的"水头足"或"种好"；翡翠透光能力越差，透明度也就越差，使翡翠显得十分呆板，也就是行话所说的"水头干"或"种差"。

翡翠的透明度是评价翡翠品质的一个重要因素，透明度高的翡翠，可大大增加其美感。种、水头和颜色之间有着较为密切的关系。有的翡翠虽然颜色较淡，但由于种、水头好，加工成成品后可出现比较满意的绿色，即可使颜色浅的翡翠显得晶莹剔透，可使不够均匀的颜色显得更均匀，也就是行话所说的"绿吃石头"；而有的翡翠虽然具有较深的颜色，但由于种、水头差，加工成成品后颜色也不会艳丽，即行话所说的"石头吃绿"。

由于珠宝业内常用聚光手电观察翡翠的透明度，并根据光线能照入的深度来衡量透明度的高低，通常将光线能照入3mm的深度称为一分水，照入6mm的深度称为二分水，照入9mm的深度称为三分水（俗称玻璃种或玻璃地）。

按照《翡翠分级》国家标准（GB/T 23885—2009），将无色翡翠的透明度划分为五个级别，由高到低依次为透明（T_1）、亚透明（T_2）、半透明（T_3）、微透明（T_4）、不透明（T_5），并以光线透过率这个物理量来衡量（图7-16）。透过率是指透射光通量与入射光通量之比，而单位透过率则是指单位厚度（1mm）的翡翠对可见光的透过率。无色翡翠透明度级别及表示方法见表7-4。

图 7-16　翡翠的透明度

(从左到右依次为透明、亚透明、半透明、微透明、不透明)

表 7-4　无色翡翠透明度级别及表示方法

透明度级别		肉眼观测特征	单位透过率参考值 $t/\%$	商贸俗称（参考）
透明	T_1	反射观察：内部汇聚光强，汇聚光斑明亮 透射观察：绝大多数光线可透过样品，样品内部特征清楚可见	$t \geqslant 85$	玻璃地
亚透明	T_2	反射观察：内部汇聚光较强，汇聚光斑较明亮 透射观察：大多数光线可透过样品，样品内部特征可见	$80 \leqslant t < 85$	冰地
半透明	T_3	反射观察：内部汇聚光弱，汇聚光斑暗淡 透射观察：部分光线可透过样品，样品内部特征尚可见	$75 \leqslant t < 80$	糯化地
微透明	T_4	反射观察：内部无汇聚光，仅可见微量光线透入 透射观察：少量光线可透过样品，样品内部特征模糊不可辨	$65 \leqslant t < 75$	冬瓜地
不透明	T_5	反射观察：内部无汇聚光，难见光线透入 透射观察：微量或无光线可透过样品，样品内部特征不可见	$t < 65$	瓷地/干白地

注：单位透过率测量方法为光谱光度法。

在评价翡翠透明度时应注意以下问题：

(1) 翡翠本身颜色的深浅会影响透明度，颜色越深，透明度越低。

(2) 翡翠的厚度也会影响透明度，厚度越薄，透明度越好，因此评价透明度时应考虑翡翠的厚薄。

(3) 翡翠中共生矿物的含量多少也会影响它的透明度。

在评价优质高档翡翠时，透明度起着十分重要的作用。由于翡翠是多晶质集合体，透明度高的翡翠是非常少见的。在一定的颜色条件下，透明度越高，翡翠的价值也就越高。换句话说就是，翡翠有了一定的颜色之后，透明度对价格的影响比颜色对价格的影响还大。若一件翡翠成品颜色很好，但透明度较差，它的价值不会太高。在评价中、低档翡翠时，颜色是最重要的，有种无色，不如有色无种。但对于高档翡翠来说，一定要有种有色，即翡翠的透明度一定要好。此外，对于不同类型的翡翠成品，透明度对品质和价值的影响略有不同。对小件成品（如戒面、耳片等）而言，颜色比透明度重要；而对大件成品（如手镯、挂件等）而言，或许透明度比颜色更重要。

第三节 翡翠质地的评价

翡翠的质地，指的是组成翡翠的微小矿物晶体的颗粒大小、晶体形态以及它们的排列组合方式。

翡翠的质地与透明度及耐久性有着密切的关系，组成翡翠的矿物晶体颗粒越小，质地越细腻，透明度就越好，耐久性也越好；颗粒越大，质地越粗糙，透明度就越差，耐久性也越差。

按照《翡翠分级》国家标准（GB/T 23885—2009），根据无色翡翠质地的差异，将其划分为五个级别，由高到低依次表示为极细（Te_1）、细（Te_2）、较细（Te_3）、较粗（Te_4）、粗（Te_5）。无色翡翠质地级别及表示方法见表7-5。

表7-5 无色翡翠质地级别及表示方法

质地级别		肉眼观测特征	颗粒粒径 d/mm
极细	Te_1	质地非常细腻致密，10倍放大镜下难见矿物颗粒	$d<0.1$
细	Te_2	质地细腻致密，10倍放大镜下可见但肉眼难见矿物颗粒，粒径大小均匀	$0.1 \leq d < 0.5$
较细	Te_3	质地致密，肉眼可见矿物颗粒，粒径大小较均匀	$0.5 \leq d < 1.0$
较粗	Te_4	质地较致密，肉眼易见矿物颗粒，粒径大小不均匀	$1.0 \leq d < 2.0$
粗	Te_5	质地略松散，肉眼明显可见矿物颗粒，粒径大小悬殊	$d \geq 2.0$

在评价质地对翡翠的品质和价值的影响时，首先必须要考虑质地对透明度和抛光度的影响，其次是要考虑质地对耐久性和稀有性的影响。由于颗粒越细小的翡翠，其透明度和抛光度越好，耐久性也越好，因此价值也就越高。

质地非常细的翡翠，肉眼很难见颗粒，晶莹透明，非常稀少。而大多数翡翠一般颗粒较粗。翡翠的质地对品质的影响极大，颗粒极细呈纤维交织结构，是高档翡翠的必备条件，具备这种结构的翡翠质地细腻、油润，极具美感，价值较高。若颗粒粗大，结合松散，排列无序，品质将明显下降。

翡翠的质地从好到差依次分为：玻璃地、冰地、糯化地、冬瓜地、水粉地、水豆地、粉地、豆地、瓷地和干白地（图7-17）。

图7-17 翡翠的质地
（从左到右依次为：玻璃地、冰地、糯化地、冬瓜地、水粉地、水豆地、粉地、豆地）

第四节 翡翠净度的评价

翡翠的净度，指的是翡翠的内、外部特征对美观和耐久性的影响程度。由于翡翠是多晶质集合体，因此翡翠的净度与其他宝石的净度概念略有不同。影响翡翠净度的因素主要包括以下几个方面：①由于矿物本身颗粒大小的不同而引起，如石花；②由与翡翠共生的矿物而引起，如角闪石、长石等；③由次生矿物存在于裂隙中而引起的。

翡翠中的瑕疵，根据其形状的不同可以分为以下类型。

（1）点状。点状瑕疵与周围翡翠的颜色有明显的区别，是由于矿物成分的不同所造成的，可以进一步分为黑色（黑花）和白色（白花）两种。

（2）丝状。丝状瑕疵主要是由纤维状矿物组成。多数为褐色，使翡翠的颜色显得较暗；少数为白色，浮在翡翠表面，可以引起翡翠透明度的降低。

（3）薄膜状。薄膜状瑕疵是由翡翠中存在的次生矿物所引起的，呈黑色或黄褐色，使翡翠看上去显得很"脏"，从而降低了翡翠的美观性和价值。

按照《翡翠分级》国家标准（GB/T 23885—2009），根据无色翡翠净度的差异，将其划分为五个级别，由高到低依次表示为极纯净（C_1）、纯净（C_2）、较纯净（C_3）、尚纯净（C_4）、不纯净（C_5）。无色翡翠净度级别及表示方法见表 7-6。

表 7-6 无色翡翠净度级别及表示方法

净度级别		肉眼观测特征	典型内、外部特征类型
极纯净	C_1	肉眼未见翡翠内、外部特征，或仅在不显眼处有点状物、絮状物，对整体美观几乎无影响	点状物，絮状物
纯净	C_2	具细微的内、外部特征，肉眼较难见，对整体美观有轻微影响	点状物，絮状物
较纯净	C_3	具较明显的内、外部特征，肉眼可见，对整体美观有一定影响	点状物，絮状物，块状物
尚纯净	C_4	具明显的内、外部特征，肉眼易见，对整体美观和（或）耐久性有较明显影响	块状物，解理，纹理，裂纹
不纯净	C_5	具极明显的内、外部特征，肉眼明显可见，对整体美观和（或）耐久性有明显影响	块状物，解理，纹理，裂纹

评价翡翠的净度对品质和价值的影响是比较困难的，原因在于不同翡翠制品对外观的要求不同，如素面的翡翠制品（戒面、玉扣、手镯）对翡翠的净度要求较高。因此，评价翡翠净度时，首先要考虑瑕疵对翡翠美观的损害程度以及对耐久性的影响，其次还要考虑瑕疵本身的明显程度（如颜色、形状、大小及分布位置）。对于高档优质翡翠来说，瑕疵的存在是一个很大的缺陷，对翡翠品质和价值会有较大的影响；对于中、低档翡翠来说，其影响程度就小得多，因为翡翠是多晶质集合体，或多或少总会存在有一些不同颜色的矿物。

第五节 翡翠切工的评价

翡翠的切工包括素面切工和雕花切工两种。对采用雕花切工的翡翠制品进行评价时，除了要考虑翡翠本身的品质，还要考虑造型、构思、轮廓、线条、寓意、工艺水平等因素，即通常所说的翡翠玉器的做工。

素面制品包括椭圆形、橄榄形、马鞍形、方形、心形戒面和手镯、玉扣、指环等。素面制品由于其体积小，一般所选用的玉石原料是没有裂隙和裂纹，或少有裂隙和裂纹的。而雕花制品相比较而言，其体积较大，所选用的玉石原料往往带有裂隙、裂纹或明显的瑕疵，可利用雕刻的技法将之去除或掩盖。因此，在评价新工翡翠时，在相同色、种、质的条件下，素面制品的价值要高于雕花制品。当然，雕花制品的艺术价值亦可能会提高成品的价值。这里着重讨论素面切工与翡翠品质和价值的关系。

翡翠的切工对翡翠的美感有着直接的影响。在评价素面制品时，主要考虑以下方面：①成品的轮廓；②成品的对称性；③成品的长、宽比例；④成品的厚度；⑤蛋圆形戒面顶面的弧度。对于翡翠来说，厚度与弧度比轮廓更为重要，对翡翠的美感及光学效果影响更大。

一、翡翠戒面

翡翠戒面有椭圆形、橄榄形、马鞍形、方形、心形等，在加工工艺方面要求戒面的腰围轮廓曲线圆滑，上下左右对称，戒面的长宽比、厚度比（戒面的厚度与宽度之比）达到一定的比例要求（表7-7）。此外，戒面还可分为双凸、平底和挖底三种类型。双凸的戒面形态最受欢迎，这样可使得种好的翡翠显得更加晶莹（图7-18～图7-20）。其中上凸大、下凸

表 7-7 翡翠戒面的切工比例

戒面类型	长宽比	厚度比	大小（长度/mm）
椭圆形	(1.2～1.4)：1	(0.8～0.5)：1	8～14
橄榄形	(1.7～2.0)：1	(1～0.6)：1	10～14
马鞍形	(2.0～3.0)：1	(1.2～1)：1	14～20
方形	(1.2～1.4)：1	(0.6～0.5)：1	12～14
心形	(0.8～1)：1	(0.2～0.3)：1	20～25

图 7-18 翡翠钻石戒指
（翡翠尺寸为 16.3mm×14.8mm×6.7mm，
香港佳士得，2016 年，成交价为 50 万港元）

图 7-19 翡翠钻石戒指
（翡翠尺寸为 19.5mm×17.1mm×10.1mm，
香港佳士得，2016 年，成交价为 150 万港元）

图 7-20 翡翠耳钉 1 对

(尺寸为 25.5mm×23.8mm×12.0mm, 香港佳士得, 2016 年, 成交价为 60 万港元)

一或者上凸八、下凸二的形状分别称为"九一型"和"八二型",可达最好的光学效果,而挖底的翡翠要看挖空的程度。如以双凸型翡翠戒面价值是 100% 计,平底的则为 80%,颜色太深的翡翠多加工成凹底以增加透光性,其价值降低。价值降低幅度视其挖底的深度而定,一般只有 30%。挖得越薄,价值越低。

二、翡翠玉扣

玉扣为中间有一小圆孔的圆形片,正面被切磨成同心的弧形,背面可以是平面或与正面一样的同心弧形圈(图 7-21、图 7-22)。玉扣的切磨既不能太厚,也不能太薄,过厚会略显笨重,过薄则不够美观。一般玉扣的厚度比(厚度:直径)为(0.1~0.2):1;直径大小一般为 8~10mm。

图 7-21 翡翠钻石吊坠

(玉扣直径 29.3mm, 厚度 5.6mm, 香港佳士得, 2016 年, 成交价为 846 万港元)

图 7-22 翡翠钻石耳坠 1 对

(玉扣直径分别为 14.38mm 和 14.20mm, 厚度为 4.64mm 和 4.71mm, 翡翠蛋面尺寸为 6.04mm×5.03mm 及 6.00mm×5.11mm, 香港苏富比, 2016 年, 成交价为 16.25 万港元)

三、翡翠手镯

手镯是翡翠素面切工制品中最重要的品种,一块翡翠原料首先是力求用于做手镯,只有在做不成手镯的情况下,才考虑制作其他类别的玉器制品。因此,手镯也是对翡翠原料要求最高的玉器品种(图7-23、图7-24)。手镯根据其匝圈(或称条子)的粗细、形状和内孔径的大小和形状,分为圆形镯、扁条镯、鹅蛋镯和童镯等类型。

图7-23 翡翠手镯
(手镯内径55.3mm,宽10.1mm,厚8.9mm,
香港佳士得,2016年,成交价为47.5万港元)

图7-24 翡翠手镯
(手镯内径55.2mm,宽8.7mm,厚8.7mm,
香港佳士得,2016年,成交价为342万港元)

圆形镯是最常见、最传统的手镯形式,其匝圈截面为圆形,匝圈直径大的一般为10~14mm,小的一般为6~8mm,匝圈直径小的又称为柔姿镯。

扁条镯的匝圈断面为半圆形,外侧呈弧形面,内侧呈平面弧形的扁条形,外观增大了手镯的圈口(即手镯的内径),节省了用料,减薄了匝圈的厚度,提高了手镯的透明度。

鹅蛋镯是一种圈口呈椭圆形的扁条手镯,因圈口的形状似鹅蛋而得名。这种手镯的加工难度相对较大,对玉料的品质要求较高。

童镯,顾名思义就是适合儿童佩戴的手镯,与常规手镯相比,其圈口直径大小差别很大。各种不同类型手镯的加工工艺参数见表7-8。

表7-8 不同类型手镯的加工工艺参数

名称	匝圈直径(mm)	圈口直径(mm)
圆形镯	9~14	54~56
柔姿镯	6~8	52~54
扁条镯	8~12(宽度)	54~56
鹅蛋镯	8~10	(40~45)×(52~56)
童镯	6~8	35~40

好的切工可以最大限度地展示出翡翠的美感,增加其价值。反之,不好的切工会降低翡翠应有的美感,价值也会受到很大的影响。虽然翡翠不以质量来论价,但同样品质的翡翠,

一颗厚度适中,而另一颗很薄,很显然,这两颗翡翠的价值是不一样的,如果翡翠戒面的底部被挖空,则价值更低。通常可把翡翠的切工分成以下等级(表7-9)。

表7-9 翡翠切工等级划分表

切工分级	轮廓	对称性	比例	形状/厚度	品质等级
很好	很标准	很好	很好	双凸	1
好	标准	好	好	适中	2
中等	中等	中等	中等	中等	3
一般	不正	一般	一般	薄	4
差	歪斜	差	不好	挖底	5

此外,翡翠的质量,也就是翡翠的大小,对翡翠的评价也有一定的影响。一般情况下,在颜色、透明度、质地、切工、净度、裂纹相同品质的条件下,翡翠质量越大,价值也就越高。虽然翡翠的品质与价值是不以质量作为衡量标志,但是在同等条件下,质量还是具有一定的影响。例如,用料较多的成品(如串珠、手镯),在同样品质条件下,价值就要高于用料少的成品(如戒面、玉扣、小挂件等),此外,配对的翡翠成品较单个的价值要高,其道理也在于此。

综上所述,由于影响翡翠品质评价的因素很多,不同的因素可组合成不同的品质级别,因此也就有不同的价值。所以要想对翡翠作出较为客观、科学、准确的评价,必须掌握上述分析评价的因素,还要多看、多思,必要时还要有一定的魄力和胆识。

第六节 翡翠的"种"及其在翡翠品质评价中的意义

翡翠的品质主要取决于其颜色、透明度、结构、净度、裂纹大小。翡翠的颜色多种多样,并且在一块翡翠上可以出现不同的颜色,在同一颜色的翡翠上,颜色分布又是不均匀的。而组成翡翠的矿物颗粒大小不同,加之结合方式的差异,可以导致翡翠的质地、透明度有不同的变化。由于翡翠颜色和质地的变化很大,因而在自然界很难找到两块完全相同的翡翠。在翡翠行业发展的历史上,为了区分出翡翠的优劣,描述某一种甚至某块翡翠,往往把特定的翡翠定为一个"种"。"种"常用成因类型、颜色、透明度、质地、价值、产出地的地名和发现时间等来命名,其本质就是特定的品质要素的组合。所以在翡翠行业中,翡翠的"种",常成为翡翠品质的近义词。有些品种的划分,反映了一类翡翠的共性,而在行业中得以传播和应用。

所以翡翠的"种",表示翡翠玉质的优劣,是评价翡翠的一个重要标志。有"外行看色,内行看种"之说。

一、翡翠的"种"

1. 老坑种

老坑种指颜色呈正、浓、阳、均的翠绿色,质地细腻,透明—半透明的翡翠。如果它的透明度高,水头足,会使翡翠的颜色质感更悦目(行家称为"起莹"),就称为老坑玻璃种,是翡翠中的上品或极品。老坑原来是相对于新山玉（坑）而言的，采玉人认为河床或其他次生矿床中采出的翡翠，较原生矿脉中产出的翡翠更"成熟"、更"老"，故称为"老坑"（图7-25、图7-26）。

图7-25　老坑种翡翠福寿如意
（翡翠尺寸为32.7mm×19.3mm×10.6mm；香港佳士得，2016年，成交价为35万港元）

图7-26　老坑种翡翠佛手吊坠
（佛手尺寸为63.5mm×37.0mm×11.9mm，香港佳士得，2016年，成交价为85万港元）

2. 白底青种

白底青种是缅甸翡翠中分布较广的一种，其特征是质地较细，底色一般较白，绿色在白色的底子上显得很鲜艳，白绿分明。绿色部分大多数呈团块状出现。白底青种大多数不透明，水头差。少数绿白分明、绿色艳丽且色形好、色底非常协调的，价值较高（图7-27）。

3. 花青种

花青种指绿色呈脉状，疏密不均、深浅不一、不规则状分布的一种翡翠，其底色可能为淡绿色或其他颜色，质地有粗有细（如豆地花青，它的结晶颗粒较粗，称为豆地）（图7-28、图7-29）。

图7-27　白底青种翡翠把玩件

图7-28　花青种翡翠挂件

图7-29　花青种翡翠手镯

4. 油青种

这类翡翠结晶颗粒较细，透明度一般较好，由于它表面呈油脂光泽，故而称为油青种（图7-30）。其绿色不纯，含有明显灰色、蓝色色调，颜色暗淡、沉闷，不够鲜艳。如果它的颜色较深，行家称之为瓜皮油青。

图7-30 油青种翡翠挂件

5. 豆种

此类翡翠结晶颗粒较粗，如大于1mm就会很容易被肉眼观察到，粗的颗粒多数呈短柱状，当这些短柱状颗粒的边界很清楚时，看起来似一粒一粒的绿豆，所以称为豆种。由于矿物结晶颗粒粗大，所以豆种翡翠的外观较粗糙，其光泽、透明度往往不佳（图7-31）。

6. 芙蓉种

芙蓉种翡翠的颜色一般为淡绿色，不含黄色调，绿得较为清澈、纯正，有时略带粉红色。它的质地比豆种细，矿物颗粒的界线模糊，表面呈玻璃光泽，半透明状。色虽不够浓，但很清雅；种虽不够透，但也不干，很耐看。其价格通常不高，较易被一般人接受。颜色深者，价格高一些；颜色浅者，价格低一些。如其中有深绿色的脉则称为芙蓉起青根；如其中分布有不规则较深的绿色时又称为花青芙蓉种（图7-32）。

图7-31 豆种翡翠手镯　　　　图7-32 芙蓉种翡翠手镯

7. 金丝种

金丝种指翡翠的绿色呈丝状、筋条状分布且互相平行，可清楚看到绿色是沿一定方向间断出现，绿色的条带可粗可细。金丝种翡翠的品质，需视绿色条带的色泽和它在翡翠中所占的比例多少，以及质地粗细而定。以绿色鲜艳、条带粗、条带面积占总体面积比例大为佳。相反，绿色浅、条带稀疏则品质降低（图7-33）。

8. 马牙种

马牙种大部分为绿色，仔细看能看到绿色当中有很细的一丝丝的白条，有时可见团块状的白棉或暗绿的色斑。质地较细，但不透明，表面光泽似瓷器一般。马牙种虽有一定的颜色，但由于不够透明，行话称"水头短"，所以价值不是很高（图7-34）。

图7-33 金丝种翡翠扳指

图7-34 马牙种翡翠挂件和板指

9. 紫罗兰种

这是一种颜色似紫罗兰花的紫色翡翠，珠宝界又将紫罗兰色称为"椿"或"春色"。紫色的翡翠颜色通常不深，一般可分为粉紫、茄紫、蓝紫。粉紫最好，茄紫较次，蓝紫则最差。对于这一品种的评价，以透明度好、结构细腻无瑕、粉紫均匀者为佳；若紫色为底，其上带有绿色，很高雅，应为上品（图7-35、图7-36）。

图7-35 紫罗兰种翡翠吊坠

图7-36 紫罗兰种翡翠耳坠

10. 干青种

干青种是颜色黄绿、深绿至墨绿，带黑点，常有裂纹，不透明，颗粒较粗，显得很干的钠铬辉石翡翠（图7-37）。

11. 飘蓝花种

飘蓝花种指微透明—半透明的无色翡翠中分布有蓝灰色、灰绿色色带的翡翠（图7-38）。

图7-37　干青种翡翠

图7-38　飘蓝花种翡翠手镯

12. 冰种

冰种是无色、白色或近于白色的，透明—亚透明的翡翠，特征是外层表面上光泽很好，清亮似水，给人以冰清玉洁的感觉。若冰种翡翠中有絮花状或断续的丝带状的蓝色，则称为冰种飘蓝花，是冰种翡翠中一个常见的品种。冰种玉料常来制作手镯或挂件。无色的冰种翡翠和冰种飘蓝花翡翠的价值基本相同，其实际价格主要取决于人们的喜好（图7-39～图7-41）。

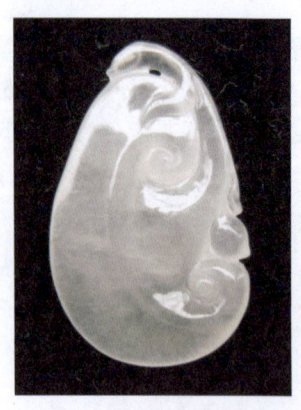
图7-39　冰种翡翠挂件

图7-40　冰种翡翠手镯

图7-41　冰种飘蓝花翡翠龙牌

13. 水种

水种翡翠的特点是通透如水但光泽柔和，细观其内部结构，可见少许掩映波纹，或有少量暗裂和石纹，偶尔还可见极少的杂质、棉柳。其玉质的颗粒较老坑玻璃种粗，光泽、透明度也略低于老坑玻璃种。它是一个中、高档次的翡翠品种。水种翡翠常见四种类型：无色的称"清水种"（图7-42）；具有浅浅的、均匀的绿色，则称"绿水种"；具有均匀的、淡淡的蓝色，称为"蓝水种"（图7-43）；具有浅而均匀的紫色，则称为"紫水种"。

图7-42 清水种翡翠手镯

图7-43 蓝水种翡翠挂件

14. 红翡

红翡指颜色鲜红或橙红的翡翠，通常透明度较差，粒度较粗。红翡常为中档或中低档翡翠，但也有高档的红翡，色泽明丽、质地细腻，也具有较高的价值（图7-44）。

15. 黄棕翡

黄棕翡指颜色从黄到棕黄或褐黄的翡翠，通常透明度较红翡好。一般情况下，红翡的价值高于黄翡，黄翡则高于棕黄翡，褐黄翡的价格又次之。也有因人的喜爱及饰品别具特色而使其价格有别于常规的情况（图7-45）。

图7-44 红翡手镯

图7-45 黄棕翡挂件

16. 广片

广片是绿色发暗或发黑，质地较粗，水头较干的翡翠。广片在透射光下为高绿，反射光下为墨绿。将其切成薄片后，则绿色较鲜艳。它曾在我国南方特别是广东省广州市一带盛行，因而得名。现在确切地讲，"广片"是一种翡翠薄片加工的方法，其目的是在加工透明度差、颜色墨绿的翡翠玉料时，巧妙地应用厚薄与颜色及透明度的关系，当玉料切磨成

1mm左右的薄片时，翡翠颜色中的暗色明显减弱甚至消失，而绿色变得突出和浓艳，透明度也得到了很大的改善（图7-46）。

17. 八三种

八三种指一种灰白色，透明度很差，质地粗且疏松，含有角闪石、钠长石等矿物的翡翠（图7-47）。它的颜色比较丰富，有淡紫、浅绿、绿或蓝灰等颜色。

18. 墨翠

墨翠的组成矿物以钠铬辉石为主，具有墨绿色近黑色的外观，但在透射光下观察，多呈半透明状，且黑中透绿（图7-48）。

图7-46　广片

图7-47　八三种手镯

图7-48　墨翠珠链

19. 铁龙生

铁龙生指绿色鲜艳，但色调深浅不一，透明度差，质地粗糙，结构疏松，柱状晶体呈一定方向排列的翡翠。"铁龙生"为缅甸语的音译，意为满绿色。此种翡翠常被用来做薄叶片、薄水蝴蝶等挂件，效果较好。也有用其做雕花珠子、雕花手镯等满绿色的玉件。因为铁龙生绿得浓郁，其薄片做成的饰品，具有很高的观赏价值（图7-49）。

20. 福禄寿种

若一块翡翠上同时有绿色、红色和紫色，则称为福禄寿种。这样的翡翠被认为是十分吉祥的象征，代表福禄寿三喜，是翡翠中价值较高的品种（图7-50）。

图7-49　铁龙生翡翠挂件

21. 春带翠

以紫色为底,带有翠绿色,或紫色、绿色各占一半的翡翠,称为春带翠翡翠。春带翠翡翠以绿色鲜艳、纯正,紫色、绿色对比明显为佳,是翡翠中价值较高的品种(图7-51)。

图7-50 福禄寿种翡翠手镯

图7-51 春带翠翡翠雕件

22. 春带彩

以紫色为底,带有红色(翡)的翡翠,称为春带彩翡翠,也是翡翠中价值较高的品种(图7-52)。

图7-52 春带彩翡翠手镯

二、翡翠"种"的档次划分

根据以上的描述可以看出,翡翠种的名称非常多样,有些很早就有了,有的却是刚出现不久,有些种名直接与品质特征有关,有的则只是因发现的时间或地点而得名。但不论种的名称如何,其含义却是描述某一品质特定的翡翠类型,只是有些类型的范围界定得比较明确,有些则比较模糊。但是,根据这些种的划分,也可以粗略地把这些不同的品种划分成高、中、低三个档次。

高档翡翠的品种有老坑种、金丝种、福禄寿种、春带翠、春带彩、绿水种,部分的花青种、飘蓝花种、冰种。

中档翡翠的品种有花青种、豆青种、飘蓝花种、铁龙生、芙蓉种、马牙种，部分白底青种、蓝水种。

低档翡翠的品种有八三种、干青种、白底青种、油青种等。

第八章 和田玉的品质与价值评估

和田玉以色泽光洁柔美、质地坚韧细腻而深得人们的喜爱。和田玉有极强的传统文化内涵,从最早"石之美者"的朴素概念到将道德思想观念融入玉石,从象征权力的礼器到美化自身的日常饰品,再到财富的象征和艺术品,和田玉进入了现代生活的方方面面,与文化背景有着直接关系。从古至今,和田玉名称已被广泛接受。在国家标准《珠宝玉石 名称》(GB/T 16552—2017)中,明确规定了可以使用"和田玉"作为鉴定名称,这意味着"和田玉"已演变成天然玉石品种的基本名称,不再具有产地含义。这一项规定保证了国家珠宝产品命名的统一性,对于规范珠宝玉石市场具有重要意义。

我国是世界上开采和应用和田玉历史最早的国家,具有悠久的用玉历史和光辉灿烂的玉文化。考古资料表明,我国在新石器时代就已开始利用和田玉,如在上海青浦区崧泽遗址、福泉山新石器时代良渚文化遗址中,就出土有用和田玉制作的玉器;在陕西神木市石峁遗址中,出土了用墨玉(和田玉的一种)制作的牙璋。到了商周时代,和田玉被用来制作重要的礼祭器。到了清代,玉器发展达到了顶峰,年用玉量达几十吨,并琢成了如"秋山行旅图""九龙大玉瓮""会昌九老图""大禹治水图"等划时代的大型玉雕艺术珍品。我国的玉雕艺术素有"东方艺术"的美称,而所使用的玉石主要为和田玉。外国人心目中的"中国玉"或"玉"也主要指的就是和田玉。英国已故著名的中国科技史学家李约瑟博士评价道:"对于玉的爱好,可以说是中国文化的特色之一"。

第一节 和田玉的基本特性和分类

一、和田玉的基本特性

1. 矿物组成和结晶习性

和田玉属角闪石质玉石,主要矿物成分为透闪石和阳起石,为钙镁铁含水硅酸盐,化学式为 $Ca_2(Mg,Fe)_5[Si_4O_{11}]_2(OH)_2$。其中 Mg,Fe 是完全类质同象替代系列。和田玉以透闪石为主,其次为阳起石,可含少量方解石、透辉石、石墨、黄铁矿、铬铁矿、磁铁矿、石英、蛇纹石、绿泥石、绿帘石、硅灰石、磷灰石和石榴石等矿物。

透闪石和阳起石这两种矿物的常见晶形为长柱状、纤维状、叶片状,和田玉则是这些纤维状矿物的集合体。放大检查常见纤维交织结构、矿物包裹体,部分样品可见放射状、柱状和斑状变晶结构。

2. 光学性质

(1) 颜色。和田玉颜色有白色、青色、浅至深青绿色、黄色至褐色、墨色等。当主要组成矿物为白色透闪石时,和田玉呈白色;随着 Fe 对透闪石分子中 Mg 的类质同象替代,和田玉可呈深浅不同的青绿色,Fe 含量越高,青绿色越深。主要由铁阳起石组成的阳起石玉几乎呈黑绿—黑色。当透闪石含细微石墨时则称为墨玉。

(2) 光泽及透明度。和田玉可呈油脂光泽、蜡状光泽或玻璃光泽；半透明至不透明，绝大多数为微透明，极少数为半透明。

(3) 折射率。和田玉的折射率为 1.606～1.632（+0.009，−0.006）。

(4) 光性特征。和田玉为非均质集合体。

(5) 紫外可见光谱。因颜色而异，青玉可见 446nm、495nm 处 Fe 的吸收峰；碧玉可见 Cr、Fe 的吸收峰，峰位分别为 662nm、446nm；翠青玉的绿色部分可见 662nm 处 Cr 的吸收峰。

(6) 发光性。紫外光照射下，和田玉为荧光惰性。

3. 力学性质

(1) 硬度和相对密度。和田玉的摩氏硬度为 6.0～6.5，因组成矿物和结构的差异会有一定变化。不同品种硬度略有差异，同一产地青玉的硬度大于白玉。和田玉的相对密度为 2.95（+0.15，−0.05）。

(2) 韧度。和田玉的韧度极高，仅次于黑金刚石，是常见宝玉石品种中韧度最高的宝石品种。

(3) 解理和断口。和田玉的主要组成矿物透闪石具两组完全解理，集合体通常不明显。断口呈参差状。

二、和田玉的分类

和田玉主要是依据其产出环境和颜色进行分类。

1. 和田玉的产出环境分类

根据产出环境的不同，和田玉自古以来就分为山产和水产两种。明代著名的药学家李时珍在《本草纲目》中说："玉有山产、水产两种，各地之玉多产在山上，于田之玉则在河边。"清代陈胜《玉记》中载："产水底者名子儿玉，为上；产山上者名宝盖玉，次之。"

近代，采玉者和琢玉艺人根据和田玉产出的不同情况，将其分为山料、山流水料、子料三种。此外，早期形成的子料或山流水料，由于河床改道而遗留在河流冲积扇或戈壁滩上，经风蚀作用会形成戈壁玉。因此，和田玉可划分为山料、山流水料、子料、戈壁料四种。

(1) 山料。山料又名山玉，或叫宝盖玉，指产于原生矿的和田玉。山料的特点是块度大小不一，呈棱角状，且棱角尖锐，形态各异。有不同玉石品种的山料，如白玉山料（图 8-1）、碧玉山料等。

(2) 山流水料。山流水名由采玉和琢玉艺人命名，即指原生矿石经风化崩落，冰川推移，并由河水搬运至河流中上游的玉石。山流水料的特点是距原生矿近，块度较大，棱角稍有磨圆，表面较光滑（图 8-2）。

(3) 子料。子料又名子玉，是指原生矿经剥蚀被流水搬运到河床中、下游的玉石，因在长期的搬运过程中被撞击、冲刷、磨蚀，故而磨圆度较高，多呈卵形，块度一般较小，表面光滑。它分布于河床及两侧阶地中，也可分布在山前冲积平原中，玉石裸露地表或埋于地下。子玉一般品质较好，因沉积环境不同，表面会具有不同的皮色。子玉有各种颜色，白玉子玉俗称白玉子，墨玉子玉俗称墨玉子等（图 8-3）。

(4) 戈壁料。戈壁料是经冰川或洪水带到戈壁滩上的玉石，由于经历了长期定向风吹和

图 8-1 白玉山料

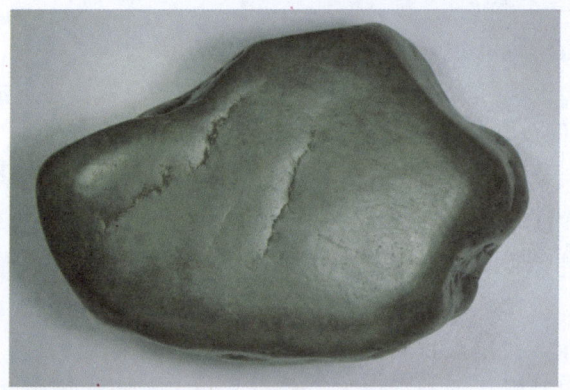

图 8-2 青玉山流水料

图 8-3 子料原石

砂石的打磨，往往在棱角状表面出现凹凸不平且又光滑的小坑。在戈壁料中，各种和田玉的颜色都有（图 8-4）。

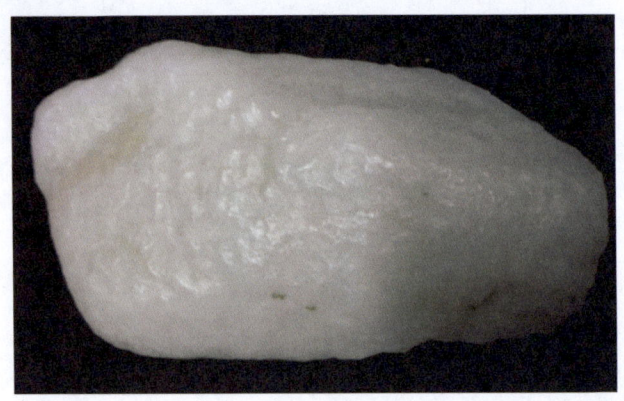

图 8-4 戈壁料白玉

2. 和田玉的颜色分类

和田玉根据颜色不同,可分为白玉、青白玉、青玉、碧玉、黄玉、糖玉、墨玉、翠青玉八类,其他颜色的和田玉都可归入这八类中。和田玉的颜色取决于组成矿物的颜色。和田玉是透闪石-阳起石类质同象系列中的一员,主要矿物透闪石不含铁(或含量较低)时呈白色或浅灰色,含铁时呈淡绿色;次要矿物阳起石的颜色则根据其含铁量与铁元素的氧化程度而在深绿—红棕—黑色的范围内波动。

铁(Fe)是造成和田玉颜色多样的主要元素。如果铁替代的量很少,和田玉呈白色或灰白色等浅色;随着总铁含量,尤其是 Fe^{2+} 含量增加,和田玉颜色逐渐加深;由于铁元素对可见光有较强的吸收,所以由铁致色的和田玉颜色一般都比较暗,不够鲜艳。Fe^{2+} 导致和田玉呈绿—蓝绿色,对应品种为青白玉、青玉、碧玉,Fe^{3+} 导致和田玉呈黄—红—褐红色,对应品种为黄玉、糖玉;铬(Cr)也是和田玉的致色元素,对应品种为碧玉。石墨也是和田玉致色的元素之一,主要是石墨微晶致使和田玉呈墨色即墨玉,只不过因含石墨量多少的不同,致使黑色深浅分布不均。

(1)白玉。白玉含透闪石95%以上,颜色由白到青白多种多样,即使同一条矿脉也不尽相同。白玉按颜色还可描述为脂白、润白、暖白、青白、糖白、粉白、灰白、瓷白、透白、燥白、僵白、冷白等色调(图8-5~图8-7)。

图 8-5 白玉子料原石

图 8-6　白玉《观自在壶》　　　　　图 8-7　白玉子料摆件（泰和龙宝业）

（2）青白玉。青白玉指颜色介于白玉和青玉之间，呈浅—中等的青白、灰青白、灰黄绿等色调的和田玉（图 8-8、图 8-9）。

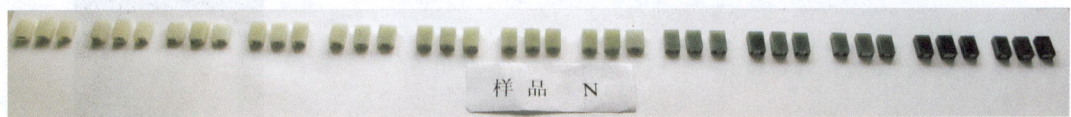

图 8-8　白玉—青白玉—青玉的颜色渐变实物样品

（3）青玉。青玉的颜色种类很多，其颜色深浅不一，包括淡青、深青、碧青、灰青、深灰青等。研究发现，从青白玉到青玉，随着玉石颜色的加深，Fe^{2+} 含量递增幅度明显，Mg^{2+} 含量逐渐减少，说明和田玉中 Fe^{2+} 替代透闪石中的 Mg^{2+} 致使和田玉由白色变为青色。Fe^{2+} 含量越大，玉石颜色越深（图 8-10）。

图 8-9　青白玉双耳瓶　　　　　　图 8-10　青玉香炉

（4）碧玉。碧玉指颜色呈浅—深的绿、灰绿、青绿、暗绿、墨绿等色调的和田玉，且由铁、铬、镍等元素致色。半透明—不透明，呈油脂光泽（图 8-11、图 8-12）。

（5）黄玉。黄玉指主体颜色呈浅—中等的黄、绿黄、粟黄等色调的和田玉（图 8-13、图 8-14）。

图 8-11 碧玉子料原石

图 8-12 碧玉摆件《福寿连年》(郭海军)

图 8-13 黄玉原石

图 8-14 黄玉挂件《东坡赏砚》(中国工艺美术大师樊军民创作)

(6) 糖玉。由天然成因的铁、锰质氧化物或氢氧化物浸染，和田玉整体或部分会呈现出红褐色、褐色、褐黄色或黑褐色（图 8-15、图 8-16），这类玉石统称为糖玉。

图 8-15 糖白玉子料

糖玉因色似红糖而得名。根据氧化浸染的程度，如浸染的糖色部分小于30%，就叫糖白玉、糖青白玉、糖青玉，大于85%时就叫糖玉。糖白玉可产于山料也可出于子料。由于可用糖色进行俏雕创作，所以糖玉也很受青睐。

图8-16 糖玉山料

（7）墨玉。墨玉指主体色调呈灰黑—黑色，由石墨致色，且黑色部分百分比不低于30%的和田玉（图8-17、图8-18）。

图8-17 墨玉原石

图8-18 墨玉挂件
《穿针引线》（樊军民）

（8）翠青玉。部分或整体颜色色调呈浅绿至翠绿色，主要致色元素为铬，且绿色部分百分比不低于5%的和田玉，称之为翠青玉（图8-19～图8-21）。其实它并非青玉的一种，而是一种带有绿色的、特殊的和田玉品种。

根据《和田玉鉴定与分类》(GB/T 38821—2020)国家标准，和田玉分类品种及其主要特征见表8-1。和田玉实物标准样品见图8-22。

图8-19 俄料中的带绿色品种

图 8-20 青海料中的带绿色品种

图 8-21 翠青玉《春江花月夜》

表 8-1 和田玉分类品种及其主要特征

分类品种	主要特征	备注
白玉	主体颜色色调呈白色,可带有极轻微的其他色调,常微带灰绿、淡青、褐黄、肉红、紫灰等色调	
青玉	主体颜色呈中等—深的青、灰青、黄绿等色调	
青白玉	主体颜色介于白玉和青玉之间,呈浅—中等的青白、灰青白等色调	白玉和青玉的过渡品种
碧玉	主体颜色呈浅—深的绿、灰绿、青绿、暗绿、墨绿等色调,且由铁、铬、镍等元素致色	有些样品肉眼观察近于黑色,但其薄片在强光下仍为绿色
黄玉	主体颜色呈浅—中等的黄、绿黄、栗黄等色调	
糖玉	主体颜色色调呈糖色,且糖色百分比不低于85%,表现为浅—深的红褐色、褐色、褐黄色或黑褐色等色调	
墨玉	主体颜色色调呈灰黑至黑色,由石墨致色,且黑色部分百分比不低于30%;可夹杂白、灰白、青白、灰青或青等色调。黑色分布形态表现为点状、云雾状、条带状等	依据石墨的分布形态不同,可分为点墨、聚墨、全墨等
翠青玉	部分或整体颜色色调呈浅绿—翠绿色,主要致色元素为铬,且绿色部分百分比不低于5%,常见绿—白(灰白)、绿—白(灰白)—烟青等颜色组合	

图 8-22 和田玉实物标准样品(据 GSB 16—3061—2013)

第二节 和田玉的品质评价

品质是相对价值的影响指标之一，但品质和价值并没有完全对应的关系，还有其他因素决定着和田玉的价值。和田玉的颜色、质地、光泽及透明度、净度、块度和形状等因素构成了和田玉的品质特征。由于组成和田玉的矿物颗粒较小，只有在显微镜下才能看出其晶形，一般呈纤维状、毛毡状交织在一起，因而和田玉结构非常细腻，韧性好。

一、颜色

1. 体色

颜色是评价和田玉的重要因素。和田玉按颜色通常可以分为白色系列（白玉）、青色系列（青玉、青白玉）、绿色系列（碧玉、翠青玉）、黑色系列（墨玉、青花玉）、糖色系列（糖玉、糖白玉、糖青玉）和黄色系列（黄玉）。

一般来说，以羊脂白玉、白玉、黄玉价值最高，碧玉、墨玉次之，糖玉、青玉、青白玉再次之。纯正的黄色、绿色、黑色玉也为上品，古人对玉色的要求是"白如凝脂""黄如蒸栗""青如苔藓""绿如翠羽""黑如纯漆"。除白玉以外，其他颜色的和田玉要从色调、彩度、明度、均匀度四个方面进行观察分析。颜色色调要纯正，不偏色，无杂色，浓淡适宜。

（1）白玉-青白玉-青玉系列和田玉。这一颜色类别的和田玉是市场中的主流品种，人们简单地把颜色称之为白度，白度越高，和田玉的品质越高，价值也越大；反之，暗灰色的青玉、青白玉价值较低。

（2）碧玉。以浓淡适度的青碧色，且颜色均匀、纯净者为佳，颜色太浓稠至发黑、发乌以及太淡为黄碧色者次之。一般品质的碧玉颜色往往不均匀，常出现磁铁矿、铬铁矿、角闪石、黑云母等矿物的黑点、黑斑，以及黄铁矿黄色金属斑点，大大降低颜色的美感。近年来玉石市场上出现了一种产自我国青海、和田和俄罗斯贝加尔湖地区的翠青玉，备受人们的喜爱，其翠绿色的颜色给人以春天般的感觉。

（3）墨玉。以黑色深浓、聚集均匀为佳，"墨如纯漆"者最为优质。散点状的点墨，淡云雾状的灰黑色墨玉品质较差。

（4）糖玉。颜色以明艳的红色品质较佳，褐色重而浑浊者次之。与白玉过渡的淡棕黄色，且带灰褐色调，颜色暗淡不明快的糖玉品质较差。

（5）黄玉。黄色系列的黄玉以明黄色（"鸡油黄"）为贵，上品黄玉黄如熟栗。而灰绿黄色、土黄色、绿黄色、米黄色者，品质较差。

除了白色系列和田玉外，其他和田玉品种的颜色，可以用"艳、明、纯、匀"四个字进行评价。"艳"就是颜色要浓，色调鲜艳亮丽。"明"即颜色要明快，暗色调较少。"纯"是要求颜色纯正。"匀"是指颜色均匀，不含其他色斑。

此外和田玉常常出现两种以上的颜色，若带有皮色、糖色时颜色搭配好，俏色巧妙或新颖的，也可使作品增色，甚至价值翻倍（图8-23）。

图8-23 糖白玉印章

2. 皮色

子料的皮色有礓皮、色皮、沁色皮和白皮四种，漂亮的皮色可以为子料增色。礓皮为结晶颗粒粗，呈灰白色、黄褐色的粗糙团块，甚至是围岩团块，分布于子料外缘。礓的成分复杂，主要是尚未玉化的透闪石粗晶体或者是透辉石，或者是围岩礓块，颗粒粗，质地没有油润性。礓皮对于子料来说是瑕疵，但若能被俏色雕所利用，也会提升玉料的价值。

色皮有黑皮、乌鸦皮、灰皮、红皮、枣红皮、秋梨皮、褐黄皮、黄皮、虎皮和洒金皮等，为水浸土壤氧化铁质和锰质等形成，以黄褐色最为常见。皮色一般分布于子料外缘，成很薄的一层。色皮厚度通常小于1mm，颜色越浓艳、形态越饱满，则子料品质档次越高。红色且色调鲜艳者，价值高于褐黄色者；饱满均匀的皮色价值高于成点状、云团状的洒金皮。若有黄、红、黑多种颜色共生，则皮色更加绚丽、稀少。

沁色皮为子料皮色的一种，与通常皮色分布于光滑的子料皮上不同，沁色分布于子料裂隙和结构疏松之处，多为黄褐色、黑色，呈团块状、脉状分布，通常比光滑的色皮厚度大，可达几厘米。沁色皮的颜色有层次、浓淡的变化。

目前和田玉市场上带皮色的价格高于不带皮色者，有的高几倍甚至10余倍，如红皮、枣红皮、黄皮子料价格较贵（图8-24～图8-26），若是如黄、红、黑等多色聚集的皮色，则更是弥足珍贵。

图8-24 红皮子料

图8-25 枣红皮子料

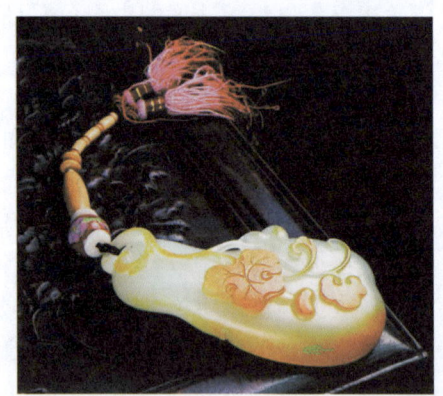

图8-26 黄皮子料

二、质地

质地是指组成和田玉的矿物颗粒大小、形状、均匀程度及其相互关系的综合表现，是影响和田玉品质最重要的因素。

和田玉是极细的纤维状透闪石单晶交织呈毛毡状，其结构致密，质地细润，油脂好。如结构为变斑晶结构，则反映在和田玉质地上为白色的斑点、团块，称之为"石花""石脑"。

高品质的和田玉，通常要求质地致密、均一、细腻。若质地变粗，则价值也随之降低。

和田玉并不是净度高就是最好，而更注重于玉石的质地，即细腻、润泽的程度。因此，对于和田玉来说，质地对价格的影响远比净度大。根据和田玉质地的综合特点可以将其分为四个级别（表8-2）。

表8-2　和田玉质地分级表

质地类型	特征描述	品质等级
细润无瑕	玉石通体细腻、无瑕疵、油润光洁	1
细润	玉石细腻油润，可含有少量的"石花"和杂质	2
细	玉石含有少量的杂质，但结晶颗粒较粗，细腻程度差	3
石性	玉石无细腻油润可言，基本上是石头	4

三、光泽及透明度

光泽（俗称油润度）是影响和田玉品质的一个重要因素。和田玉有油脂光泽、玻璃光泽及蜡状光泽之分，其中以油脂光泽为最佳，可使玉石显得有温润感。其次是玻璃光泽，而蜡状光泽欠佳。上等的和田玉与翡翠不同，大多为油脂光泽。如油脂中透着清亮，则光泽为佳。

和田玉一般透明度不高，可划分为半透明、微透明和不透明三级。和田玉以半透明至微透明为佳。若呈蜡状光泽，透明度差或过于透明，则次之。

四、净度

净度指和田玉原料内部（可见范围）和外部瑕疵量的多少、种类及分布状态。瑕疵包括绺裂、花、石花等。和田玉中的暗色斑点多为其中的杂质矿物所致，常有深色矿物包裹体，如磁铁矿、角闪石、黄铁矿、石墨、黑云母矿物等。由石墨、铁锰质、有机质等浸染所形成的团块、污渍，行内称为"水渍"，它会大大降低和田玉的品质。常见的浅色矿物包裹体有粗粒透闪石、白云石、方解石等，这些杂质表现为石花、石脑。有些粗粒透闪石定向排列表现为"水线"等。受地质作用或外力影响，玉石中也常见裂纹，对于较大且有明显裂纹的称之为裂隙。

净度对和田玉的品质影响较大。尤其是裂纹的存在，会令和田玉的耐久性变差，使玉石的价值大打折扣。根据和田玉的净度特征，可将其分为以下等级（表8-3）。

表8-3　和田玉净度分级表

净度类型	特征描述	品质等级
很好	无杂质、无瑕疵、无裂纹	1
好	有少量的杂质、瑕疵及微小的裂纹	2
一般	有较多的杂质、瑕疵及细小的裂纹	3
差	有大量的杂质、瑕疵及较多的裂纹	4

五、块度

块度特指和田玉的体积大小,与其质量相关。对于和田玉的评价来说,它是一个不可忽视的因素。一般情况下,在颜色、质地、净度、透明度相同的条件下,和田玉的块度越大,价值也就越高。但是品质相差很远的和田玉,则无法用块度来衡量,如一块 100g 的羊脂白玉的价值,远高于 100kg 青玉的价值。

不同产状的和田玉,其价值也相差甚远,不能单以块度作为衡量标准,比如子料多以克为计价的质量单位,而一些大块的青玉山料多以千克作为质量单位,甚至以块或堆而论。虽然和田玉并不是完全以块度作为确定其价值的主要因素,但是在同等品质条件下,块度还是具有一定的影响,这点在和田玉的品质分级中很明显。原料有一定的块度,越大越难得,价值也越高。同样质地、颜色的和田玉,大的价值高,小的则价值低(图 8-27)。

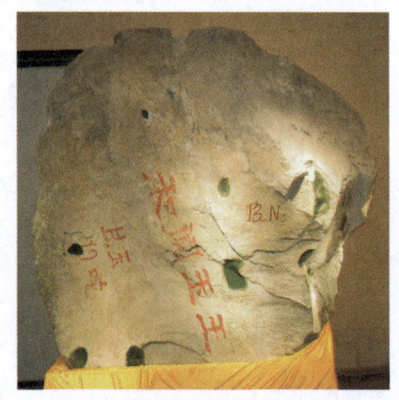

图 8-27 新疆且末山料(约 10t)

六、形状

原料形状的好坏,对加工成品的选择会有限制,而且对原料的利用率也会有一定的影响,所以对和田玉的价格会产生一些影响,尤其是子料,形状好坏会直接影响其销售价格。一般来说,块度大、形状规则的原料,如方形、板状、近圆形等,就比较好;而片状、楔形、条形就不太好。

总之,对和田玉的品质和价值进行评价,首先需从上述六个方面进行观察,确定和田玉的品质和档次,然后再结合加工的设计意图进行综合评价。优质的和田玉应是质地细腻、温润,颜色均匀、明亮、鲜艳,玉石洁净且没有裂纹。有些玉石品质好,温润、洁净无瑕、裂纹少,可依颜色、体积大小和外表形状确定选用。

第三节 影响和田玉价值的主要因素

一、品质

和田玉的品质级别是根据颜色(皮色)、质地、光泽(油润度)、透明度、净度、块度等因素来综合评定的。和田玉的品质是影响价值的最主要因素,和田玉的整体品质越好,价值越高,反之则低。如羊脂白玉,油润度高、质地细腻,并且带有鲜艳的皮色,其价值可高达每克几万元。

二、产地

在确定和田玉的价值时,产地所起的作用也是非常重要的。宝石界视产地为"商标",它对优质的玉料尤其重要,如不同产地的羊脂白玉,其价值是不同的。目前市场上销售的和田玉主要产地来源有中国（主要包括新疆、青海、辽宁）、俄罗斯、加拿大、新西兰、韩国等国家。各地所产和田玉在矿物成分、结构构造、物理性质等特征上基本相同，用仪器测试分析几乎没有差别，只是由于矿物结晶颗粒粗细存在差异，以及不同产地的和田玉中所含微量元素组成不同，因而在某些感官特性，如颜色、透明度、质地等方面存在细微的差异。这导致不同产地的和田玉原料价格存在很大的差别。一般来说，在质地、颜色、块度等条件都相似的情况下，和田玉的市场价格高低依次为新疆料、俄罗斯料、青海料；正常情况下，原料价格前者比后者高或高出近十倍。

三、产状

和田玉的产状对其价值影响也很大，按照产出环境分为原生矿与次生矿两类。

1. 原生矿

原生矿是从原生矿床中开采所得，原料呈块状、不规则状，棱角分明，无磨圆及皮壳，俗称"山料"。

2. 次生矿

次生矿是从原生矿床自然剥离的残坡积或冰川堆碛的和田玉，一般距原生矿较近，呈次棱角状，磨圆度差，通常有薄的皮壳，块度较大，俗称"山流水料"。从原生矿床自然剥离，经过风化搬运至河流中的和田玉，一般距原生矿较远，搬运距离长，常呈浑圆状、卵石状，磨圆度好，块度大小悬殊，外表可有厚薄不一的皮壳，俗称"子玉""子料"。皮壳分无色和有色。皮壳颜色多种，有红褐色、栗黄色、黑色等（图8-28）。

图8-28 和田玉（墨玉）子料

从原生矿床自然剥离，经过风化搬运至戈壁滩上的和田玉，一般距原生矿较远，呈次棱角状，磨圆度较差，块度较小，表面有风蚀痕迹，无皮壳，俗称"戈壁料"。

一般来说，在质地、颜色、品质等条件都相似的情况下，和田玉的市场交易价格高低依次为子料、山流水料、戈壁料、山料。

四、市场因素

1. 供求关系

玉石和玉器市场的供求关系，可以直接或间接地导致和田玉市场价格的变化。如和田玉子料价格的猛涨，充分说明了供与求之间关系的变化，市场需求量大，而供给少，是引起和田玉子料价格猛涨的主要原因，导致其价值远远高于其应有的价值。再如，由于绿色适合中国人的肤色，近几年市场上比较流行碧玉手镯，所以碧玉手镯的需求量大大提高，特别是品质较好的碧玉手镯价格涨幅较大。

2. 名家效应

著名的玉雕大师所设计或雕刻的玉器，构思巧妙，线条流畅，做工精美，让人爱不释手。如果再有大师亲笔落款，那一定是锦上添花，可称得上极品，所蕴含的巨大价值就不言而喻了。

3. 社会环境

良好的宏观政治、经济环境，为玉石投资提供了良好的大环境，就是所谓的"乱世藏金，盛世藏玉"。近年来，随着经济的发展和人们生活水平的提高，人们对首饰的消费正成为继住房和汽车之后的又一个消费热点，和田玉更是成了收藏品市场的宠儿。

此外，由于我国的珠宝首饰业的不断发展，和田玉市场也得到了迅猛的发展。在未来的发展中，我国和田玉饰品的消费将保持持续旺盛的增长势头。我国有着世界上最大的和田玉市场，可以说我国和田玉消费已经在国际上占据了绝对主导地位。

4. 和田玉资源的稀有性

市场需求受和田玉的品质与稀有性、传统及流行变化等因素的影响。俗话说"物以稀为贵"，这是决定商品价值的一般法则，这一法则也适用于和田玉市场。和田玉属于玉石类的矿产资源，它是天然、不可再生的稀有资源。特别是新疆出产的玉料，其稀有性主要表现在两个方面：其一，和田玉玉料难得。和田玉产于塔克拉玛干大沙漠以南、平均海拔5000m的昆仑山上，目前尚无法探明雪线以上的矿产，而且原生矿开采难度大。和田玉子料资源已开采几千年，尤其是近30年大型机械设备的使用等，使得新疆和田玉子料的开采几乎疯狂，河床已被挖采多遍，剩余的和田玉资源极为稀少，因此新疆品质高的和田玉子料尤其珍贵，市场需求比较旺盛。其二，较好的和田玉玉料产量少，需求量大。

5. 品牌价值

品牌即是顾客心中价值和利益的体现。首先，和田玉品牌必须打造消费者心目中的"服务品牌"和"工艺品牌"，通过服务和款式来体现品牌的差异化以赢得消费者，从而实现服务和产品的高度附加值，最终在消费者心中实现无法估量的品牌价值。

和田玉是一种特殊商品，其原料或成品采购、制作加工、销售等环节具有特殊性，因而行业内很少有做得很大的企业，知名品牌寥寥无几。虽然如此，行业内品牌效应还是明显可见。如新疆的和合玉器有限公司、国玉股份公司是和田玉行业在新疆乃至全国都知名的品牌，虽然所售产品价格高一些，但购买者依然络绎不绝。

五、历史文化价值

和田玉在中国有近8000年的文化历史，其温润细腻之特性正好与中国传统道家文化、儒家文化相融，因此形成了中华民族特有的和田玉文化。世人所说的"黄金有价玉无价"是对和田玉历史文化和艺术价值的最好诠释。

第九章 其他玉石的品质与价值评估

第一节 绿松石的品质与价值评估

绿松石又名"土耳其玉",其化学成分为含水的铜铝磷酸盐矿物,化学式为 $CuAl_6[PO_4]_4(OH)_8 \cdot 4H_2O$,具有颜色美丽鲜艳的特点。绿松石用作装饰品在我国有着悠久的历史和光辉灿烂的文化。考古资料表明,距今 7000~8000 年前的新石器时代河南新郑裴李岗文化遗址中,就出土有绿松石饰品。在河南安阳殷墟 5 号墓,出土有绿松石的蝉和蛙等工艺品,说明那时已有人从事绿松石的雕琢工作,并且已具有一定的工艺水准。而公元前 3000 年,古埃及人的墓葬中也发现有绿松石饰物,可见绿松石很早就在世界范围内用作首饰、玉器和其他工艺品的材料。世界上出产绿松石的国家有中国、伊朗、美国、塔吉克斯坦、埃及、澳大利亚、墨西哥等。我国是世界上绿松石的主要出产地,主要产于湖北、陕西等省。

对绿松石的品质评价,可依据国家标准《绿松石 分级》(GB/T 36169—2018)从颜色、质地、表面洁净度、透明度、光泽和花纹等方面分别进行。

一、颜色

颜色的美丽程度是评价绿松石品质的重要因素。

1. 色调

根据绿松石色调的差异,将其划分为六个类别。绿松石色调类别及表示方法见表 9-1。

表 9-1 绿松石色调类别及表示方法

色调类别		肉眼观察特征	色调参考值 $H/°$
蓝	B	样品主体颜色为蓝色	$180 \leqslant H \leqslant 240$
绿蓝	gB	样品主体颜色为蓝色,稍带绿色调	$160 \leqslant H < 180$
蓝绿	bG	样品主体颜色为绿色,稍带蓝色调	$140 \leqslant H < 160$
绿	G	样品主体颜色为绿色,或稍带黄色调	$90 \leqslant H < 140$
黄	Y	样品主体颜色为黄色,或稍带绿色调	$50 \leqslant H < 90$
橙	O	样品主体颜色为橙色,或稍带黄(红)色调	$10 \leqslant H < 50$

2. 饱和度(彩度)

根据绿松石饱和度的差异,将其划分为四个级别,表示为浓(S_1)、艳(S_2)、中(S_3)、浅(S_4)。绿松石饱和度级别及表示方法见表 9-2。

表 9-2 绿松石饱和度级别及表示方法

饱和度级别		肉眼观察特征	饱和度参考值 $S/\%$
浓	S_1	颜色浓艳、饱满	$S \geq 70$
艳	S_2	颜色较浓艳	$40 \leq S < 70$
中	S_3	颜色浓淡适中	$20 \leq S < 40$
浅	S_4	颜色浅淡	$S < 40$

3. 明度

根据绿松石的明度差异,将其划分为三个级别,表示为亮(B_1)、明(B_2)、暗(B_3)。绿松石明度级别及表示方法见表 9-3。

表 9-3 绿松石明度级别及表示方法

明度级别		肉眼观察特征	彩度参考值 $B/\%$
亮	B_1	样品颜色明亮,基本察觉不到灰度	$B \geq 80$
明	B_2	样品颜色稍暗,能察觉到一定的灰度	$50 \leq B < 80$
暗	B_3	样品颜色较暗,能明显察觉到灰度	$B < 50$

图 9-1~图 9-4 展示了不同色调的绿松石原石,绿松石的颜色以蓝色为最好。在蓝色的绿松石中又可根据颜色浓度的深浅,分为淡蓝色、中等蓝色和深蓝色,其中又以中等蓝色者为最佳。绿松石中的灰色、褐色、黄色被视为脏色,这三种色调的存在,将大大地降低绿松石的品质等级。

图 9-1 蓝色绿松石原石

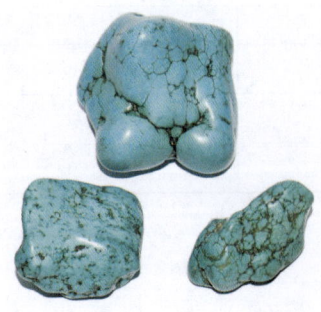

图 9-2 带绿的蓝色绿松石原石

图 9-3 绿蓝色绿松石原石

图 9-4 蓝绿色绿松石原石

二、质地

质地是评价绿松石品质的又一重要因素。优质的绿松石质地应致密坚韧（硬度大）、没有杂质和其他缺陷。根据绿松石质地的差异，将其划分为三个级别，由高到低依次为极致密（T_1）、致密（T_2）、一般（T_3）。绿松石质地级别划分规则见表 9-4。

表 9-4 绿松石质地级别划分规则

质地级别		肉眼观察特征	密度 $\rho/(g \cdot cm^3)$
极致密	T_1	质地非常致密	$\rho \geqslant 2.70$
致密	T_2	质地致密	$2.50 \leqslant \rho < 2.70$
一般	T_3	质地较致密	$\rho < 2.50$

三、表面洁净度

根据绿松石表面洁净度的差异，将其划分为三个级别，由高到低分别为极洁净（C_1）、洁净（C_2）、一般（C_3）。绿松石表面洁净度级别划分规则见表 9-5。

表 9-5 绿松石表面洁净度级别划分规则

表面洁净度级别		肉眼观察特征	可参考的瑕疵类型
极洁净	C_1	肉眼未见瑕疵，或具少量点状物，或仅在不显眼处具少量线状物，对整体美观几乎无影响	点状物、线状物
洁净	C_2	局部具网状物、块状物等较明显瑕疵，肉眼可见，对整体美观有一定影响	点状物、线状物、网状物、块状物
一般	C_3	具裂纹、凹坑等明显瑕疵，肉眼明显可见，对整体美观和（或）耐久性有明显影响	点状物、线状物、网状物、块状物、裂纹、凹坑

注：具有花纹的待分级绿松石，其特殊的花纹不计入瑕疵类型。

四、透明度

根据绿松石透明度的差异，将其划分为微透明与不透明。绿松石的透明度类型及特征见表 9-6。

表 9-6 绿松石透明度类型及特征

透明度类型	肉眼观察特征
微透明	光线照射样品边缘，少量光线可透过样品，样品内部特征模糊不可见
不透明	光线照射样品边缘，无光线透过样品，样品内部特征不可见
照射样品光线在观察位置的强度为 5000~10 000lx	

五、光泽

绿松石的表面光泽分为玻璃光泽、蜡状光泽、土状光泽。绿松石的光泽类型及特征见表9-7。

表9-7 绿松石光泽类型及特征

光泽类型	肉眼观察特征
玻璃光泽	反射光明亮，影像清晰
蜡状光泽	反射光较明亮，影像模糊
土状光泽	反射光较弱，难见影像

六、花纹

绿松石表面常见特殊花纹类型可描述为乌兰花、唐三彩、蛛网纹、水草纹、水波纹、雨点纹等。绿松石的花纹类型及特征见表9-8。

表9-8 绿松石常见特殊花纹类型及特征

特殊花纹类型	肉眼观察特征
乌兰花	以质地致密的蓝色绿松石为主体，铁线均匀，呈网状分布
唐三彩	绿松石表面同时含有三种颜色，常为蓝色、绿色、黄色
蛛网纹	绿松石表面呈现蜘蛛网状花纹图案，网纹分布均匀、粗细一致
水草纹	绿松石表面呈现水草状花纹图案
水波纹	绿松石表面呈现水波纹状花纹图案
雨点纹	绿松石表面呈现雨点状花纹图案，并且雨点部分透明度较高

此外，对于用作首饰（戒面、串珠、手镯）的优质绿松石还要考虑它的切工（图9-5～图9-8），在评价其切工时，主要考虑以下因素：①成品的轮廓；②成品的对称性；③成品的长、宽比例；④成品的厚度；⑤串珠的圆度；⑥珠孔加工的精细程度等。

图9-5 绿松石手链

图 9-6　绿松石手镯　　　　　图 9-7　绿松石戒面　　　　　图 9-8　绿松石戒面

第二节　青金石的品质与价值评估

青金石是古老的玉石品种之一，特别是含金黄色黄铁矿的深蓝色青金石，似星光灿烂的夜空，备受东方民族，尤其是阿拉伯民族的喜爱。我国古代，因青金石色相如天，备受器重，常随葬于皇帝的陵墓中，象征"达升天之路"。《清会典图考》记载："皇帝朝珠杂饰，唯天坛用青金石，地坛用黄玉，日坛用珊瑚，月坛用白玉。"借用玉石之色来象征天、地、日、月。

青金石是一种多矿物集合而成的玉石，矿物成分包括青金石、蓝方石、方钠石、黝方石，以及少量方解石、黄铁矿、普通辉石、角闪石和云母。其中以青金石为主，青金石矿物的化学成分为钠钙铝硅酸盐，化学式为$(Na,Ca)_8[AlSiO_4]_6(SO_4,S,Cl)_2$。

青金石的品质评价，可以依据颜色、质地、裂纹、切工和块度等方面进行。

一、颜色

青金石的颜色是由其中青金石矿物含量的多少所决定的，所含青金石矿物越多，颜色越好，反之则颜色差。由于青金石矿物呈蓝色，因此，作为玉石的青金石一般呈蓝色，其中以蓝色浓、正、均匀为最佳。如果颜色中交织有白石线或白斑，就会降低颜色的浓度、纯正度和均匀度，因此品质降低。

二、质地

质地也是评价青金石品质的一个重要因素。质地致密、坚韧、细腻，含青金石矿物多，含其他杂质矿物少（如方解石、辉石、云母等，但可有少量星点状均匀分布的黄铁矿），这样的青金石为上品。如果黄铁矿局部成团分布，则将影响青金石的质地，进而影响青金石的品质。对于含有杂质矿物的青金石，杂质矿物分布越均匀，青金石的品质等级越高（图 9-9、图 9-10）。

三、裂纹

裂纹的存在将明显地影响青金石的品质。没有裂纹者最好，具有微小裂纹者次之，裂纹越明显则品质等级越低。

图9-9 质地较好的青金石

图9-10 质地较差的青金石

四、切工

由于青金石具有美丽纯正的蓝色，因此优质、没有裂纹的青金石，常可被用作首饰石。用作首饰的青金石通常被切磨成扁平型和弧面型琢型。切磨成扁平型的青金石一般都是最优质的，而切磨成弧面型的青金石与其相比较而言，品质要差一些，因此根据青金石切磨的琢型，可以大致区分其品质。在评价扁平型青金石的切工时，应注意成品的轮廓和成品的厚度，一般厚度不小于2.5mm，如果小于这一厚度，则品质等级将降低（图9-11～图9-13）。

图9-11 青金石戒面

图9-12 青金石手链

图9-13 青金石手镯

五、块度

块度指的是青金石块体的大小。在同等品质条件下，青金石的块体越大（不论是首饰石还是原石），其价值也就越高。

根据青金石玉石中所含矿物成分、颜色、质地的差异，可将其分为以下四种类型，它们的品质依次降低。

(1) 青金石。它为最优质的青金石玉石，其中的青金石矿物含量在99%以上，不含黄铁矿，其他杂质矿物很少，质地致密、坚韧、细腻，呈浓艳、纯正、均匀的蓝色。

(2) 青金。青金石矿物含量一般在90%~95%，没有白斑，可含有稀疏的星点状黄铁矿和少量其他杂质矿物，质地较纯净致密、细腻，颜色的浓度、均匀度、纯正度均较青金石的颜色差。

(3) 金克浪（金格浪）。其中青金石矿物的含量明显减少，含有较多而密集的黄铁矿，杂质矿物明显含量增加，有白斑和白花，颜色的浓度明显降低，呈浅蓝色且不均匀。

(4) 催生石。催生石由古代传说能帮助妇女催生而得名。它是品质最差的青金石玉石，所含青金石矿物最少，一般不含黄铁矿，而方解石等杂质矿物含量明显增加，玉石上仅见星点状蓝色分布，或呈蓝色与白色混杂的杂斑状。

第三节 独山玉的品质与价值评估

独山玉（又名南阳玉），是我国特有的玉石品种，因产于我国河南省南阳市北部独山而得名。独山玉开采历史悠久，考古资料表明，在河南安阳殷墟妇好墓出土的700余件玉器中，有部分玉器就是由独山玉加工制作而成的。据《汉书》记载，南阳的"独山"被称作"玉山"，现今南阳独山东南脚下的"玉街寺"旧址就是汉代生产和销售玉器的地方。

独山玉是迄今为止世界上唯一发现的达到宝石工艺要求的黝帘石化斜长岩质玉种，组成矿物主要为斜长石、黝帘石，其次为翠绿色铬云母、浅绿色透辉石、黄绿色角闪石、黑云母，还有少量榍石、金红石、绿帘石、阳起石、白色沸石、葡萄石、绿色电气石、褐铁矿、绢云母等。独山玉的化学成分随其组成矿物成分和含量的不同而有所变化。

独山玉的品质与价值评估，可依据颜色、质地、颜色搭配、块度等因素进行评价。

一、颜色

独山玉的颜色分为红、黄、绿、白、青、紫、黑、杂色八大类。每一大类中，根据颜色的分布、多少、浓淡、形状等，又可再细分。其中以白天蓝、满绿、绿、鲜红、透水白、浅绛紫等颜色为最好；次为暗绿、淡红、绿白、干白、深绛紫色、黄、青等色；再次为黑色和杂色（图9-14、图9-15）。

图9-14 独山玉雕件1

图9-15 独山玉雕件2

二、质地

高档的独山玉,通常质地细腻,光泽明亮,水头好,硬度高,无裂纹,无杂质(黑星点和白脑)等。质地较粗、水头差、硬度较低、裂纹与杂质较多的玉料则品质较低。

三、颜色搭配

独山玉的最大特点就是颜色多,多种色彩搭配合理可提高独山玉的品质评价等级,为玉雕俏色利用提供空间,搭配不合理则其品质降低。常见搭配合理的组合主要有:玻璃底色—翠绿(图9-16)、玻璃底色—浅绛紫色—绿色、透水白—浅绛紫色—绿色、绿白—浅绛紫色—绿色。

图9-16 独山玉雕件3

四、块度

块度的大小,也是独山玉品质评估的一个重要因素。在其他因素相同的条件下,块度越大,玉料价值越高。随着近年来高档独山玉料越来越少,对块度的要求也在逐年降低,主要体现在特优级和优级玉料中。

在独山玉原料交易中,通常可依据颜色、质地、颜色搭配、块度等因素将独山玉分为特级、一级、二级、三级和四级(表9-9)。

表9-9 独山玉品质等级划分表

品种	等级	等级标准
翠绿 蓝绿 天蓝 红	特级	色泽纯正鲜艳,色调丰满均匀,半透明—透明,玻璃—油脂光泽,质地细腻致密,无绺裂,无白筋,无杂质,无干白石花,块重20kg以上者
纯绿 深天蓝 绿白 透水白	一级	色泽鲜艳纯正,颜色分布均匀,油脂—玻璃光泽,半透明,质地细腻致密,无杂质,无绺裂,无干白石花,块重在10kg以上者

续表 9-9

品种	等级	等级标准
白 乳白 绿白 绿	二级	颜色均匀，质地细腻，色泽鲜艳，玻璃光泽，微透明—半透明，基本无绺裂，无杂质，可有少量石筋及干白的石花，块重在 5kg 以上
干绿白 青紫黄及其他色	三级	色泽较鲜艳，质地细腻，微透明—不透明，水头差，允许有绺裂杂质及干白筋存在，可有少量其他色斑，块重在 3kg 以上
杂色 黑色 墨绿	四级	色泽一般，质地致密，微透明—不透明，水头不足，玻璃光泽，允许一定绺裂杂质及干白筋存在。块重无一定要求，一般要求在 2kg 以上

第四节 欧泊的品质与价值评估

欧泊，由英文 Opal 音译而来，矿物学名称为贵蛋白石，其化学成分为 $SiO_2·nH_2O$。人类对欧泊的认识和利用有着较为悠久的历史，公元前 200～100 年，人们就开始把欧泊用作宝石。例如在古罗马时代，欧泊不仅为人熟知，而且价值极高。古罗马的博物学家普林尼曾对欧泊作过如下精彩的描述："欧泊，具有红宝石般的火焰，紫水晶般的亮紫色，祖母绿般的绿海，五彩缤纷，浑然一体，美不胜收。欧泊色彩之美不亚于画家的调色板和硫磺燃烧之火焰。"正如普林尼描述的那样，欧泊最大的特点就是具有美丽的变彩。

根据欧泊底色的不同，可以将欧泊划分为黑欧泊、白欧泊和火欧泊。黑欧泊主体颜色为深灰色—灰黑色、绿色、蓝色、褐色，半透明—不透明，其中以不透明者居多，变彩鲜艳。白欧泊主体颜色为浅灰色—白色，半透明—不透明，变彩较浅。火欧泊主体颜色呈橙黄色、橙红色、黄色、红色，透明—半透明，一般无变彩。

世界上出产欧泊的国家主要为澳大利亚，其次为墨西哥、巴西和美国等。欧泊矿床主要是在表生环境下，由硅酸盐矿物经过风化、分解所产生的二氧化硅胶体溶液凝聚而成，也可以由温泉、热水溶液中的二氧化硅凝聚而成。其矿床类型主要为风化壳型和热液型，其中 95% 以上的欧泊产于风化壳型矿床中。澳大利亚是世界上出产欧泊最多的国家，占世界欧泊总产量的 95% 以上，其中 80% 集中在澳大利亚南部的库伯拜迪（Coober Pedy）和明塔比（Mintabie）两地，库伯拜迪有世界"欧泊之都"的美誉。澳大利亚的欧泊向世界许多国家出口，世界上许多著名的欧泊也均产自澳大利亚（图 9-17、图 9-18）。

图 9-17 澳大利亚黑欧泊

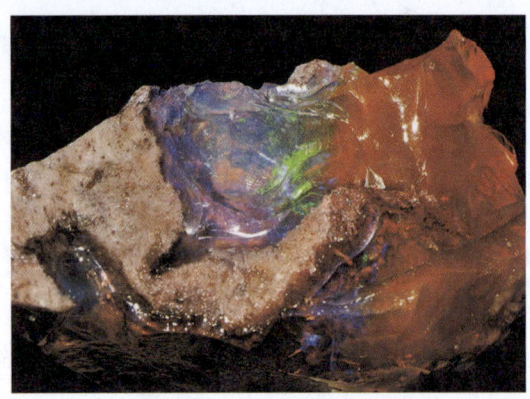

图 9-18 墨西哥火欧泊

欧泊的品质评估是复杂的，依赖于评估者的经验。影响欧泊品质和价值的因素包括以下六个方面。

一、体色（背景的颜色）

一般认为深色体色（烟灰色、褐色、蓝色、绿色、黑色等）比浅色体色（浅白、亮灰色等）更好，更能体现出欧泊的变彩。也就是说黑欧泊或暗色欧泊比白欧泊或浅色欧泊价值更高。好的欧泊，应该是明亮的，有一定透明度。变彩颜色的亮度直接影响欧泊的价值。将欧泊转动360°观察，会发现其变彩的颜色是有变化的。在某一个方向能观察到最美的变彩颜色，称之为方向性。大多数欧泊的颜色都具有方向性，但最好的欧泊应是转动360°都能观察到最明亮的颜色。此外，还需要考虑亮度的连续性，以及变彩在欧泊石中的比例，如果变彩只占整个欧泊石的30%，则品质一般，30%~70%为良好，＞70%则为最好（图9-19~图9-21）。

图 9-19 优质黑欧泊（白色背景）

图 9-20 优质黑欧泊（黑色背景）

图 9-21 白欧泊

二、变彩（彩斑）的大小和形状

在欧泊中，根据变彩斑点的颜色，可将欧泊分为单彩（基本由一种颜色构成）、三彩（由2～3种颜色构成）、五彩（由红—紫等多种颜色构成，像彩虹一般）。变彩形成的彩斑图案也非常重要，图案和亮度的结合可以成倍地提升欧泊的价值，一般认为变彩的斑点大、颜色多为上品，最好的欧泊表面应非常平滑，整块欧泊的变彩均匀分布，没有死角。也就是说，变彩的程度或整体完整性要好。如有彩纹状、马赛克状（镶嵌状）、花朵状等彩斑的欧泊，其价值比没有彩斑的要高，构成图案的颜色越鲜艳、彩度越高越好（图9-22）。

图9-22 变彩的图案类型

三、变彩中出现的颜色

在一块欧泊上，变彩出现的颜色越多越好。变彩所显示的颜色是纯光谱色，非常美丽。在黑欧泊和白欧泊中，人们一般最喜欢的变彩颜色依次为：红色、紫色、橙色、黄色、绿色和蓝色。其中，红色是最稀有、最有价值的颜色。在火欧泊中，变彩以紫色、绿色和蓝色为最好。其原因是这些颜色与它们的体色（背景色）对比更加强烈，显得色彩更加鲜艳。优质的欧泊在转动时，色彩还能不断地变化和移动（图9-23）。

图9-23 色彩斑斓的欧泊球

四、净度

影响欧泊净度的因素主要是裂隙和内含物。由于欧泊的化学成分中含有水，硬度相对较低，所以欧泊表面很容易出现裂隙。因此，裂隙的有和无、多和少，也是评价欧泊品质的一个重要因素，裂隙的存在还会导致欧泊耐久性的降低。欧泊中的内含物通常包括劣质蛋白石的碎片、带状或点状的石膏晶体、漂砾欧泊上的铁质等。若内含物在欧泊的背面，一般不会对价值产生太大的影响；但若裂隙、内含物出现在欧泊的表面，则会对宝石的价值产生较大的影响，应引起注意。

五、切工

欧泊的切工形状，主要依据原石的形态而定。大多数欧泊都切磨成椭圆形的弧面型切工，而漂砾欧泊则可根据设计的需要，切磨成具有特色的形状。大多数宝石级的欧泊被切磨成随意型。根据欧泊的块度大小，许多欧泊原石也被用于雕刻。具有穹形表面的弧面型切工，比平面或没有穹形表面的弧面型切工价值要高，穹形的表面更能显示变彩的美丽。此外，还应注意欧泊拼合石和处理过的欧泊，虽然它们表面看起来可能很吸引人，但是其价值应是比较低的。差的切工和抛光，均将影响欧泊的价值。

六、块度

欧泊的价值，不以块度作为主要评价因素。一般来说，在 10ct 以内，每克拉的价格是最高的；超过 10ct，由于用途受限，其每克拉的价格不升反降。不按比例切磨的欧泊，如背面的厚度太大，在计算每克拉价格时，应对质量予以修正。

第十章　有机宝石的品质与价值评估

第一节　珍珠的品质评价与分级

珍珠是一种古老的有机宝石，人类对珍珠的认识和利用具有悠久的历史和光辉灿烂的文化。珍珠或许也是世界上最早用作宝石的天然物质，由于它色泽美丽，不经任何加工就可用作饰物，因而一开始就受到了人们的喜爱。珍珠产于珍珠贝内，由文石和少量的水和有机质组成。

一、珍珠的资源分布

按珍珠的成因，可将珍珠分为天然珍珠和养殖珍珠。按珍珠的产出水域，可把珍珠分为海水珍珠和淡水珍珠。

1. 天然珍珠资源的分布

世界范围内出产天然海水珍珠的国家和地区，历史上主要有波斯湾诸国（伊朗、沙特阿拉伯、阿曼、巴林）、马纳尔湾（介于印度和斯里兰卡之间）、南洋地区、委内瑞拉、墨西哥、红海、日本、中国等。出产天然淡水珍珠的国家和地区有苏格兰、英格兰、威尔士、爱尔兰、法国、德国、奥地利、孟加拉国、美国的密西西比河及其支流、亚马孙河等。

目前，由于自然资源已渐趋枯竭，市场上的珍珠主要以养殖珍珠为主，天然珍珠极为稀少。

2. 养殖珍珠资源的分布

世界上海水养殖珍珠主要产于日本，分布在三重、高知、爱媛、长崎、广岛、熊本、神户等地，其中三重县为世界优质海水养殖珍珠的著名产地，养殖珍珠的直径可达9~10mm。日本的淡水养殖珍珠主要产于日本列岛中部的琵琶湖。其他如塔希提岛、澳大利亚、印度尼西亚、菲律宾、泰国、缅甸及其他国家和地区也拥有发展程度不同的珍珠养殖业，但以日本为最。

中国也是世界上养殖珍珠的大国。其中海水养殖珍珠主要分布于北部湾及广东沿海，如历史悠久的广西合浦珍珠（又称"南珠"），色泽艳丽，质地优良。其他的海水养殖珍珠产地还有广西防城白龙尾岛、钦州湾、龙门港、北海、海南省陵水、三亚、广东省湛江、深圳、惠阳、海康、汕头等地。中国的淡水养殖珍珠，主要分布于江苏、浙江、上海、安徽、江西、湖北、湖南、四川等地。

20世纪70年代以来，我国珍珠养殖技术取得了突破性的进展，推动了我国珍珠产业的迅速发展。据不完全统计，我国淡水珍珠产量占到了全世界淡水珍珠总产量的95%。目前，我国已经形成了江苏、浙江、湖南、安徽、湖北、江西六大淡水珍珠养殖基地，广西、广东、海南等海水珍珠养殖基地，浙江诸暨、苏州渭塘、广西北海、海南海口等珍珠加工、批零集散地。中国珍珠产业已经形成了养殖、加工、销售、设计、鉴定、研发一条完整的产业链,开发出珍珠首饰、工艺品、保健品、美容用品、服装等多元化产品。

二、珍珠的品质评价因素

珍珠的价值取决于珍珠的品质等级。多年来,珠宝首饰行业特别是与珍珠贸易相关的各个部门开展联合攻关,研究珍珠品质分级及相关的技术规范问题,制定珍珠分级的标准。2002年,由国家质检总局批准颁布了《养殖珍珠分级》(GB/T 18781—2002)国家标准,确定了养殖珍珠品质因素及级别评定规则,明确地指出,珍珠品质因素包括颜色、大小、形状、光泽、光洁度、珠层厚度(有核珍珠)等六个方面。自此,珠宝首饰业内,对珍珠的分级有了统一的标准。2008年,又对该标准进行了修订,颁布了《珍珠分级》(GB/T 18781—2008)国家标准。

根据最新标准,珍珠分级是依据珍珠的类别(海水、淡水),分别从颜色、大小、形状、光泽、光洁度、珠层厚度(有核珍珠)等六个方面进行评价,其中颜色、光泽、光洁度是根据国家标准样品对比给出级别。再将用于装饰的珍珠划分为珠宝级珍珠和工艺品级珍珠两大等级。多粒珍珠饰品进行品质因素级别和匹配性级别确定。

1. 颜色

珍珠的颜色对其品质的影响是很大的(图10-1),它包括体色、伴色和晕彩三个概念。

珍珠的体色指珍珠本体所具有的颜色(背景色),即珍珠对白光的选择性吸收产生的颜色,它取决于珍珠本身所含的各种色素和微量金属元素。

图10-1 珍珠的颜色

珍珠的伴色指珍珠表面和内部珠层对光的反射、干涉等综合作用而形成的色彩,它是叠加在体色之上的。珍珠的伴色可以分为玫瑰色、蓝色、绿色等。

珍珠的晕彩是指珍珠表面或表层下形成的可漂移的彩虹色,是从珍珠表面反射的光中观察到的,由珍珠的内部珠层对光的折射、反射、干涉等综合作用形成的特有色彩。晕彩主要由粉红、绿、黄、橙、蓝、紫等或多种色彩组合而成。

珍珠的颜色可以分为黑色、白色、红色、黄色及其他色五个系列,各种颜色珍珠的品质评价如下。

(1) 黑色珍珠。珍珠体色呈黑色、蓝黑色、灰黑色、褐黑色、紫黑色、棕黑色、铁灰色等，色调越黑、越浓，珍珠价值越高。其中以表面带有绿色伴色者为最佳；表面带有浅红色或微弱绿色伴色者次之；表面没有伴色者最差。一颗同样大小、形状的黑色珍珠，带有绿色伴色者比不带绿色伴色者，其价值可以相差一倍。

（2）白色珍珠。珍珠体色为白色、奶白色、银白色、瓷白色等，以表面带有粉红色伴色者为最佳；其次为表面带有微绿色或浅红色伴色的珍珠；再次为表面带有明显绿色及浅红色伴色的珍珠；最后为表面没有伴色的珍珠。

（3）红色珍珠。珍珠体色为粉红色、浅玫瑰色、淡紫红色等，以表面带有蓝色或绿色伴色者为最佳；表面不带伴色者为次。

（4）黄色珍珠。珍珠体色为黄色、米黄色、金黄色、橙黄色等，以表面带有浅红色伴色者为最佳；表面带有绿色伴色者次之；表面不带伴色者最差。

（5）其他颜色珍珠。包括紫色、褐色、青色、蓝色、棕色、紫红色、绿黄色、浅蓝色、绿色、古铜色等。

珍珠颜色的描述以体色描述为主，伴色描述为辅。对于珍珠的颜色评价来说，含有伴色的珍珠较不含伴色的珍珠价值要高；对于不同颜色的珍珠来说，在国际市场上以黑珍珠价格最高，余下依次为红色珍珠、白色珍珠和黄色珍珠。

2．大小

珍珠的大小是指单粒珍珠的尺寸，它是评价珍珠品质的最主要因素，很大程度上决定着珍珠的价值。正圆、圆、近圆形的珍珠，其大小以直径来表示，以毫米（mm）为计量单位（图10-2）。其他形状的珍珠以最大尺寸乘最小尺寸表示，批量散珠可以用珍珠筛的孔径范围表示。直径大于7mm的珍珠才能称为大珠。俗话讲，七分珠八分宝，指的就是珍珠的大小，大珠是十分珍贵和稀有的。在国际市场上，珍珠的计量单位因档次的高低而相差悬殊。低级珍珠以千克计，高级珍珠以克计，超高级珍珠（珍珠直径大于8mm）则以粒计。因此，在同等品质条件下，珍珠的大小就成为评价珍珠品质的决定性因素，珍珠越大，其价值越高。

| 4~4.5mm | 4.5~5mm | 5~5.5mm | 5.5~6mm | 6~6.5mm | 6.5~7mm | 7~7.5mm | 7.5~8mm | 8~8.5mm |

图10-2 珍珠的大小

3．形状

珍珠的形状是指珍珠的外部形态，也是评价珍珠品质的因素之一。由于珍珠的生长受到很多因素的控制，形状好的珍珠数量稀少，因此形状好的珍珠价格很贵。

圆形是最好的珍珠形态，其中又以正圆形球体为最佳，它的价值也是最高的。珍珠的形状等级划分见表10-1。

4．光泽

珍珠的美丽在很大程度上取决于它的光泽。珍珠光泽的产生是由珍珠内部的多层结构对光的反射、折射和干涉等综合作用的结果，珍珠光泽的强弱与珍珠层的厚度、内部珠层结晶

表 10-1 珍珠形状等级划分表

形状级别		海水珠品质要求 （直径差百分比%）	淡水珠品质要求 （直径差百分比%）
中文	英文代号		
正圆	A_1	≤1.0	≤3.0
圆	A_2	≤5.0	≤8.0
近圆	A_3	≤10.0	≤12.0
椭圆	B　B_1	>10.0 含水滴形、梨形	≤20.0 短椭圆
椭圆	B　B_2	>10.0 含水滴形、梨形	>20.0 长椭圆
扁平	C　C_1	具有对称性，有一面或两面近似平面状	≤20.0 高形
扁平	C　C_2	具有对称性，有一面或两面近似平面状	>20.0 低形
异形	D	通常表面不平坦，没有明显对称性	通常表面不平坦，没有明显对称性

体的排列、珍珠层的化学成分有着密切的关系。优质珍珠表面应具有均匀的强珍珠光泽，并带有彩虹般的晕彩。因此，光泽也是评价珍珠品质的重要标志，若其他条件相同，光泽越强，珍珠的品质也就越好。珍珠的光泽等级划分见表 10-2。

表 10-2 珍珠光泽等级划分表

光泽级别		海水珠品质要求	淡水珠品质要求
中文	英文代号		
极强	A	反射光很明亮，锐利均匀，映象很清晰	反射光特别明亮，锐利、均匀，表面像镜子，映象很清晰
强	B	反射光明亮，表面能见物体影像	反射光明亮，锐利、均匀，映象清晰
中	C	反射光不明亮，表面能照见物体，但影像较模糊	反射光明亮，表面能见物体影像
弱	D	反射光全部为漫反射光，表面光泽呆滞，几乎无映象	反射光较弱，表面能照见物体，但影像较模糊

5. 光洁度

光洁度（又称瑕疵），指珍珠表层结构致密、细腻、光滑的程度，或者是表面瑕疵的明显程度。珍珠表面常见的瑕疵包括隆起（疱）、沟纹、皱纹、裂纹、凹坑、刻痕、黑点、缺口、针尖以及珠层剥落等，其中破口和珠层剥落对珍珠品质的影响最大。

具有瑕疵的珍珠，表面光洁度肯定就差，品质等级必然降低。在具有瑕疵的珍珠中，瑕疵所在的位置也是评价其品质的一个重要因素，瑕疵所处的位置越明显，其品质等级越低。珍珠的光洁度等级划分见表 10-3。

表 10–3　珍珠光洁度划分表

光泽级别		海水珠品质要求	淡水珠品质要求
中文	英文代号		
无瑕	A	肉眼观察表面光滑细腻，极难观察到表面有瑕疵	肉眼观察表面光滑细腻，极难观察到表面有瑕疵
微瑕	B	表面有非常少的瑕疵，似针点状，肉眼较难观察到	表面有非常少的瑕疵，似针点状，肉眼较难观察到
小瑕	C	有较小的瑕疵，肉眼易观察到	有较小的瑕疵，肉眼易观察到
瑕疵	D	瑕疵明显，占表面积的四分之一以下	瑕疵明显，占表面积的四分之一以下
重瑕	E	瑕疵很明显，严重的占据表面积的四分之一以上	瑕疵很明显，严重的占据表面积的四分之一以上

6. 珠层厚度

珠层的厚度是指植入的珠核表面到珍珠表层之间的垂直距离，珍珠层的厚度主要和养殖时间及生长速度有关，后者又和养殖环境有关。通常情况下，珍珠层厚度大小将直接影响珍珠表面的光泽，珍珠层的厚度越大，珍珠的光泽就越强，珍珠的价值也就越高。珍珠的珠层厚度等级划分见表 10–4。

表 10–4　珠层厚度等级划分表

光泽级别		珠层厚度（mm）
中文	英文代号	
特厚	A	≥0.6
厚	B	≥0.5
中	C	≥0.4
薄	D	≥0.3
极薄	E	<0.3

有经验的人通过对珍珠光泽的观察，基本上就可判断珍珠层的厚度及珍珠养殖时间。珠层厚度的测量方法，包括直接测量法（在实验室里通过装有标尺的显微镜进行测量）、X 光照相法、光学相干层析法。一般认为可以接受的宝石级珍珠最低珍珠层厚度是 0.3mm。通常情况下，珍珠光泽明亮而圆润的珍珠，珠层的厚度会在 0.5mm 以上。

三、珍珠分级

按珍珠品质因素级别，用于装饰使用的珍珠可分为珠宝级珍珠和工艺品级珍珠两大等级。

1. 珠宝级珍珠品质因素最低级别要求

根据《珍珠分级》（GB/T 18781—2008），推荐的珠宝级珍珠品质因素的最低级别，必须达到以下要求。

（1）光泽级别：中（C）。

（2）光洁度级别：最小尺寸在 9mm（含 9mm）以上的珍珠，瑕疵（D）；最小尺寸在 9mm 以下的珍珠，小瑕（C）。

（3）珠层厚度（有核珍珠）：薄（D）。

2. 工艺品级珍珠

达不到珠宝级珍珠要求的珍珠，均划为工艺品级珍珠。

3. 多粒珍珠饰品中珍珠分级

多粒珍珠饰品中珍珠的分级，包括总体品质因素级别确定和匹配性级别确定两项内容。
总体品质因素级别确定，包括3个方面：

（1）确定饰品中每粒珍珠的单项品质因素级别。

（2）分别统计各单项品质因素同一级别珍珠的百分数。

（3）当某一品质因素某一级别以上的百分数不小于90%时，则该级别定为总体品质因素级别。

匹配性级别确定，包括搭配和钻孔两个方面。

（1）搭配。珍珠的搭配，是指依据珍珠的颜色、大小、形状、光洁度、光泽进行有机地组合，使它显出珍珠饰品美的最佳效果。一件搭配得当的饰品比搭配差的，在价值上相差许多。

要同时找到品质完全一致的两颗或多颗（串）珍珠实际上并不容易，需要花费一定的时间成本和技术成本，因而搭配好的珍珠通常较搭配不好的珍珠有更高的市场价值。对于珍珠项链而言，珍珠搭配是一个基本的分级要求，如果将一些不同等级的珍珠串在一起，不但降低了高品质珍珠的价值，同时也会使整串珍珠的等级受到影响。搭配对珍珠品质的影响可达到15%～20%（图10-3、图10-4）。

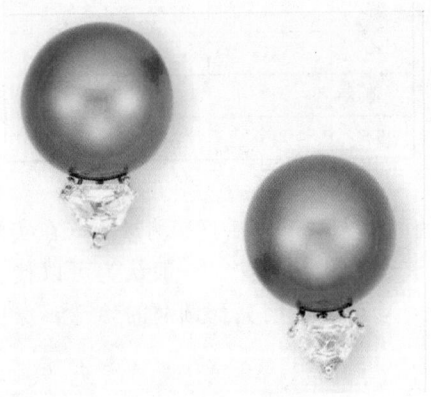 

图10-3 匹配完美的灰黑色珍珠钻石耳钉1对（珠径分别为15.9mm和16.0mm）　　图10-4 匹配完美的珍珠钻石扣项链（珠径为17.95～20.45mm，项链长度45.0cm）

（2）钻孔。钻孔的精细程度，对珍珠饰品的品质有很大的影响。钻孔对称、两端粗细一致、钻孔大小刚能容纳丝线穿过为最佳品。如果在一颗优质珍珠上，钻了一个粗糙斜歪的钻孔或孔眼口边有崩裂，则珍珠的品质将大打折扣，其价值也将相应地降低许多。

珍珠的孔有三种，一种俗称"通眼儿"，是贯穿孔，从珍珠的球面中间通过，主要在珍珠串中使用；第二种俗称"单鼻眼"，是两个孔眼并列斜向打通，以便将珍珠吊穿使用，大多见于一些民国时期或以前的珍珠首饰中，现在已少用；最后一种是半孔，是在珍珠的某个位置往里钻一半或1/3左右，以便于珍珠镶嵌时插针胶结，这种孔常见于现代的各种单颗或群镶的珍珠首饰中。

《珍珠分级》国家标准（GB/T 18781—2008），对珍珠的匹配性级别作了以下的划分（表10-5）。

表 10-5 珍珠匹配性等级划分表

匹配性级别		品质要求
中文	英文代号	
很好	A	形状、光泽、光洁度等品质因素应统一一致，颜色、大小应和谐有美感或呈渐进式变化。孔眼居中且直，光洁无毛边
好	B	形状、光泽、光洁度等品质因素稍有出入，颜色、大小较和谐或基本呈渐进式变化。孔眼居中无毛边
一般	C	颜色、大小、形状、光泽光洁度等品质因素有较明显差别。孔眼稍歪斜并且有毛边

4. 珍珠分级结果的表示方式

珍珠分级结果各品质因素级别，用英文代号表示，并按形状、光泽、光洁度、珠层厚度（如果涉及）、匹配性（如果涉及）顺序连续排列。例如某件海水珍珠项链的品质因素级别表示为：

形状级别：圆 A_2

光泽级别：极强 A

光洁度级别：无瑕 A

珠层厚度级别：中 C

匹配性级别：很好 A

品质因素级别的英文代号连续表示是：A_2AACA

在珍珠分级国家标准中，还明确规定了珍珠标识明示的内容至少应包括：①名称（应标明海水珍珠或者淡水珍珠）；②等级；③大小；④形状、光泽、光洁度、珠层厚度（如果涉及）、匹配性（如果涉及）级别；⑤生产厂名、厂址；⑥执行标准编号。

第二节　珊瑚的品质与价值评估

珊瑚是一种呈圆筒状的腔肠动物珊瑚虫骨骼的堆积物。珊瑚虫生于海洋中，它靠管口上段的触手来捕捉微生物，然后送入口中，通过内腔消化食物，同时分泌出一种石灰质，以建造自己的躯壳。在幼虫阶段，它可以自由活动，但到了管状成虫的早期，便自动固定在其"先辈"石灰质的遗骨堆上。长此以往，珊瑚靠其自身的无性繁殖——分裂增生方法迅速繁殖。在海洋环境（食物或物质成分、洋流、温度、压力、其他生物等）的影响下，珊瑚愈长愈高、愈长愈大，形成千姿百态的树枝状群体。珊瑚幼虫为白色，长大后因汲取海水中的铁质，便由外皮向内逐渐变成红色。待珊瑚虫老化、死亡后，人们便采集它们，把其用作宝石材料。

一、珊瑚资源的分布

珊瑚虫的生长对环境的要求较高，一般生长在清澈、温暖的海水中，因此世界上的珊瑚主要分布在北纬 30°以南、南纬 25°以北的海域中。其中白色珊瑚主要分布于中国南海海域、琉球海域、菲律宾海域、日本海域，水深约 100~200m 的海水中，其中以中南南海的产量最大。白色珊瑚原枝高度约 30cm，基部直径 4～5cm，重 0.5～1kg。红色珊瑚主要分布于地中海沿岸的阿尔及利亚、突尼斯，以及西班牙沿海海域、我国台湾省沿海海域及日本海域、马来西亚沿海海域等，水深约 100～300m 的海水中，群体形态呈扇形树枝状，高度一般可达 40cm，基部直径约 4～5cm，重约 0.3～1kg（图 10-5）。蓝珊瑚主要繁殖于非洲西海岸，但目前已基本绝迹。

二、珊瑚的品质评价与分级

评价珊瑚的品质，主要依据其颜色、块度和致密程度。对于珊瑚制品，还要评价其加工的精细程度。

1. 颜色

图 10-5　红珊瑚枝

珊瑚的颜色多样，主要有红色、蓝色、金黄色、黑色和白色，其中以红色为最佳，其次为蓝色、金黄色、黑色和白色。红色珊瑚中以红色纯正、浓厚、鲜艳、分布均匀为最好，带有其他色调则品质下降（图 10-6）。白色珊瑚则以纯白色为最好，颜色越白、越明亮，品质越好，如白色中带有灰色则品质明显下降。蓝珊瑚为浅蓝色、蓝色，是一种绚丽多彩的佳品，极少见，价值昂贵。黑珊瑚颜色为灰黑—黑色，比较罕见，价值较高。

图 10-6　红珊瑚戒面

2. 块度

珊瑚的块度越大越好。块度大而完整的珊瑚是用作玉雕的优质材料，块度小、有断枝者只能用作小件首饰材料，其品质与价值降低。

3. 致密程度

由于珊瑚的特有结构，珊瑚的质地越致密、坚韧，则品质越高，如珊瑚中有蛀洞、多孔粗糙疏松者，则品质降低。

4. 加工的精细度

珊瑚是用作玉雕的优质材料。评价珊瑚雕件时,除了看珊瑚本身的树枝状造型是否优美,还要看做工的精细程度。做工越精细,品质越好,反之则品质下降(图10-7、图10-8)。珊瑚也可用来制作首饰,如珊瑚串珠、珊瑚戒指等,其首饰品质与加工精细程度密切相关(图10-9~图10-11)。

图10-7 红珊瑚摆件《一帆风顺》

图10-8 红珊瑚摆件

图10-9 红珊瑚戒指

图10-10 红珊瑚珠链

图10-11 红珊瑚手串

此外，由于受传统心理习惯的影响，不同国家、不同民族的人对珊瑚的颜色有着不同的爱好，如阿拉伯人偏爱鲜红色的珊瑚，而欧洲人喜好粉红色珊瑚等。这也在一定程度上影响着对珊瑚的价值评价。

依据上述品质评价因素，可以将红珊瑚分成四级，见表10-6。

表10-6 红珊瑚品质分级表

等级	品质因素			
	颜色	致密程度	块度	加工精细度
特级	深红色，颜色鲜艳、分布均匀	致密坚韧	大而完整，高大于0.9m	精细，复杂
一级	红色，颜色鲜艳、分布较均匀	较致密	块度较完整，高0.6～0.9m	精细，较复杂
二级	粉红色，颜色分布不甚均匀	有少量蛀洞	块度不完整，高大于0.15m	较细
三级	浅红、橙红、褐红，颜色分布不均匀	有较多蛀洞和孔隙	块度小，断枝残缺，高小于0.15m	一般

第三节 琥珀的品质与价值评估

琥珀是一种古老的有机宝石，它是中生代白垩纪至新生代第三纪（古近纪＋新近纪）的松柏科植物树脂，经石化作用后，形成的一种有机化合物的混合物，主要化学成分为C、H、O。在透明的琥珀中，常保存有植物的枝叶和蜘蛛、蚂蚁、蚊、蝇等小动物，人们常用"外射晶光，内含生气"来赞美琥珀。因此，琥珀不仅具有很高的观赏价值，而且还有极高的科学价值，况且琥珀很早就被人们用作装饰品，视其为吉祥如意的珍贵之物。优质的琥珀，至今仍是很珍贵的宝石。

一、琥珀资源的分布

自然界的琥珀常产于煤系地层和滨海砂矿中，在成因类型上分别属于生物化学沉积型和滨海砂矿型。世界上出产琥珀的国家主要为波罗的海沿岸国家（拉脱维亚、爱沙尼亚、立陶宛、丹麦、波兰、德国、瑞典）、罗马尼亚、意大利西西里岛、缅甸、中国、多米尼加、加拿大、墨西哥、智利、阿根廷等。

波罗的海沿岸国家产出的琥珀呈黄色—黄褐色，透明—不透明（图10-12）。缅甸产出的琥珀呈褐色，通常透明度较好。罗马尼亚产出的琥珀呈浅褐黄色—褐色，或微褐红色—红色。意大利西西里岛产出的琥珀呈红色—橙黄色，或黄绿色、蓝色等。中国的琥珀主要产于辽宁抚顺的第三系煤层中（图10-13），产出的琥珀呈黄色—金黄色，其中含有昆虫包裹物者极为珍贵。此外，在河南西峡和福建章浦也产有琥珀。

图10-12 波罗的海沿岸国家产出的琥珀

图10-13 辽宁抚顺琥珀

二、琥珀的品质评价与分级

评价琥珀的品质，主要可以依据其颜色、透明度、块度、内含包裹物、裂纹等几方面。

1. 颜色

琥珀的颜色有红色、黄色、蓝色、绿色、褐色等，其中以红色和黄色为最好，颜色越纯正、浓艳、均匀越好。血红色琥珀、金黄色琥珀、有香味的琥珀都特别珍贵（图10-14、图10-15）。

图10-14 血珀

图10-15 金黄色琥珀

2. 透明度

透明度这一因素在琥珀的品质分级中很重要。琥珀的透明度越高，品质越好。

3. 块度

一般来说，琥珀块度越大，品质越好。大料可以用作玉雕制品和室内装饰品，小料则一般用作首饰（如串珠、胸坠、耳坠等）。含有完整动物或植物包裹体者极为稀有，具有很高的科学价值和收藏价值。

4. 内含包裹物

评价琥珀的内含包裹物需从三个方面来考虑。其一，如果琥珀中含有完整的动物化石（主要是昆虫，如苍蝇、蚊子、蚂蚁、马蜂等）和植物化石（如种子、果实、树叶、伞形松、树皮等），虽然内含包裹物会降低琥珀的透明度，但它却提高了琥珀的稀有程度，因而可以提高琥珀的品质等级,有的可以成为稀世珍品(图 10-16、图 10-17)。其二,如果琥珀中含有不完整的难以辨认的动物化石和植物化石,将降低琥珀的透明度,从而降低琥珀的品质等级。其三,如果琥珀中含有其他包裹物(气液两相包裹体、漩涡纹、杂质等),将大大降低琥珀的品质等级。

图 10-16 琥珀中包含有完整的昆虫 1

图 10-17 琥珀中包含有完整的昆虫 2

5. 裂纹

评价琥珀的品质,以裂纹越少越好。

依据上述品质评价因素,可以将琥珀分成以下四级,见表 10-7。

表 10-7 琥珀品质分级表

等级	品质因素				
	颜色	透明度	块度	内含包裹物	裂纹
特级	红色、金黄色	很透明	大小不分	含有完整动物化石或植物化石	无
一级	深黄色、蜜黄色	透明	大	含有不完整动物化石或植物化石	有微量裂纹
二级	中等黄色	半透明	较大	含有少量气液包裹体或杂质	有少量裂纹
三级	浅黄色、黄褐色	亚半透明或不透明	一般	含有大量气液包裹体、杂质	有明显裂纹

琥珀可以用作雕刻材料和首饰(包括串珠、佩饰和镶嵌首饰)。对于琥珀雕件和首饰来说,除了琥珀本身的品质外,还要看做工的精细程度。做工越精细,品质越好,反之则品质下降(图 10-18~图 10-21)。

图10-18 琥珀摆件

图10-19 随形琥珀手链

图10-20 琥珀手链

图10-21 琥珀佩饰

第十一章 玉器的品质与价值评估

中国人使用玉器,可以追溯到遥远的新石器时代。我国的玉文化历史源远流长、绵延不断,沉淀了丰厚的玉文化内涵,形成了中国人崇玉、爱玉、赏玉、藏玉的传统和习俗。俗话说"黄金有价玉无价",这是因为决定玉器价格的因素有很多,如玉器的质地、玉料的种类、造型意境、雕琢工艺、琢制年代、稀有程度等。玉器的市场价格在很大程度上依赖于玉器喜爱者和鉴赏者的愉悦程度,如何给玉器的品质与价值进行评估,是件不容易的事。对玉器品质和价值的评估,需要充分考虑以下几个方面:一是常见的玉石种类有多种,每种不同玉料的价值是有差异的,而且每种玉石因种类的质地差异、颜色深浅、块度大小不同,其价格相差甚远;二是玉器雕琢的工艺水平,选材及题材是否适宜,以及雕琢人的知名度都是决定玉器价值的重要因素;三是玉器的精品度,若玉器稀有或是古玉,具有一定的历史背景和文物价值,其价值的评估就更难了。因此,评估玉器的品质和价值是一项十分复杂的工作。本章所论述的仅是对现代玉器的品质与价值评估。

第一节 玉器的特点和种类

一、玉器的特点

玉器的特点概括起来,主要包括以下方面。

1. 玉器是用不同的玉石原料制作的

玉器原料或翡翠、和田玉,或玛瑙、水晶,或珊瑚、青金石、绿松石……不同的玉料,产地不同,质地不同,雕琢技法也不同,价值也不一样。"俏色",几乎是玉器鉴赏的专用词,即便是低档次玉料,如果有"色",而且用得"俏",也会身价倍增;高档次的俏色产品,其价值难以估量,或可成为国宝级的艺术珍品。

2. 玉器作品的门类众多

玉器作品有炉、瓶、薰,有花卉虫鸟,还有人物、动物,有创新的,也有仿古的。不同类型玉器作品有着不同的品质标准。一般来说,工艺比较简单的是花鸟、持花仕女、走兽、盆景;比较复杂的是花卉瓶、人物和动物;最难的是炉、瓶、薰等传统器皿类造型的玉器,需要慎重选料,开料、出坯、掏膛,然后做浮雕图案。如果是带链子的瓶、带提梁的卣,则需先将链子、提梁做出来,工艺难度更大。

3. 玉器作品的题材、构思和表现手法具有很强的艺术性

玉器题材多为吉祥图案,或是故事、典故,近代也出现了一些反映现代生活的优秀作品。总之,所取的题材与作者的构思应是相辅相成的,而最终要以琢制技巧来表达。绝大部分玉器作品需要量料取材、因材施艺。一般先要对玉料挖脏去绺,然后进行构思,设计者要运用丰富的历史知识、文化知识,找出一个适合的主题。在一件产品的制作过程中,往往需要根据情况变化多次修改方案。同样的原料,相同的工艺,由于题材的差异,会对玉器的价值产生很大的影响。

4. 玉器的制作工艺多样

玉器是由手工琢制而成的,而琢玉工具基本上是圆形的,以铡铊、轧铊、勾铊为主,另有弯子、管子、丝子、锃子等。要把玉器琢得线条流畅、弯转圆润、干净利落,是非常不容易的,需要琢玉者花费很多的时间和精力。此外,造型比例是否适当,素活、平面、兽头、环子、链子的做工是否讲究,抛光效果是否精良,都会影响玉器的观赏效果,从而直接影响玉器的价值。

二、玉器的种类

1. 花卉类玉器

花卉类玉器是以玉料的材质美来表现大自然花草美的玉雕艺术品,总体上具有俏丽、细腻、生动、清新、雅致的特征,其形式是在明清花插瓶的样式上融合其他器皿瓶的形制特点而逐渐形成的。

现代花卉类玉器,根据圆雕作品立体三维空间的功能和花卉鲜艳优美的特点,多选择质地均匀、细腻,形状饱满、圆润,色泽艳丽、明快的和田玉、翡翠、珊瑚、绿松石、独山玉等制作(图11-1)。通常选用荷花、牡丹、山茶花、月季、牵牛花、枫叶、梅、兰、竹、菊等花卉为题材,常采用民间喜闻乐见、寓意吉祥如意的组合花卉,如岁寒三友(松、竹、梅)、喜上梅梢(喜鹊、梅花)、玉棠富贵(牡丹、海棠)等,来增强作品的生活情趣与意境,常在花卉间配有虫草雀鸟。

图11-1 独山玉花卉摆件

继承传统的现代玉雕花卉的造型,多以器皿瓶作为基本骨架,花卉由瓶的底部伸展向上,围绕瓶体左右呼应,花枝盘曲至瓶的顶端,瓶盖上的花卉多呈不规整宝塔形,与瓶体的花卉上下呼应,既主次分明,又浑然一体。

2. 动物类玉器

动物类玉器已成为现代玉器的独立品种。我国玉雕动物或以兽纹样制作的玉器历史悠久,可追溯到新石器时代中晚期(距今8000~4000年)。现代玉器动物所用玉材绝大多数为色泽凝重的碧玉、质地均匀的青玉和温润无瑕的墨玉,其形式可分为两类。

一类是仿青铜器造型的变形兽(玉龙、门狮、独角兽)和瑞兽。这类以传统玉雕为范式的走兽作品造型夸张、风格敦厚、神情威严,较好地保留了浓厚的古代风貌(图11-2)。另一类玉器动物多以自然界中各种动物为题材,用写实的表现手法造型施艺,形成了现代玉器动物自然生动、清新的风格(图11-3)。

图 11-2　玉狮　　　　　　　　　　　图 11-3　翡翠花鸟摆件

3. 人物类玉器

人物类玉器具有很高的欣赏价值,是近现代玉器门类中最主要的品种之一。近现代玉雕人物,在玉材、设计、题材、雕琢、创作技法、艺术表现形式、刻画手段、深度挖掘等方面均取得了一定的突破,其特征表现为:在确立作品的主题时,将人物与环境情节相联系,表现形式更加丰富,创作向着多样化方向发展。玉雕人物中开始出现两个人物的组像或两个以上人物的群像,并配置与人物有关的景物,通过人物间姿势的呼应、神态的刻画来增添情感气氛(图 11-4、图 11-5)。

图 11-4　白玉《寿星》　　　　　　　图 11-5　白玉《童子》

4. 器皿类玉器

制作器皿类玉器,是玉器制作工艺中要求最高的。它在用料、设计、琢磨、抛光、配座、配盒方面都有自己的特点,器皿造型以炉、瓶、薰为主(图 11-6、图 11-7)。讲求端庄、对称与平衡,造型和纹饰协调。它选料严格,脏、绺去净后才能设计,带有脏、绺等缺陷的玉料,很少用作雕琢器皿类玉器。

图 11-6　白玉炉

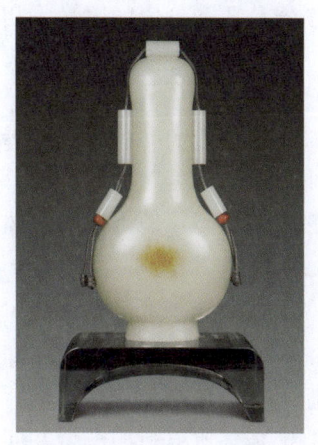
图 11-7　白玉三通瓶

5. 山子类玉器

山子类玉器（俗称玉山子），是在外形不规则的卵形子玉上或在各种山石形状的石料上，经过精心的构思，以各种人物和诗词典故为内容，施以山水、花草树木、飞禽走兽，用圆雕、浮雕、镂空雕的方式制作的立体画面。其造型浑圆典雅，给人赏心悦目的视觉效果和美的享受。玉山子始于元代，盛于明、清，在几百年的艺术实践中已形成了鲜明的特色与琢制规范。大部分山子玉料在亿万年的形成过程中经历了各种地质作用，往往绺裂纵横交错，纹理犹如刀砍斧劈。带绺施艺，相玉而琢，遮瑕扬瑜，变绺为奇，因势利导，已成为数百年来创作山子玉雕最主要的技艺规则。

山子玉料体积大小不一，大的可达数吨，高1～2m；小的仅重几十克，寸许大小。现代玉山子多采用白玉、青白玉、青玉、碧玉和翡翠整料、俏色玛瑙、绿松石原料雕琢，在继承传统技艺的基础上融立雕、镂雕、浮雕于一体，用内外雕相结合的艺术手法，推陈出新（图11-8、图11-9）。

图 11-8　翡翠玉山子《人物山景图》

图 11-9　白玉山子《访友图》

第二节　影响玉器价值的主要因素

玉器的种类繁多，表现的题材多样，琢制的工艺复杂，但是不管是何种类型和题材的玉器，影响玉器品质和价值的因素是相同的，主要有以下方面。

一、玉料品质

玉料是制作玉器的基础，其种类与品质直接影响玉器的审美效果和经济价值。而玉器的艺术魅力来自"玉质美"的感染力。优秀的玉器作品，不论它是何种类型或题材，都应充分表现玉料材质的美感，使玉料的天然美能尽展其华，达到最佳的运用效果。

1. 玉料质地

玉料的质地是评价玉料品质的一个重要因素。各种玉石原料，因组成的矿物成分和成因不同，其玉料的质地是有差别的，即使是同一种玉料，其质地也存在着明显的差异。优质的玉料应质地缜密、纯净和完整。

玉质缜密是优质玉料的一个共同特征，它呈现出细腻、润泽的玉石之美。玉质纯净是玉器创作的重要原则，也是琢制玉器的重要条件。玉质完整是指琢成玉器的玉料应整体无绺，是一块完整的美玉。

2. 玉料颜色

玉料的颜色是评价玉料品质的另一个重要因素。各种不同颜色的玉料，构成了色彩斑斓的玉石之美。优质玉料的颜色应纯正、鲜艳和俏丽。

玉色纯正是指玉料颜色纯净。不同的玉料都有其自身的主色调，但在颜色的纯正程度上有着很大的差异。玉石颜色的差异，可以导致最终玉器成品品质上的差异。玉色鲜艳是玉料颜色最吸引人的地方，根据玉色的分布特征，采用显艳掩乏的创作技法，可以提升玉器成品的价值。玉色俏丽是指玉器作品在琢制过程中，通过巧妙地运用玉色而取得俏丽的艺术效果，创造出巧、俏、绝的"俏色艺术"珍品，乃至稀世珍宝，将极大地提升玉器的价值。

二、构思设计

玉器创作需要根据玉料的形体、质地、颜色，采用量料取材、因材施艺的技术手法进行构思设计。

1. 量料取材

观察玉器在量料取材方面的运用效果，是否充分利用了玉料的形体，创造出美的艺术造型；是否利用了不同玉质的特性，并采用相应的技法，达到最佳的艺术效果；是否充分地利用了玉料中的色彩，使玉色与作品的主题相符，或创造出了"俏色"玉器。

2. 创意设计

一件精美的玉器，玉料或许不一定是最好的，但在创意设计上一定是不落俗套、新颖别致的，而且充满着奇思妙想，令观赏者回味无穷。创意设计不仅可以表现在题材内容上，还可以在琢制手法上。

3. 艺术审美

玉器是一种独特的艺术品，在构思设计方面一定要符合形式美学规律，如平衡、对称、对比、节奏、比例、统一、和谐等，做到结构合理、参差有序，以提高作品的艺术美感。

4. 色彩运用

玉料颜色的多样性，造就了玉器艺术的绚丽多彩。在构思设计中，需要充分利用玉料丰富的色彩，创作出巧、俏、绝的"俏色"玉器。

三、造型艺术

玉器是中华民族的艺术瑰宝，具有较强的艺术性是每件玉器所追求的最高境界。玉器的造型要优美、自然、生动、比例适当，整体构图要布局合理、疏密有致、层次感强、主题突出。造型艺术的优劣，直接影响到玉器作品的艺术品质和收藏价值。

1. 整体布局

玉器作品的整体布局，就是将所要表现的玉器构思设计的形象的各个部分，加以组织和适当的配置，构成一个协调完整的构图，达到题材和主题突出、主次分明、统一协调。

2. 结构比例

玉器造型艺术中的结构比例，是表现作品的重要条件，它不仅关系到某种造型自身的结构比例，而且也关系到作品整体相互间的结构和比例。玉器的结构比例，是评价玉器造型艺术的重要内容，包括玉器造型整体的结构比例、个体造型的结构比例和艺术夸张的结构比例。

3. 准确生动

玉器的造型艺术应准确和生动。只有准确地把握作品的造型艺术，才能更好地表现出作品的主题和创意。但就玉器的造型艺术而言，在强调准确的基础上，还应使造型更加艺术化，达到生动、感人的效果。

四、琢制工艺

"玉不琢，不成器"，玉器的琢制是一种艺术创作，是将玉料变为玉器的技术条件。精美的玉器其琢制工艺一定是完美的。玉器的琢制工艺也是千差万别的，不同的地区、不同的琢玉工厂（工作室）和不同的艺人，在琢制工艺的技术水平上是有差别的。即便是同一艺人，由于在制作过程中所付出的劳动量的多少和使用的方法不同，也会影响制作工艺的优劣，并直接影响玉器的价值。玉器的琢制工艺主要有圆雕工艺、浮雕工艺、镂雕工艺、薄胎工艺和活链工艺等。不论是何种琢制工艺，在评价玉器的品质时，都要求工艺精巧、圆润柔顺。

1. 工艺精巧

工艺精巧是衡量玉器工艺水平的重要标志。琢玉艺人以娴熟的雕刻技法，在极其坚硬的玉石上琢制出精细巧妙的图案花纹，打造出"巧夺天工"的玉器，这一过程可以充分地展示琢玉者的智慧、耐心和毅力。

2. 圆润柔顺

圆润柔顺是玉器造型的要求，表现在琢制工艺中，就是线条要圆滑，作品的表现要顺畅，玉器的琢制既柔又顺，才能达到好的工艺效果。

五、光亮效果

抛光是对玉器琢制过程中留下的粗糙面进行打磨、润滑和光亮化，以提升玉料的质感。玉器表面是否细腻、光滑，直接影响玉器表面的光泽，而玉器表面的光泽对玉器的价值影响很大，也是观赏者和收藏者非常关注的一个问题。玉器之美在于玉石的天然之美与琢制过程中的工艺之美的结合，它要求玉器的表面要光亮、润泽，各处均匀一致，过蜡部分均匀，表面洁净、无杂质。

此外，玉器通常配上木座展示，木座与玉器大小比例要合适，纹样协调一致，花纹细致整齐。落窝严实平稳，粘接牢固。木座喷漆光亮，木质名贵，无堆漆、流漆和麻点。对于嵌压金丝、银丝的木座，还要仔细观察嵌丝工艺的效果，以及是否平整、牢固。

第三节 玉器的品质鉴定及评估

一、玉器的品质鉴定与等级标准

对玉器进行品质鉴定时，可先将玉器按种类划分，再根据每类玉器的不同特点及工艺标准，按照玉料品质、构思设计、造型艺术、琢制工艺、光亮效果等方面进行工艺等级评定。通常可将玉器划分为一级品、二级品、三级品等工艺等级。

1. 花卉类玉器的品质等级标准（表11-1）

表11-1 花卉类玉器品质等级标准表

品质评价因素	品质等级		
	一级品	二级品	三级品
玉料品质	玉质缜密、纯净、完整，能反映出玉石的质、色美，脏、绺去除得比较干净，颜色区分得比较清楚，摆放平稳，形状完美	玉料使用存在欠缺，带有脏、绺，质、色分不清，摆放平稳，但不够美观	用料不正确，脏、绺未作处理，摆放不美
构思设计	量料取材，构思巧妙，艺术感强，色彩运用合理	量料取材有所欠缺，艺术感较强，色彩运用欠妥	未按料取材，艺术感不强，运用不合理
造型艺术	(1) 构图完整，布局合理，主次搭配重点突出，瓶样好，规矩； (2) 花形美观，枝叶活泼，草虫、小鸟动态栩栩如生，结构比例合理； (3) 挖脏遮绺，充分展示料、质、色的特点	(1) 构图不完整，布局凌乱，层次不清，重点不突出，瓶样差； (2) 花、枝、叶、草虫、小鸟安排欠佳，呆板，结构比例欠妥； (3) 瓶样不好，盖与瓶身不协调	(1) 无章法，无层次，孔眼乱； (2) 花、木、鸟、虫形象不够生动，结构比例差； (3) 瓶样无型，无瓶膛
琢制工艺	(1) 各部分安插位置正确，大小适宜，推凿层次清楚； (2) 花、叶、枝、干、草虫、小鸟逼真，工艺细腻； (3) 瓶身线条准确，子口严紧	(1) 各部分安排位置大小欠佳，推凿层次清楚； (2) 花、枝、叶、草虫、小鸟虽做工细，但形象不准； (3) 瓶身线条基本准确	整体雕琢粗糙，形象不准
光亮效果	光亮效果好，大面、小面均匀一致。平顺而不走形	光亮效果较好，大面、小面均匀一致	抛光粗糙，光亮效果不佳

2. 动物类玉器的品质等级标准

(1) 兽类玉器的品质等级标准（表11-2）

第十一章 玉器的品质与价值评估

表 11-2 兽类玉器品质等级标准表

品质评价因素	品质等级		
	一级品	二级品	三级品
玉料品质	玉质缜密、纯净、完整，能反映玉石的质、色美，脏、绺去除得比较干净，颜色区分得比较清楚，摆放平稳，形状完美	玉石使用有欠缺，带有脏、绺，质、色分不清，摆放平稳，但不够美观	用料不正确，脏、绺未作处理，摆放不美
构思设计	量料取材，构思巧妙，艺术感强，色彩运用合理	量料取材有所欠缺，艺术感较强，色彩运用欠妥	未按料取材，艺术感不强，运用不合理
造型艺术	(1) 比例准确，兽的特征明显，动态活泼，夸张得体； (2) 细部特征自然协调，能烘托出兽的各种不同造型	(1) 兽的特征刻画一般，比例安排基本正确； (2) 四肢、肌肉、角、毛发伸展僵硬、动态欠协调； (3) 细部特征粗糙	(1) 兽呆板，比例失调； (2) 四肢、肌肉、角、毛发安排不当； (3) 细部特征差
琢制工艺	(1) 兽的特征刻画准确、生动、活泼、有神，比例安排恰当； (2) 四肢、肌肉、角、毛发弯伸自然有力，动态准确； (3) 细部特征琢制顺畅有序、自然、细腻	(1) 兽的特征刻画基本正确，但不够动感、有神，比例安排欠当； (2) 四肢、肌肉、角、毛发伸展欠当，动态有欠缺； (3) 细部特征雕琢较粗糙	(1) 兽的特征刻画有误； (2) 无肌肉、四肢、角、毛发的细部制作； (3) 细部特征粗糙
光亮效果	光亮效果好，大面、小面均匀一致，平顺而不走形	光亮效果较好，大面、小面均匀一致	抛光粗糙，光亮效果不佳

(2) 鸟类玉器的品质等级标准（表 11-3）

表 11-3 鸟类玉器品质等级标准表

品质评价因素	品质等级		
	一级品	二级品	三级品
玉料品质	玉质缜密、纯净、完整，能反映玉石的质、色美，脏、绺去除得比较干净，颜色区分得比较清楚，摆放平稳，形状完美	玉石使用有欠缺，带有脏、绺，质、色分不清，摆放平稳，但不够美观	用料不正确，脏、绺未作处理，摆放不美
构思设计	量料取材，构思巧妙，艺术感强，色彩运用合理	量料取材有所欠缺，艺术感较强，色彩运用欠妥	未按料取材，艺术感不强，运用不合理
造型艺术	(1) 造型烘托玉石的质地和颜色之美； (2) 鸟的特征明显，动态生动； (3) 羽翼活泼自然，花木配衬相宜； (4) 整体布局合理，主次分明	(1) 未按玉料的质地和颜色设计造型，烘托出的玉石质地和颜色不够美； (2) 鸟的特征不明显，动态一般； (3) 羽、翼、花木配衬一般； (4) 整体布局主次不够鲜明，比例不够得当	(1) 造型呆板，不合比例； (2) 鸟无特征，结构比例不当； (3) 羽、翼、花木粗糙； (4) 布局紊乱，不合理
琢制工艺	(1) 鸟的比例正确，特征鲜明准确。动态自然、生动、传神、活泼； (2) 头冠、眼、嘴、舌、颈、羽毛、翅、尾顺畅自然，工艺细腻，层次清楚； (3) 腿爪有力，树干、花草、石景真实美观	(1) 鸟的比例基本正确，特征不鲜明，动态呆板； (2) 头、冠、眼、嘴、舌、颈、羽毛、翅、尾安插有欠缺，工艺不细； (3) 腿、爪死板，花木、石景不够美观	(1) 鸟的头、身、尾比例失调，形象不对； (2) 头、冠、眼、嘴、颈、羽毛、翅、尾结构不合理，做工粗糙； (3) 花、木、石雕琢形象不美
光亮效果	光亮效果好，大面、小面均匀一致，平顺而不走形	光亮效果较好，大面、小面均匀一致	抛光粗糙，光亮效果不佳

3. 人物类玉器的品质等级标准（表 11-4）

表 11-4　人物类玉器品质等级标准表

品质评价因素	品质等级		
	一级品	二级品	三级品
玉料品质	玉质缜密、纯净、完整，能反映玉石的质、色美，脏、绺去除得比较干净，颜色区分得比较清楚，摆放平稳，形状完美	玉石使用有欠缺，带有脏、绺，质、色分不清，摆放平稳，但不够美观	用料不正确，脏、绺未作处理，摆放不美
构思设计	量料取材，构思巧妙，艺术感强，色彩运用合理	量料取材有所欠缺，艺术感较强，色彩运用欠妥	未按料取材，艺术感不强，运用不合理
造型艺术	主体人物形态美观，陪衬物适宜。组合人物有呼应，布局合理，主题突出，达到各种人物的脸、手、身段、衣纹、动态、陪衬物等的常规造型要求。如仕女脸秀美，佛人脸肃穆，怪人脸怪诞，童子脸稚气，对文化味浓的作品还要求达到动态传神，情节感人	主体人物形态自然，陪衬物大小、安排略有不当之处。组合人物虽有呼应，能烘托主题，但布局欠佳。人物的手、脸、衣纹、动态、陪衬物等能达到常规要求，如人脸五官安排正确，手的大小比例合适，动态自然协调	人物形体布局欠当，陪衬物与主体不协调。组合人物无主题，无呼应，比例失调，整体散乱。人物的脸、手、动态、身段、衣纹、陪衬物不美，如五官、头型、手大小、姿势明显失衡，身段呆板
琢制工艺	脸、手、身段、衣纹、发髻雕琢准确、细致，比例恰当，陪衬物生动真实，大小适宜。大小部位勾轧、镂空利落，碾轧细腻	脸、手、发髻雕琢正确、细致，身段、衣纹、陪衬物雕琢有欠缺，大小部位勾轧、镂空干净利落，碾轧细腻，小部位欠佳	只有形象，没有细工。形象粗糙，存在人体臃肿或伤害造型的部位等缺陷
光亮效果	光亮效果好，大面、小面均匀一致，平顺而不走形。发丝清楚，无划痕折皱	光亮效果好，大面、小面均匀一致，小地方有欠缺，有划痕现象	抛光粗糙，光亮效果不佳

4. 器皿类玉器的品质等级标准（表 11-5）

表 11-5　器皿类玉器品质等级标准表

品质评价因素	品质等级		
	一级品	二级品	三级品
玉料品质	玉质缜密、纯净、完整，能反映玉石质、色美，脏、绺去除得比较干净，颜色区分得比较清楚，形状完美。盖、身、足色调衔接顺畅，摆放平稳	用料有小缺点，但对大造型无影响，绺裂不冲口，环链无绺，脏出现在局部，并得到很好的处理，摆放平稳	有明显缺欠，料使用方向不对，有绺、有脏，有冲口现象，影响美观
构思设计	量料取材，构思巧妙，艺术感强，色彩运用合理	量料取材有所欠缺，艺术感较强，色彩运用欠妥	未按料取材，艺术感不强，运用不合理

续表 11-5

品质评价因素	品质等级		
	一级品	二级品	三级品
造型艺术	(1) 仿古器皿。稳重、规矩，上下匀称、纹饰协调； (2) 用具器皿。各部位比例协调，造型美观，均衡周正。纹饰得体，烘托玉石质、色美感，梁、链、环比例恰当匀称； (3) 动物形器皿。动物动态自然，与器皿结合得体，纹饰搭配协调	造型比例欠佳，纹饰与造型搭配不够协调，环、梁、链与造型比例有欠缺，盖钮、腹耳钮、足设计大小、纹饰、繁简不够得当	比例失调，纹饰不协调并粗糙，布局散乱。环、链、梁大小和结构不合理，影响造型。盖钮、腹耳钮、足设计简单粗糙，大小不一
琢制工艺	(1) 各部比例准确周正，膛足均匀； (2) 顶钮、两耳钮、镂雕、鼓满上下左右匀称，工细，有神； (3) 浮雕纹饰清晰，转折顺畅，叠挖细致，地子平顺； (4) 子口严密、边线整齐、对称； (5) 梁、链、环大小适宜一致、周正、匀称、均衡规矩； (6) 镂空眼地干净利落，棱角清晰，墙直平顺	(1) 整器边线不匀称、规矩，局部有损伤现象； (2) 纹饰、纽、环链、梁、镂空琢工不细，存在走形现象； (3) 内膛有不平不足和薄厚不均现象； (4) 子口欠严紧，不对称	(1) 造型不对称，比例失调； (2) 纹饰、镂空粗糙； (3) 环、链、梁大小不一，不对称； (4) 子口不严，不规矩； (5) 内膛薄厚不均，不足或有伤残
光亮效果	全器洁净、光亮、平滑、均匀。纹饰、环、链、镂空花亮度一致，不走形。子口平顺，推摇无响声	基本达到亮度一致，但有小欠缺，局部欠平顺，存在亮度不足、不均等现象	抛光粗糙，表面光亮，内里未抛光

5. 山子类玉器的品质等级标准（表 11-6）

表 11-6 山子类玉器品质等级标准表

品质评价因素	品质等级		
	一级品	二级品	三级品
玉料品质	玉质缜密、纯净、完整，能反映玉石的质、色美，脏绺去除得比较干净，外皮处理得当，颜色区分得比较清楚，摆放平稳，形状完美，稳重、峻秀、奇特	玉石使用有欠缺，带有脏、绺，质、色分不清，摆放平稳，形差	用料不正确，脏、绺未作处理，摆放不美。对玉石质、色有破坏现象
构思设计	量料取材，构思巧妙，艺术感强，色彩运用合理	量料取材有所欠缺，艺术感较强，色彩运用欠妥	未按取材，艺术感不强，运用不合理
造型艺术	(1) 定座准确，因料定材，因质施艺； (2) 内部构图与外形协调统一，主题突出，层次感强； (3) 内景有意境，有生气； (4) 人物比例正确适中，安排得当	(1) 造型主题不突出、散乱； (2) 各种人物、景物、殿阁比例失调，意境不美； (3) 玉石质色与造型不吻合； (4) 透视关系掌握欠佳	人物、景物、殿阁、山水、动物比例失调，摆放不美
琢制工艺	(1) 近大远小或散点透视准确； (2) 景物虚实感强，雕琢细腻； (3) 人物、景物、山石、水流深雕、浮雕、镂雕形象准确； (4) 点缀陪衬因形而异，烘托主题	(1) 雕琢深浅掌握不适合，但工艺精细； (2) 人物、景物、殿阁轮廓有序，但形象不够生动，比例失调； (3) 整体形象不统一	琢制工艺粗糙
光亮效果	光亮效果好，大面、小面均匀一致，平顺而不走形	光亮效果较好，大面、小面均匀一致	抛光粗糙，光亮效果不佳

二、珍品玉器的价值评估因素

珍品玉器特指除了玉料品质、构思设计、造型艺术、琢制工艺、光亮效果等方面均在一级品标准以上外,还具备一些特殊因素的玉器。这些因素概括起来有以下五个方面。

1. 大师的技艺

收藏在博物馆、工艺美术珍宝馆中,出自工艺美术大师(琢玉大师)之手的玉器作品,皆属珍品。同样的玉料,由于大师的精心设计、用心琢制,使作品的艺术表现具有强烈的震撼力,体现了琢玉大师深厚的专业功底、高超的琢玉技艺和非凡的创作水平。这种玉器作品的价值,要远远高于一般玉器作品。

现藏于北京中国工艺美术馆珍宝馆的翡翠四宝——《岱岳奇观》《含香聚瑞》《群芳揽胜》《四海腾欢》(图 11-10、图 11-11),均为琢玉大师们精心创作的作品,无论是在作品的设计上,还是在加工工艺等诸多方面,均表现得极为精良。

图 11-10　翡翠《含香聚瑞》

图 11-11　翡翠《群芳揽胜》

近 40 年来,大师们创作了一大批具有时代风貌、设计新颖、构图明了、造型美观、技艺精湛的玉器珍品,包括白玉《大千佛国图》、碧玉《聚珍图》、绿松石《极乐图》、绿松石《武当朝圣图》、青玉《汉柏图》、白玉《盛唐风韵》、绿松石《人之初》等(图 11-12~图 11-15)。这些玉器的用料、设计、工艺一流,表现手法独特。玉器珍品的收藏价值是极高的,大多数作为国家珍品收藏。

2. 特殊的技艺

使用特殊琢制技艺的玉雕作品,如薄胎技艺、梁链技艺、镂空技艺等,其价值也会有所提升。俏色玛瑙《双蟹》就是一件登上镂空技艺新高峰的艺术珍品,也是中国工艺美术大师王仲元的名作之一。这件作品的绝妙之处在于两只悬空着的赭黄蟹,它们的整个身子都只靠极为纤细的爪尖托立在网筛子上,纤细的爪尖托起了具有一定质量的玛瑙蟹身,这个力度的把握对琢玉艺人来说难度是极大的。此外,那个以几百个透眼组成的有如铁丝编织的网筛子,在琢制中如果稍有不慎,哪怕是崩裂出一丝纹痕,也会大大降低整件作品的艺术价值,甚至会前功尽弃。险工能充分体现玉雕大师的胆识和耐心。对富有特殊技艺的玉器进行评价

第十一章 玉器的品质与价值评估

图11-12 白玉《大千佛国图》（钱磊、曹茂庭设计，中国工艺美术大师黄永顺制作，1983）

图11-13 碧玉《聚珍图》（中国工艺美术大师顾永骏设计，黄永顺制作，1986）

图11-14 武当朝圣图（中国工艺美术大师袁嘉骐设计并制作，1988）

图11-15 青玉《汉柏图》（中国工艺美术大师顾永骏设计并制作，1990）

时，一定要看到琢玉艺人的智慧和艰辛（图11-16）。

3. 创新的作品

现代玉器史中有许多创新的作品。玛瑙作品《长生殿》，是中国工艺美术大师宋世义的名作之一。它是在一块高15cm，宽25cm，厚8cm，呈半圆形的玛瑙上琢制而成的，是一件具有创新寓意的力作。这块玛瑙以油亮乌黑为主色，前面凹陷处有晶莹洁白的色层，左右两角各有一小块红色和绛紫色作品用半圆形的玉料形体隐喻七夕的上弦月，后面黑色主体料琢成深夜的宫苑、亭台楼阁，前面的瓷白色料琢成唐明皇与杨贵妃对天盟誓，雕栏玉砌、树木山石，在黑色建筑物的衬托下形成了强烈的对比。左上角红白相间的俏色构成了红白比翼鸟飞翔的图案，右上角圆形绛紫色部

图11-16 玛瑙双蟹盘（中国工艺美术大师王仲元设计，1973）

位刻上点题之笔"长生殿"篆字,浑然一体。这件作品达到了非同凡响的艺术境界,具有极高的艺术价值(图11-17、图11-18)。

图11-17 玛瑙俏色玉雕《长生殿》(正面)

图11-18 玛瑙俏色玉雕《长生殿》(背面)

水晶雕《千手千眼观世音菩萨》(又名千手千眼观世音佛像),由中国工艺美术大师仵应文先生设计并制作,作品利用采自巴西的天然水晶,原石重56kg。整件作品晶体通透,雕琢工艺多变,将圆雕、浮雕、透雕、线刻等工艺技术融为一体,结构大气,线条流畅,色泽圆润得当,是一件艺术价值和收藏价值极高的作品,获2005年中国玉雕"天工奖"金奖(图11-19)。

4. 俏绝的作品

俏色,是玉雕工艺的一种艺术创造。这种艺术不同于绘画、彩塑,也不同于雕漆、珐琅,创作者

图11-19 水晶雕《千手千眼观世音菩萨》

只能根据玉石的天然颜色和自然形体按料取材、因材施艺，创作是受料型、颜色变化等多种人力所不及的因素限制的，一件上佳俏色作品的创作难度是很大的，其价值也是非常高的。在评价俏色玉器方面，可以根据一巧、二俏、三绝这三个层次来分析。例如著名的俏色玛瑙作品《五鹅》，是中国工艺美术大师王树森的名作之一。在一块高11cm、宽14cm、厚13cm的多色玛瑙上，五只鹅形态生动、栩栩如生，是一件不可多得的玉器俏色艺术珍品（图11-20）。

而俏色玛瑙作品《无量寿佛》，是中国工艺美术大师李博生的名作之一。作品选用一块以灰、白二色为主色调，兼具酱红、水白、红黑等色调的玛瑙。整件作品构思巧妙，人物的铜红色肌肤和牙白色的袈裟相互映衬，形成鲜明的对比，是一件在复杂多色的玛瑙方面，设计与制作极为成功的作品（图11-21）。

图11-20 俏色玛瑙《五鹅》

图11-21 俏色玛瑙《无量寿佛》

5. 传神的作品

在评价一件玉雕作品时，经常会有人讲某件作品有神韵。那些设计巧妙、做工精细、富有神韵的佳作不能与一般玉雕作品相提并论。例如俏色玛瑙作品《雏鸡脱壳》，主体是一块呈蛋形的小玛瑙，其颜色为白色里包着肉红色，创作者因材施艺，用不多的雕工作出雏鸡出壳的作品，红色、白色对比强烈，用色极佳。整件作品生动自然，活泼有趣，动物的形象、神态生动，结构比例合理，主题明确，层次分明，雕琢精致细腻，使整个作品活灵活现、极富神韵，而成为难得的珍品（图11-22）。

图11-22 俏色玛瑙《雏鸡脱壳》

在评价玉器珍品和佳作时，一定要对构成珍品的因素进行综合分析，逐项评价这些因素在整件作品中对价值的贡献，并同类似作品进行比较，运用市场比较法、成本法等对其价值进行评估，最终得出一个尽可能科学、正确的结论。

第十二章　贵金属首饰的品质与价值评估

第一节　贵金属首饰的类型

贵金属首饰的种类很多，根据不同的分类原则、依据和标准，对贵金属首饰进行分类，可以划分出不同的类别。

根据首饰制作的材料，可以把贵金属首饰划分为黄金首饰（包括纯金首饰、K金首饰）、白银首饰（包括纯银首饰、925银首饰）、铂金首饰和钯金首饰。

根据首饰设计者的意图，可以把贵金属首饰划分为商业首饰和艺术首饰。

根据首饰的制作工艺，可以把贵金属首饰划分为冲压首饰、浇铸首饰、花丝首饰和镶嵌首饰等。其中以黄金、白银、铂金等金属为胎，并镶嵌各种宝石的首饰称为镶嵌首饰；以黄金、白银、铂金拉成细丝，拼焊成各种图案并配以宝石所制成的首饰称为花丝首饰；浇铸首饰和冲压首饰则是指用铸造机和冲压机批量生产出来的首饰。

根据首饰佩戴者的性别，可以把贵金属首饰划分为男性首饰和女性首饰。男性首饰一般粗犷豪放，而女性首饰则小巧纤细。

根据首饰佩戴的部位，可以把贵金属首饰划分为头饰、项饰、手饰、耳饰、胸饰、脚饰等几种类型。

根据首饰的结构和款式，可以把贵金属首饰划分为戒指、手镯（包括手链）、项链、吊坠、耳环、胸针、领夹、领针、袖扣等。

1. 戒指

戒指的结构通常由戒面和指圈（俗称戒脚）两部分组成。所谓戒面，是指露在指背上的那一部分戒指，包括镶嵌有宝石的戒面和没有镶嵌宝石的素身黄金、白银、铂金、钯金质戒面两种类型。其中镶嵌宝石的戒面，由宝石和戒托两部分组成。所谓戒脚，是指连接在戒面上的圆形指圈，有封闭式和开口式两种，前者称为死扣脚，后者则称活扣脚。

戒指的款式类型多样，一般可以分为无宝戒、镶宝戒和特殊规格戒三类。

（1）无宝戒。无宝戒是指不镶嵌任何宝石和其他装饰物的戒指，通常用黄金、白银、铂金、钯金材料直接制作而成。这种戒指的款式主要有天元戒（或称铜鼓戒）、龙凤戒（或称九彩戒）、如意花线戒、福禄线戒、花面方戒、光面方戒、鸡心戒、长方戒、闪光戒、喷砂戒等。

（2）镶宝戒。镶宝戒是指戒面上镶饰了各种宝石的戒指。根据所镶宝石的名贵程度和所用贵金属材料的价值高低可分为三档。以铂金、K白金、K黄金制作，并镶嵌了钻石、红宝石、蓝宝石、祖母绿、优质翡翠、优质珍珠、优质欧泊、金绿宝石、变石、优质猫眼石等名贵宝石的为高档镶宝戒指；以K黄金制作，并镶嵌了普通红宝石和蓝宝石、普通翡翠、锆石、石榴石、尖晶石、碧玺、绿柱石、海蓝宝石、紫晶、橄榄石、托帕石、绿松石、普通欧泊等中档宝石的为中档镶宝戒指；而以低K黄金或白银制作，并镶嵌玛瑙、水晶、玉髓等低档宝石的为低档镶宝戒指。此外,还有多种宝石组合镶嵌在一只戒指上,如红宝石配钻戒、蓝宝石配钻戒、翡翠配钻戒等。

(3) 其他类型戒指。指一些具有特殊用途的专用戒指。如印章戒指、族徽戒指、订婚戒指、结婚戒指、结婚纪念戒指、特殊纪念戒指等。

2. 手镯

手镯是指戴在手腕上或手臂上的环形装饰品,由具二方连续纹样的镯身和门扣两部分组成。制作手镯的材料可用黄金、白银、铂金、钯金等贵金属材料,也可用宝石和玉石,这里着重介绍用贵金属材料制作的手镯。

(1) 贵金属手镯。由黄金、白银、铂金、钯金等贵金属材料制成的手镯,其款式有链式、光杆式、连杆式、雕刻式、套环式、编织式、螺旋式、响铃式等。

贵金属手镯有些是用金属丝编织或绕制而成,有些是用金属薄片串接而成,也有些是用金属环串制而成。手镯形状有些完全固定,不能变化;有些则可随手形而变化,称为手链镯。

(2) 镶宝贵金属手镯。在贵金属制成的环或链上镶嵌珠宝玉石而成的手镯。所镶宝石包括钻石、红宝石、蓝宝石、祖母绿、翡翠、珍珠、石榴石、橄榄石、紫晶等。

3. 耳环

耳环(也称耳垂、耳坠、耳钳),由饰面和插针或弹簧夹两部分组成。式样上,耳环可分为需在耳朵上打孔和无需打孔两类。前者是在耳朵上打孔后,用耳环背面的一根插针穿过耳孔,再用夹子卡住,故此种耳环又称为插环;后者则无需打孔,只将耳环后面的螺丝柄旋紧在耳垂上(或用弹簧夹夹住耳环),故此种耳环又称为扎环(或称扣环)。

耳环的式样很多,但大致可分为紧贴耳垂的扣式耳环及垂在耳下的垂吊式耳环两类,后者又称为荡环或耳坠。

4. 项链

项链主要由链身和搭扣两个部分组成。链身既可以是一节节单一的花纹链环重复连成,或由各种宝石和花片镶制而成。前者可称无宝链,后者可称花式链。搭扣则装在项链的两端,起连接的作用,主要有汇合圆、弹簧夹、剪刀钩、S形钩等几种类型。

(1) 无宝链。无宝链指由贵金属材料制成的项链,整条项链一般仅由一种花样重复连接而成,主要款式有马鞭链、单套链、双套链、三套链、福人链(又名方链)、威尼斯链、云头链、S形链、侧身链、二锉链、四锉链、串绳链、松鼠链、牛仔链、方丝链等。

(2) 花式链。花式链由两种以上不同式样的链条或花片拼接而成的项链,多镶嵌有宝石,款式有镶钻链、镶宝链、蛋形花边链、福寿链、圆管链、镶珠链、子母链等。

(3) 多用链。多用链是一种规格、工艺、设计都较特殊的首饰,除可当作项链使用外,经简单装卸和组合后,还可当作手镯、别针、耳环等使用。若将多用花式链两端的短链拆下,就成了两根短的手镯链,抽出中间一块镶宝饰物背面的针脚又成了一枚胸针。多用链的设计与制作相对较复杂。

(4) 颈链。颈链是一种超短型项链,其长度仅够围住脖子,故又称"卡脖链",其品种款式与无宝链相仿。

(5) 项圈。这种首饰外形与项链差不多,但它不像项链那样每个环节都可以活动,除了簧扣的搭边之外，几乎没有或仅有一至两个活动关节，因此项圈又称为硬项链。

5. 吊坠

吊坠（又称为挂坠、胸坠、挂件、落头、挂垂、吊垂），是一种由贵金属镶宝或不镶宝制成的装饰品，串在项链中端，正垂于胸前。吊坠本身不独立成为一件首饰，而是作为带坠项链的配套物而存在的。吊坠作为项链的一部分，能使单调的或形状变化较少的项链在整体构成和外形上有所创新，起到"画龙点睛"的作用。吊坠一般可以分为以下几种类型。

（1）贵金属吊坠。由贵金属制成的吊坠，不镶宝石和其他装饰物。款式主要有纯金阳花鸡心片、纯金或K金阴花鸡心片、纯金或纯银锁片、各种K金花式吊坠、福禄寿喜字吊坠、镂空花吊坠、批光吊坠、封闭式照盒吊坠、叉门式照盒吊坠、开闭式照盒吊坠等。

（2）镶宝吊坠。由贵金属镶嵌宝石而成的吊坠。根据不同的设计，有许多不同的款式，可以分为方形、圆形、菱形、梯形、椭圆形、鸡心形和不规则形等，还可以是动、植物构成的形状等。

6. 胸针

胸针是一种饰用别针或插针。胸针的结构可分为主形体、后庄和拨鱼三个部分，其中后庄、拨鱼与针一起，起着将胸针固定在服装上的作用。

胸针的款式可分大型和小型两种，一般都镶配有宝石，当然也有不镶宝石的胸针。无宝胸针多为一些自然造型，如旗帜、船、生肖、头像、植物等图案。大型镶宝胸针一般都配有多粒宝石，图案和纹饰都比较复杂，常是以一粒大宝石为主，辅配一系列小宝石的造型，或者是由3～5粒大小基本相同的宝石组成的几何造型，如花鸟鱼虫、植物花卉等。小型镶宝胸针花样相对简单。

7. 领夹

领夹（又称领带夹、领卡），是一种用来夹住领带和装饰前胸的装饰品。领夹的结构可分为主形体、立柱和齿形长簧三个部分。造型以长条状为多，背后的齿簧用来夹住领带。

8. 领针

领针是用来夹住领结的具有实用和装饰双重功能的饰品。领针的结构可分为花纹和后针两个部分，后针用以穿插和固定饰品之用。它可分成镶嵌宝石与不镶嵌宝石两种。

9. 袖扣

袖扣（又称袖钮），是用于扣住西服袖子的饰品。其背面有一个可活动的管状别钮，用时需将其穿进衣袖处钮洞后，横下别住即可。主要以K金或白银制作，品种可分为镶嵌宝石袖扣和不镶嵌宝石袖扣两种。

第二节　首饰制作工艺类型及品质检测方法

一、首饰的制作工艺类型

1. 失蜡铸造工艺

失蜡铸造（又称精密铸造，熔模铸造）工艺，首饰业内俗称倒模工艺，是目前世界各国贵金属首饰加工行业中最常用的方法之一。这种方法现广泛应用于金、银、铂贵金属和非铁合金铸造工艺中。其特点是多品种、造型美观精致、生产规模可大可小、可以大批量生产。

失蜡铸造的工艺流程包括：首饰原型制作 压制胶模—开胶模—注蜡（模）—修整蜡模（焊蜡模）—种蜡树—灌石膏筒—石膏抽真空—石膏自然凝固—烘焙石膏—熔金、浇铸—炸石膏—冲洗、酸洗、清洗—剪毛坯—抛光。

2. 冲压工艺

冲压是利用压力机和模具对金属板材、带材、管材和型材等施加外力，使之产生塑性变形或分离，清晰地复制出模具的表面形状，从而获得所需形状和尺寸的工件（冲压件）的成形加工方法。

冲压工艺可以实现较高的机械化、自动化程度。用这种方法可以生产有底薄壁的空心制品，与传统的失蜡（熔模）铸造首饰工艺相比，冲压可在短时间内大量、经济地反复生产同种产品，而且产品的表面光洁，品质稳定，大大地减少了后续工序的工作量，提高了生产效率，降低了生产成本。因此，冲压工艺在首饰制作行业受到了越来越多的重视，其应用也越来越广泛。冲压首饰件具有以下特点：

（1）与失蜡（熔模）铸造首饰件相比，冲压件具有薄、匀、轻、强的特点，利用冲压的方法可以大大减少工件的壁厚，从而减轻首饰件的质量，提高经济效益。

（2）利用机械冲压方式生产的首饰件孔洞少，表面品质好，提高了首饰产品的品质和成品率，降低了废品率。

（3）批量生产时，冲压工艺生产效率高，劳动条件好，生产成本低。

（4）模具精密度高时，冲压首饰件的精度高，且重复性好，规格一致，大大地减少了修整、打磨、抛光的工作量。

3. 电铸成型工艺

电铸成型工艺是一种电沉积成形技术，是首饰加工制作行业中引进的一项新的工艺技术。电铸工艺通过电解作用将金、银、铜等金属或合金沉积到模型表面，随后除去模型，而形成具有体积大、质量轻的空心薄壁首饰产品，它弥补了失蜡（熔模）铸造不能生产壁很薄铸件的缺点，也解决了冲压不能制造体积大且细部轮廓清晰的首饰产品的缺陷，与失蜡（熔模）铸造相比，具有很薄的金属层，在同样的体积下，大大地减轻了产品的质量，从而有效地降低了产品的成本，提高首饰产品的竞争力。利用这种技术，还可以制造出特殊的流行弯曲系列首饰，以及表面无痕迹的各种新型款式的首饰。

电铸工艺是一个较复杂的电化学过程，涉及的工序和工艺参数多，电铸液的组成、温度高低、通过的电流大小，以及铸件表面的面积大小等，都会对电铸产品产生一定的影响。所以，在电铸首饰生产过程中，其工艺有别于其他手工作业工艺，必须严格按照技术参数的要求，结合具体的生产实践经验，才能在生产工作中提高操作技术水平，生产出合格品率高的首饰产品。

典型的电铸工艺过程，由雕模、复模、注蜡模、执蜡模、涂油、电铸、执省、除蜡、打磨等相互交叉的生产工序组成。

二、首饰品质检测的主要方法和手段

首饰品质检测的手段，主要包括以下方面。

1. 外观检验

(1) 检查字印或标记。主要通过肉眼观察或用放大镜进行观察。

(2) 检查宝石的数量与规格。主要通过肉眼观察或用放大镜进行观察。

(3) 检查首饰的颜色。主要采用分光测色仪对测到的数据进行统计分析。

(4) 检查首饰的表面品质。根据要求的不同,可以用肉眼、放大镜、金相显微镜、体式显微镜、电子显微镜、扫描电镜或能谱仪等进行检测。

2. 检查首饰的质量、尺寸和成色

(1) 检查质量。最常用的工具和仪器是电子磅(秤)。

(2) 检查尺寸。常用的工具有游标卡尺、戒指尺、测厚仪等。

(3) 检查成色。常用的方法有化学分析、X 射线荧光光谱分析等。

第三节 不同类型首饰的检测要求

一、戒指类产品的检测顺序和要求

检测戒指的品质,需从外形、镶石位、镶石边、戒身、表面电镀几个方面进行(图 12-1~图 12-4)。

图 12-1 18K 白金钻石戒指

图 12-2 18K 白金蓝宝石钻石戒指

图 12-3 18K 玫瑰金绿碧玺钻石戒指

图 12-4　18K 黄金石榴石戒指

1. 检测戒指的外形

戒指类产品的外观检测要求如下：
(1) 戒指不变形，戒指圈圆润。
(2) 戒指花头位置周正，镶石的钉位明显。
(3) 戒指两侧平整、光滑，粗细一致、对称。

2. 检测戒指的镶石位

对于镶嵌戒指来说，要观察戒指的镶石位。镶石位的检测要求如下：
(1) 镶口位置周正，镶石整体平整。
(2) 对于多粒镶嵌宝石来说，宝石与宝石之间疏密间隙需均匀。

3. 检测戒指的镶石边

对于镶嵌戒指，镶石边的检测要求如下：
(1) 镶石边要平直、光顺。
(2) 镶宝石的边，要粗细适中、对称、均匀。
(3) 爪镶的宝石，爪紧贴宝石面，呈半圆球状，爪背平整、光滑。

4. 检测戒指的戒身

对于戒指的主体——戒身的检测要求如下：
(1) 戒身不变形。
(2) 镶口底部光亮、圆顺，字印清晰，无其他制作缺陷。

5. 检测戒指表面电镀白色的部位

对于戒指表面电镀白色的部位的检测要求如下：
(1) 电镀白色的戒指，颜色不能出现发蒙（暗）、灰、黑或黄等现象。
(2) 需分色电镀的部位不能过界。

二、耳环、吊坠类产品的检测顺序和要求

检测耳环、吊坠的品质，需从外形、镶石位、镶石边、焊接位、使用功能几个方面进行

（图12-5～图12-9）。

图12-5　足金吊坠

图12-6　足金吊坠

图12-7　红碧玺钻石吊坠

图12-8　蓝宝石钻石吊坠

图12-9　红宝石钻石耳钉1对

1. 检测耳环、吊坠的外形

耳环、吊坠类货品的外观检测要求如下：

（1）耳环、吊坠不变形，整体棱角分明、协调。
（2）边位、辘珠位、假钉位清晰，没有参差不齐或忽隐忽现现象。
（3）执边位透彻、光亮，爪边凹位没有麻点等现象，且字印清晰。

2. 检测耳环、吊坠的镶石位

耳环、吊坠类饰品的镶石位检测要求如下：

（1）宝石的镶口周正，整体镶石平整。
（2）爪镶宝石位贴石，爪头圆滑，没有长短爪、粗细爪或断爪现象。
（3）假钉位清晰。
（4）无边镶口不可露出金边，镶宝石的缝间，以肉眼观察不到金边为好。

3. 检测耳环、吊坠的镶石边

耳环、吊坠类饰品的镶石边检测要求如下：

（1）镶石边对称、均匀，粗细适中。
（2）镶石边平整、光顺。

4. 检测耳环、吊坠的焊接位

耳环、吊坠的焊接位检测要求如下：

（1）坠头与坠身及耳针需焊接良好，不能出现虚焊、假焊、漏焊现象，焊接的圈仔需呈圆形。
（2）焊接后的耳针长短、粗细均一致。

5. 检测耳环、吊坠的功能

耳环、吊坠类饰品的功能检测要求如下：

（1）耳拍的扣制效果良好，针槽位开在适合位置。
（2）线拍的弹性与开启效果良好。
（3）带扣制的吊坠，扣制效果良好，扣线后转动灵活。

6. 检测耳环、吊坠的表面电镀效果

耳环、吊坠类饰品的表面电镀效果检测要求如下：

（1）电镀白色的饰品，颜色不能出现发蒙（暗）、灰、黑或黄等现象。
（2）需分色电镀的部位不能过界。

三、手镯类产品的检测顺序和要求

检测耳环、吊坠的品质，需从外形、镶石位、镶石边、焊接位、使用功能几个方面进行（图 12-10、图 12-11）。

图 12-10 足金手镯

图 12-11 足金手镯

1. 检测手镯的外形

手镯类饰品的外观检测要求如下：

（1）手镯整体不变形。

（2）整只手镯的弧度呈椭圆状，表面光顺、平滑，镯身粗细均匀。

（3）字印清晰。

2. 检测手镯的镶石位

对于镶嵌宝石的手镯来说，其镶石位的检测要求如下：

（1）镶石边要顺，整镯两边镶石边的粗细、宽窄一致。

（2）镯面镶石边的花纹图案清晰。

（3）钉镶的宝石手镯要求钉位贴石，假钉要明显，高低一致。

（4）无边镶手镯镶石边，较之石位要略高，宝石的间隙位不可露出金边，镶石边两侧的棱角要清晰。

（5）整只镶嵌手镯，所有镶嵌的宝石平整。

3. 检测手镯的焊接位及制位

手镯类货品的焊接位及制位的检测要求如下：

（1）焊接位良好，无虚焊、假焊、漏焊现象。

（2）"8"字扣线要灵活，不能太松或太紧，"8"字成型要好，扣球要圆，与扣圈要吻合，表面抛光良好。

（3）鸭利制弹片与扣框贴合，鸭舌弹片具有好的压缩、伸展性能。

（4）扣制开启要自如，上扣时能听到清晰的脆响。

4. 检测手镯的表面电镀效果

手镯类货品的表面电镀效果检测要求如下：

（1）电镀白色的饰品，颜色不能出现发蒙（暗）、灰、黑或黄等现象。

（2）需分色电镀的部位不能过界。

四、链类(手链、项链)产品的检测顺序和要求

检测耳环、吊坠的品质,需从外形、镶石位、镶石边、焊接位、使用功能几个方面进行(图 12-12~图 12-14)。

图 12-12 足金项链

图 12-13 玫瑰金红宝石钻石项链

图 12-14 足金花丝手链

1. 检测链的外形

扣焊链的外观检测要求如下:
(1) 整链每节扣接功能自如、灵活,扣制两端平整、光顺。
(2) 每节链的扣接间隙一致,节与节之间不能有差位或凹凸不平现象,每节之间贴合。
(3) 焊接之间无焊点,无脱焊或错位焊现象。

2. 检测链的镶石位

镶嵌宝石的链类饰品的检测要求如下:
(1) 各节的镶口位平整。
(2) 爪镶宝石的链节,爪要贴石,爪头光顺、圆滑。

3. 检测链的扣制位

链类饰品的扣制位检测要求如下:

(1) "8"字扣扣线要灵活,不能太松或太紧,"8"字成形要好,扣球要圆,与扣圈要吻合。
(2) 鸭利扣弹片与扣框要恰好扣取,鸭舌弹片具有好的压缩、伸展性能。
(3) 扣制开启要自如,上扣时能清晰听到"啪"的脆响。

4. 检测链的表面电镀效果

链类饰品的表面电镀效果检测要求如下:
(1) 电镀白色链类饰品,颜色不能出现发蒙(暗)、灰、黑或黄等现象。
(2) 需分色电镀的部位(扣节、爪头和镶口等)不能过界。

第四节 影响贵金属首饰价值的主要因素

一、贵金属本身价格的影响

贵金属的价格取决于贵金属矿产资源的平均开采成本、产量和需求等客观因素和市场因素。下面以黄金为例进行简要分析。

1. 影响黄金市场需求的主要因素

从根本上来说,影响黄金需求的是价格、消费者平均收入水平、替代品价格、消费者偏好、预期价格等因素。考虑到黄金本身的特性,需求分为以下三类。

(1) 工业需求。由于黄金具有稳定的化学性质和良好的导电性,因而它成为电子工业不可或缺的原料,在医疗和化工领域也有着广泛的应用。每年工业需求约占全球黄金总需求的10%。

(2) 消费需求。指的是将黄金制成各类工艺品或用于饰品镀金,约占每年黄金总需求的75%左右。

(3) 投资需求。黄金作为历史悠久的硬通货,具有保值避险对抗通胀的特殊优势。各国央行或多或少都有黄金储备,民间也有投资黄金的庞大需求。投资需求最具价格弹性,也是影响黄金价格的主要动力。

2. 影响黄金供给的主要因素

影响黄金供给的主要因素是价格、投入要素的成本、生产技术、价格预期、生产者的数量等。考虑到黄金的特性,黄金的供给分为以下四类。

(1) 矿产金。黄金年产量相对稳定,目前每年产量是2400~2500吨。由于黄金生产具有较长的周期性,因此,黄金产量波动较小。据统计,近半个世纪以来并未发生由于金矿开采的原因而导致金价大幅波动的现象。

(2) 回收金(再生金)。从工业渠道回收或者从民间重新回到流通领域的黄金统称为回收金(再生金)。据统计,目前每年的回收金达800吨左右,而且还有较大的供给弹性,回收金的供应量受金价影响很大,在金价较稳定的时期,回收金的供应量也较稳定,但是在金价大幅上涨时,回收金供应量也会大幅上升。投资者抛售是黄金供应量变动的主要因素。因此,在一定条件下它也成为压制金价的一个重要因素。

(3) 中央银行抛售。中央银行是世界上黄金的最大持有者,各国央行出售黄金是黄金市场供应的重要组成部分。

（4）净套期。每年到期远期合同与新签远期合同的差值为净套期。当到期合同额大于新签合同额时，即净套期为负时形成需求。套期预售的多少取决于金矿开采商对金价的预期。由于预期的不确定性，套期预售的变化也成为影响黄金价格的不确定因素。

3. 黄金价格的短期影响因素

（1）美元（汇率）因素。黄金价格和美元走势呈负相关，美元强势黄金跌，美元弱势黄金涨。国际黄金市场采用美元标价，在黄金价值未有变动的情况下，美元上涨则金价会表现为下跌，反之亦然。此外，黄金是同美元资产相互替代的投资工具。看跌美元的投资者往往会增持包括黄金在内的其他资产。近年来，金价的牛市就是伴随着市场对美元走势长期看跌而产生的。

（2）国民经济景气。在经济周期的繁荣阶段，居民收入增加较快，对奢侈品需求提升，黄金首饰及工业制成品的需求显著增加。同时这一阶段往往引发通货膨胀，一些人会选择黄金进行保值，从而导致黄金需求增加，金价上涨；在经济萧条阶段，社会对黄金首饰及工业制成品的需求往往下降，从而金价回落。但是在萧条阶段，以股市为基础的金融投资市场面临调整，会推动黄金货币属性和避险功能显现，从而推动该时期的黄金价格上涨。

（3）证券市场。证券（特别是股票）和黄金仍然是投资者资产组合中具有此消彼长特性的两个方面，在资金流向上通常具有竞争性。

（4）国际政治局势动荡、战争、突发事件对金价的影响。当国际政治局势发生动荡，出现重大突发事件，特别是爆发战争时，为了规避通胀风险，一些人会选择黄金进行保值，从而导致金价上涨。

综合上述各种因素的影响，近10年来，黄金价格呈现出持续走高的趋势，见图12-15。

图12-15 近10年黄金价格走势图

此外，如果是镶嵌宝石的首饰，其价值除了受到贵金属价格的影响外，还受到所用镶嵌宝石的种类和宝石品质价值的影响。

二、首饰设计与制作工艺的影响

自古以来，人们使用金银首饰不仅用来装饰，还看重它的保值作用，在中国尤其明显。

全世界目前只有我国大陆市场仍十分注重黄金饰品每克卖多少钱，而国际金饰品市场上都是以件计价。如今，随着经济社会的不断发展，人们的消费观念也在不断地发生着变化，贵金属首饰的保值作用逐渐弱化，而作为艺术品的装饰作用得到进一步加强。首饰饰品价格中有很大一部分应由设计、制作工艺技术水平和服务等内容构成，从而促进企业提高制作工艺水平、开发首饰设计款式和提高服务水平上下功夫。因此，首饰设计和制作工艺的水平，将直接影响首饰成品的价值。

三、消费市场的影响

消费市场包括消费者的生活方式、审美意识及市场流行趋势等，它们也对贵金属首饰的销售及价格有一定的影响。自从20世纪80年代以来，随着经济的不断发展，人们的生活方式和审美意识发生了根本的变化，越来越多的人开始追求艺术美。中国金银首饰从注意头部装饰，向注重身体其他部位相协调的方向发展，胸花、别针、带环、胸坠等首饰品种逐渐出现并被人们所接受。用普通金属如铜、铁、铝及其合金和普通非金属如玻璃、合成水晶、塑料等制作的服装首饰也应运而生，但随着时代的发展，人们的认识和需求也逐步向高档和流行首饰两个方向发展。

从1986年起，西方的文化艺术和工艺技术、先进设备与工艺配方逐步进入中国，K金首饰和K金镶宝首饰也逐步发展起来，人们的消费观念也在逐步转变，从纯金饰品转向中档以至于高档宝石，消费者意识亦从纯粹保值心理转向欣赏心理，K金镶嵌高档宝石如珍珠、钻石、红宝石、蓝宝石、祖母绿、变石和翡翠的首饰深受人们的欢迎。

铂金方面，自从1898年法国的珠宝商卡地亚率先使用铂金以来，它就以势不可挡之势占据了珠宝首饰市场的重要地位。在崇尚白色的20世纪90年代末到21世纪初，继发达国家之后，铂金在发展中国家也逐渐得到认可。在国际珠宝界，铂金首饰魅力无穷。在欧洲，铂金被加工成黄金、白银等贵金属难以达到的几何形状。几何图形生动活泼、情趣盎然，为传统的铂金首饰设计加入了新意，几何图案的铂金首饰在欧洲深受欢迎。而美国的设计师们现在则更热衷于单独使用铂金为首饰材料，一改以往使用黄金和铂金两种材料形成色调对比的设计手法，使纯净清丽也成为新的首饰流行趋势。

现在铂金（Pt900）首饰和铂金镶嵌钻石首饰已与纯黄金首饰并驾齐驱，世界铂金年产量的30%用于首饰业，其年销量更以40%向上增长，铂金首饰已成为首选的首饰品种。

世界珠宝首饰的"白色浪潮"也刺激到了银首饰市场，白银饰品在中国有着广泛的消费人群，由于人们对银质材料和银首饰的传统认识，饰品在工艺款式上和零售价格上比黄金饰品更具优势，以银为材料的首饰将会在未来的中国流行首饰业逐步取得市场上应有的地位。

四、其他影响因素

一些出土的贵金属首饰或富有历史价值的首饰、出自名家之手的首饰、限量发行的首饰等，因为有收藏和保值作用，它的价格会比其他同类首饰高许多。另外品牌对贵金属首饰的价格也有较大的影响，一些知名度高的品牌，给消费者一种高档、真品的感觉，有附加的"品牌价值"。所以它们的价格也会相应高一些，最高的溢价可达2倍以上或更多。

参考文献

蔡逸涛,2006."SPEED"快速钻石切工评价——NCJV的钻石切工评估方法[J].云南地质,25(1):86-89.
董岚,2004.蓝色蓝宝石的颜色分级初探[J].宝石和宝石学杂志,6(3):25-27.
范陆薇,杨明星,周泳,2005.绿松石的品质分级及定量评估[J].西北地质,38(4):19-24.
顾晓军,2009.影响黄金价格的因素[J].华人世界(8):98-99.
顾永俊,2002.山子雕的创作设计[J].中国宝石(2):189-192.
广西壮族自治区质量技术监督局,广西壮族自治区产品质量监督检验院,国家珍珠及珍珠制品质量监督检验中心,等,2008.珍珠分级:GB/T 18781—2008[S].北京:中国标准出版社.
国家和田玉产品质量监督检验中心(新疆),国家珠宝玉石质量监督检验中心,等,2020.和田玉 鉴定与分类:GB/T 38821—2020[S].北京:中国标准出版社.
国家珠宝玉石质量监督检验中心,2016.红宝石分级:GB/T 32863—2016[S].北京:中国标准出版社.
国家珠宝玉石质量监督检验中心,2016.蓝宝石分级:GB/T 32862—2016[S].北京:中国标准出版社.
国家珠宝玉石质量监督检验中心,2017.珠宝玉石 鉴定:GB/T 16553—2017[S].北京:中国标准出版社.
国家珠宝玉石质量监督检验中心,2017.珠宝玉石 名称:GB/T 16552—2017[S].北京:中国标准出版社.
国家珠宝玉石质量监督检验中心,2017.祖母绿分级:GB/T 34545—2017[S].北京:中国标准出版社.
国家珠宝玉石质量监督检验中心,2017.钻石分级:GB/T 16554—2017[S].北京:中国标准出版社.
国土资源部珠宝玉石首饰管理中心,2009.翡翠分级:GB/T 23885—2009[S].北京:中国标准出版社.
国土资源部珠宝玉石首饰管理中心北京珠宝研究所,国家珠宝玉石质量监督检验中心,2017.黄色钻石分级:GB/T 34543—2017[S].北京:中国标准出版社.
何松,2009.中国近现代玉器的种类与艺术创新[J].宝石和宝石学杂志,11(3):47-50.
胡宪铭,2010.黄金产量与市场价格的关系分析[J].黄金,31(7):5-7.
黄凤鸣,陈钟惠,2000.21世纪的几个主要钻石产地[J].宝石和宝石学杂志,2(1):47-51.
江富建,2009.独山玉质量评价标准[J].中国宝玉石(5):97-100.
李坤,2010.和田玉玉器价值影响因素的探讨[J].收藏界(5):46-50.
李立平,陈华,罗劬侃,2005.GemDialogue和GemSet颜色系统在有色宝石颜色描述和分级中的应用[J].宝石和宝石学杂志,7(1):20-24.
李立平,1999.北美珠宝首饰评估的类型和估价方法[J].宝石和宝石学杂志,1(4):41-46.
李忠志,马建斌,2007.新疆和田玉的质量分级及评估方法研究[J].新疆地质,25(3):334-337.
刘严,2008.彩色钻石[M].北京:地质出版社.
罗攀,丘志力,2004.珠宝首饰市场信息不对称分析及对策研究[J].宝石和宝石学杂志,6(1):4-8.
罗香兰,丘志力,李榴芬,等,2010.国际流行彩色宝石品质分级评估体系的比较及其启示[J].宝石和宝石学杂志,12(1):36-42.
孟宪松,1998.青金石与古代东西方文化交流[J].中国宝玉石(4):50-51.
潘峰,任进,2007.红宝石颜色的定量评定[J].宝石和宝石学杂志,9(2):25-28.
秦中甫,杨录强,2009.资产评估[M].北京:清华大学出版社.
丘志力,李立平,陈炳辉,等,2013.贵金属珠宝首饰评估[M].武汉:中国地质大学出版社.
丘志力,李立平,陈炳辉,等,2003.珠宝首饰系统评估导论[M].武汉:中国地质大学出版社.
申柯娅,王昶,袁军平,2017.珠宝首饰鉴定[M].2版.北京:化学工业出版社.

申柯娅,王昶,1998.绿松石鉴赏与评价[J].珠宝科技(3):41-42.
申柯娅,王昶,2001.中国古代的珍珠文化[J].中国宝玉石(2):76-77.
深圳海川色彩科技有限公司,2006.中国颜色体系:GB/T 15608—2006[S].北京:中国标准出版社.
沈美冬,董靖,2009.如何进行珍珠分级[J].中国黄金珠宝(5):112-117.
宋中华,喻学惠,章西焕,2001.养殖珍珠质量影响因素分析[J].宝石和宝石学杂志,3(1):18-21.
谭文明,丘志力,梁伟章,2004.毛坯钻石估价原理及应用探讨[J].宝石和宝石学杂志,6(3):29-33.
陶金波,2003.中国国家《养殖珍珠分级》标准出台[J].宝石和宝石学杂志,5(2):43-44.
王昶,申柯娅,2014.珠宝首饰营销学[M].3版.武汉:中国地质大学出版社.
王昶,申柯娅,1999.青金石玉石鉴赏与质量评价[J].珠宝科技(3):51-52.
王久华,2005.山东省的彩色钻石资源[J].上海地质(3):61-62.
王玲,2010.资产评估学理论与实务[M].北京:清华大学出版社.
文少雩,2008.玉雕创作与鉴赏[M].北京:中国轻工业出版社.
肖启云,蔡克勤,江富建,2009.河南南阳独山玉矿物碎裂成玉过程研究[J].地球学报,30(5):607-615.
张蓓莉,陈华,孙凤民,2018.珠宝首饰评估[M].2版.北京:地质出版社.
张蓓莉,王曼君,2013.翡翠品质分级及价值评估[M].北京:地质出版社.
张蓓莉,2006.系统宝石学[M].2版.北京:地质出版社.
张辉,张蓓莉,2004.中国的养殖珍珠资源及市场[J].宝石和宝石学杂志,6(4):14-18.
张培元,1997.世界金刚石矿床发现史[J].中国地质(7):46-48.
张银朵,2004.资产评估方法的比较与选择[J].绍兴文理学院学报,24(5):83-86.
赵凤雷,2009.黄金市场的价格变动趋势分析[J].经营管理者(23):198.
赵永魁,孙凤民,2001.玉器鉴赏与评估[M].北京:地质出版社.
中国地质大学(武汉)珠宝学院,竹山县绿松石资源管理局,竹山宝源绿松石矿业有限责任公司,2018.绿松石分级:GB/T 36169—2018[S].北京:中国标准出版社.
中国计量科学研究院,深圳市海川实业股份有限公司,2008.颜色的表示方法:GB/T 3977—2008[S].北京:中国标准出版社.
中国计量科学研究院,2001.颜色术语:GB/T 5698—2001[S].北京:中国标准出版社.
钟华邦,2003.中国的琥珀资源[J].宝石和宝石学杂志,5(2):33.
周春喜,2002.珠宝首饰的价值理论及估价方法选择[J].价格理论与实践(6):34-36.
GUBELIN E J,1975. The Color Treasury of Gemstone[M]. London:Elsevier Phaidon.
HURLBUT C S, KAMMERLING R C,1991. Gemology[M]. 2nd ed. New York:John Wiley and Son Inc.
KELLER P C,1990. Gemstones and Their Origins[M]. New York:Van Nostrand Reinhold.
KING J M,et al,1994. Color Grading of Colored Diamonds in the GIA Gem Trade Laboratory[J]. Gems & Gemology,30(4):220-242.
RICHARD H C,2004. Professional Jewellery Appraising[M]. 2nd ed. Canada:Fischer Press.
WEBSTER R,1970. Gems:Their Sources, Descriptions and Identifications[M]. 2nd ed. London:Butterworths.

图书在版编目（CIP）数据

珠宝首饰的品质与价值评估/王昶，申柯娅，李坤编著.—2版—.—武汉：中国地质大学出版社，2021.9（2024.1重印）
ISBN 978-7-5625-5105-8

Ⅰ.珠…　　Ⅱ.①王…②申…③李…　　Ⅲ.①宝石-评估②首饰-评估　　Ⅳ.①F768.7

中国版本图书馆 CIP 数据核字（2021）第 185986 号

珠宝首饰的品质与价值评估（第二版）	王昶　申柯娅　李坤　编著
责任编辑：张玉洁　张琰　　　选题策划：张琰	责任校对：何澍语
出版发行：中国地质大学出版社（武汉市洪山区鲁磨路388号）	邮政编码：430074
电　　话：(027)67883511　传　真：(027)67883580	E-mail：cbb@cug.edu.cn
经　　销：全国新华书店	http://cugp.cug.edu.cn
开本：787mm×1092mm 1/16	字数：368千字　印张：14.5
版次：2011年8月第1版　2021年9月第2版	印次：2024年1月第2次印刷
印刷：武汉中远印务有限公司	印数：2001—4000 册
ISBN 978-7-5625-5105-8	定价：78.00元

如有印装质量问题请与印刷厂联系调换